基于核心素养的小学科学课堂教学的探索与研究

SCIENCE

尹 慧 / 著

民主与建设出版社
·北京·

图书在版编目（CIP）数据

基于核心素养的小学科学课堂教学的探索与研究 / 尹慧著. — 北京：民主与建设出版社，2020.5

ISBN 978-7-5139-2956-1

Ⅰ. ①基… Ⅱ. ①尹… Ⅲ. ①科学知识－课堂教学－教学研究－小学 Ⅳ. ①G623.62

中国版本图书馆CIP数据核字（2020）第040160号

基于核心素养的小学科学课堂教学的探索与研究

JIYU HEXIN SUYANG DE XIAOXUE KEXUE KETANG JIAOXUE DE TANSUO YU YANJIU

著　　者 尹　慧
责任编辑 刘　芳
封面设计 姜　龙
出版发行 民主与建设出版社有限责任公司
电　　话 （010）59417747　59419778
社　　址 北京市海淀区西三环中路10号望海楼E座7层
邮　　编 100142
印　　刷 北京虎彩文化传播有限公司
版　　次 2022年6月第1版
印　　次 2022年6月第1次印刷
开　　本 710毫米×1000毫米　1/16
印　　张 16.5
字　　数 297千字
书　　号 ISBN 978-7-5139-2956-1
定　　价 45.00元

注：如有印、装质量问题，请与出版社联系。

序言 PREFACE

热 爱

1999年9月，怀着对教育美好的憧憬，师范毕业的我，服从分配到了一所乡村小学任教。刚参加工作的我，除了数学不教以外，其余的科目几乎全包，在这些学科中，让我觉得最富有挑战性的就是自然，这里有很多有趣的现象，我可以带领着孩子们一起研究如何制取二氧化碳，让他们看到小苏打和白醋混合在一起冒出泡泡的样子，那时的他们，脸上洋溢出的是惊喜，是对知识的渴望，这更让我热爱这份工作，热爱这份事业。

20年了，从自然到科学，从一位初出茅庐的年轻教师，到已为人母的成熟女教师，我的工作单位在变，身边的人、事、物都在变，唯一不变的是我对科学教育事业的热爱。

书生意气，挥斥方遒

工作已20年的我，依然清晰地记着师范学校毕业时那一幕：一所乡村小学的三尺讲台，42个小脑袋，42双明亮的眼睛。爱那一双双眼睛，爱那一双双高高举起的小手，爱那一个个如花般烂漫的笑脸。依然记得当初的决心：一切为了每一名学生的发展。既定目标，行无彷徨。为了当时的那份初心坚持埋头钻研教材，认真研读教学用书，精心备课、认真上课。我订阅了《科学课》《山东教育》等杂志期刊，反复研读。怀着最初的心，背负神圣的使命和责任，如蜜蜂采蜜般痴迷于专家们的“玉液琼浆”。兰本达教授、刘默耕先生、章鼎儿老师、路培琦老师、曾宝俊老师……他们的教育理念、经典课例，我都反复观看、琢磨，并在课堂上进行大胆实践，在实践中勤于思考，敢于创新，课堂上科学味越来越浓了。一个个任务的到来，一次次的磨炼，一次次的小成长，让我更加坚定信念：小学科学老师一样可以大有作为。

千淘万漉虽辛苦，吹尽狂沙始到金

在不断地努力学习、刻苦钻研、反复尝试中，我逐渐形成自己的教学风格，积累了很多行之有效的教学方法和技巧。从肥城市优质课、公开课到泰安市，再到山东省、国家级各类评比、课堂展示、讲座交流等，共计50余次；边走边读边思考，一路走来，我养成了随时、随地记录自己灵感的习惯，撰写论文多次在各级论文评选中获得奖励，累计在《山东教育》《科学课》《新课程》《小学科学》《小学教学参考》《天津教育》《新课程研究》等教育类期刊上发表20余万字；主持和参与的10余项课题也分别通过国家级、山东省、泰安市级鉴定；“千淘万漉虽辛苦，吹尽狂沙始到金。”在各级领导关心、同事们关怀和帮助下，我实现了业务的华丽蜕变：从一位普普通通的年轻教师快速成长，走向了省市级骨干教师的平台。2010年，我有幸加入青岛版小学科学教科书编辑部，成为青岛版小学科学的主要作者，在这个编写团队里的每一次交流、碰撞，都让我受益匪浅，让我站得更高，来审视自己的科学课堂，更好地优化自己的科学教育。2011年被评为“山东省教学能手”。“山东省教学能手”“泰安教坛英才”“泰安创新教师”“泰山名师”“泰安市学科带头人”“泰安市人民最满意的教师”等称号的加冕，对于我来说，已经不单单是一种荣誉，更成了一份成长的自觉约束与激励，也是一份责任和使命。

一花独放不是春，百花齐放春满园

为了能够将自己的能量辐射到更多的年轻教师，使更多的年轻教师得到有效的指导和引导。我积极参加了肥城市兼职教研员的评选，从2010年起被聘为肥城市兼职教研员，在市教研室的领导下，在学校各级领导的帮助和支持下，积极开展各类活动，让年轻教师在学校、共同体区域内，有更多锻炼和展示的机会。科学教育首先是教学，教学首先要解决的就是教师的问题，科学教师队伍一直存在着“老弱病”的状况，为了解决这一问题，我积极向学校领导汇报、争取，学校领导从新毕业的大学生中，优先选择了一部分地理、生物、物理、化学等专业的老师作为科学专职教师。有了专业的队伍，接下来就是教师培养了，我带领年轻教师观看名师案例，读名家著作，通过活动，反复切磋课堂教学思路，不断琢磨更为浓厚的科学课堂。经过这样反复的切磋、琢磨，年轻教师的课堂教学水平不断提高。我校范明刚老师多次执教泰安市、省级公开课，在泰安市优质课评选中荣获一等奖；李一鸣、李金红、李书元、张晶老师也在市级比赛中崭露头角，多次执教肥城市级公开课、肥城市级优质课，并取得了优异的成绩。为了让更多的专职、兼职科学教师更能胜任科学教师这一岗位，我每月组织教师针对教材和教学方法进行讨论，确定本月教学内容、教学方法以及难点突破等，这样的教研活动，使新手科学教师不再迷茫。

金榜烂，玉音加

在教学中，积极开展教学实验和研究，坚持走科研之路，组织和参与了学校开展的“小实验家活动”。孩子们在这里交流思想、互通有无，无形中一簇簇的创新之火悄然萌发。自2011年以来，学生共参与了天文、生物、化学等实验活动1500余人次，完成各类小发明、小制作500余项，提高了学生的动手能力，极大提高了学生的科学素养。其中，刘延辰同学发明的“硬币自动分拣器”获得发明专利，并获得中科院院士的好评；多次组织学生赴北京、南京、湖南等地参加国家级创新比赛，在这种比赛中，孩子们收获的不仅仅是证书，更是荣誉之外的，难以用语言的描述的，由内而外散发出来的自信和对科学研究的喜爱。

为了让所有的学生都参与到科学研究中来，我组织所有科学教师在班级进行各种小观察、小实验活动，“养蚕”“种蒜苗”“泡豆芽”让孩子们感受生命的神奇和伟大；“气象观测”让孩子们体验气象专家的工作；“创意家居”“创意设计”等活动中，孩子们之间展开智慧的碰撞，灵感得以展现，才华得以施展，目前收藏学生作品数百件。

看到孩子们展示自己作品时，脸上绽放的笑容，我想：这就是我一直要努力地去想、尽心地去做的——为了一切孩子，为了孩子的一切，那是我愿意付出一切所企盼实现的梦想！

这本书可以说是我的教学思想从稚嫩走向成熟的全过程的真实记录。本书共分四章："科学探究理论研究"主要是收录了在教育教学过程中针对科学探究几个重点要素的思考和实践；"教学实践与案例"主要收录了工作20年来，参与各种比赛或者思考比较深入的教学设计或实录，书的编排以物质科学、生命科学、地球与宇宙、技术与工程四大领域为序列，"观课议课"部分是采用不同的观课角度，对几节全国优质课评选中比较典型的几节课的思考，有赞赏，有建议，一家之言；"课题研究与课程评价"这里呈现的是参与主持的课题和评价方案的部分内容，本书力求通过理论和实践结合的方式，让读者能够从中得到一些启示，希望能够引发同行们的思考。

由于能力所限，在本书的撰写和整理过程中，虽已竭尽全力，但仍难免有疏漏和不妥之处，敬请各位专家、同行批评指正。"教师"——神圣又光荣的职业，我爱这份责任，爱生命中拔节的脆响。正如汪国真的诗中所描绘的："我不去想是否能够成功，既然选择了远方，便只顾风雨兼程。"同样，我不想身后会不会袭来寒风，既然目标是地平线，留给世界的只能是背影。那一定是我内心对教育的最真挚的情怀，最朴素的感动——不忘初心，挚爱一生。

尹慧

2020年3月13日

目录

CONTENTS

第一章 科学探究理论研究 \ 1

目录

第二章 教学实践与案例 \ 87

第三章 观课议课 \ 197

第四章 课题研究与课程评价 \ 221

第一章

科学探究理论研究

培养科学素养 树立科学意识

——低年级科学探究能力培养的思考

一、做好学情分析，教学有的放矢

7～8岁是小学的初始阶段，这个年龄段的儿童在心理、思维方式、行为方面还有明显的幼儿特征，喜欢探索新事物，尤其是对直观形象的事物有着强烈的求知欲望，这是培养科学素养，树立科学意识的重要时期。从教学方面分析，在科学学习上以教会他们观察、探究和描述记录现象为主。教师要从一年级就开始培养学生对科学的正确认识，培养必要的科学素养，为今后的科学学习打下基础。针对低年级儿童的特点，我们需要多一点耐心，对学生要多一些关注和指导，以培养他们良好的学习习惯和学习能力。

二、全体动员备器材，有序发放控纪律

低年级科学教学面对的主要问题是科学实验材料的准备和上课学生纪律难以管理，其实处理好第一个问题，第二个问题就会迎刃而解。首先从实验材料方面分析，可以从实验材料的准备和发放两个步骤来讨论。

1. 材料来源

低年级实验材料的准备可以从三个渠道入手，一是实验室的实验器材；二是教师平时注重收集的物品，比如饮料瓶、纸筒等；三是发动学生自己准备材料。青岛版科学教材的第一个环节就是活动准备，我们可以发现，这些材料都是易于寻找的，所以我们不妨把活动准备环节交给学生，课前根据教科书设计的活动材料进行收集整理，准备材料的阶段也是孩子们开始探究的开端。

2. 材料的发放

准备的材料可以按照需求，分层发放。比如在“认识水”这一课，可以先发给每个小组一杯水，让学生用闻一闻、看一看、尝一尝的方法，探究水的特

点。在小组讨论汇报后，再给每个小组发放一个不同形状的容器，让孩子们把水倒入新容器内继续探究。在这个实验中因为担心低年级学生使用烧杯会有安全隐患，我们就用纸杯和塑料盒等当作容器。整个实验，按照实验次序，有序发放，避免了一次性发放实验器材过多影响课堂秩序的问题。

三、巧妙设计实验，激发学习兴趣

兴趣是最好的老师。针对低年级学生的特点，为了更好地调控课堂，激发学生学习兴趣，我们在教学中采用多种教学方法，着力培养学生们的科学兴趣。以教“玩磁铁”这一课为例，在导入部分可以采用表演小魔术的方式，充满趣味的神奇魔术能快速调动学生的积极性。教师先在一个透明玻璃杯中装入几枚回形针，然后把杯子倒过来口朝下，学生们惊奇地发现回形针没有掉下来。这时候可能就有学生问道：“老师，是不是杯子底有胶水，粘住啦？”此时，教师不要急于回答，耐心地让学生上来演示一遍魔术，结果回形针掉下来了，证明杯子底部没有胶水，充分激发学生的好奇心，在学生心中产生疑问：“到底是什么粘住了回形针呢？”带着疑问和兴趣，让学生自己动手实验，从中获取知识，找出回形针没有掉下来的秘密。最后，为了更好地展示磁铁的性质，我们还可以通过组织玩“扫雷”的小游戏的方式进行巩固练习。

为了引导孩子们认真听教师讲课、听同学发言，整节课的教学设计首先要充满趣味，环环相扣。其次，教师要做到耐心倾听学生发言为学生做了良好的榜样。当课堂中出现个别学生抢答问题，教师可以说“你再思考一下，你的答案会更棒”，或者“倾听一下其他同学的意见，说不定能有不同的发现”，通过语言引导学生学会倾听，主动倾听。

要让学生主动积极地去倾听，更要发挥科学本身的魅力。比如巧妙设计游戏，把知识跟游戏结合在一块儿。在“分一分”这节课中，可以设计“帮妈妈整理衣橱”的活动，目的就是加深学生对分类定义的理解。在学习“玩彩泥”的时候，导入环节可以设计“我是大力士”的游戏，让孩子们先拉一下弹簧，感知力可以改变弹簧长度，然后通过玩橡皮泥让孩子们认识到力也可以改变物体的形状。

以兴趣为导向充分激发学生的好奇心，调动他们主动探究的积极性，那么教师就会教得轻松，学生学得愉快。

四、依据课程标准，培养探究技能

《小学科学课程标准》（2017年版）提出："科学学习要以探究学习为核心。"因此，低年级科学课程应向学生提供充分的探究机会，培养学生科学探究的能力。青岛版小学科学教材最大限度地将科学探究活动过程呈现在课程内容中。

低年级科学课堂不是教师要让学生学什么，做什么，而是要引导学生观察什么、发现了什么、怎样记录下来。对此，我们把探究技能的培养简单归纳为三部分：一要学会观察；二要讨论与交流；三要学会记录。以"找空气"一课为例，可以依照这三个环节完成教学任务。观察时先拿出砖块、土块、塑料袋、海绵等物品请学生观察这些物品有什么区别。在讨论之后，教师把这些实验材料一一放入水中，再让学生认真观察，这时候就有学生发现水中有气泡冒出，更是说出了这些气泡就是空气。讲到这里，我们发现学生通过观察探究，对空气的存在有了更好的理解。

在讨论与交流环节，需要教师继续启发："我们找到了空气，那空气有什么特点呢？"别看低年级的学生年纪小，在探究活动当中，他们特别乐于交流，非常积极地描述和分析自已的发现，这些都是他们探究技能发展的一个重要过程。当学生回答出"空气是无色无味的"特点后，教师要及时做出积极评价，鼓励学生继续探究，"除了这些特点，还有其他特点吗？"在探究空气形状这一特点的时候，教师可以将其与探究水的形状的方法进行对比，引导学生交流讨论，达到举一反三的学习效果。科学教师需要长期对学生进行讨论与交流的训练，这样他们的科学思维和推理能力就会自然而然地得到提高。

在第三部分记录环节，借助于科学活动手册和手抄报的方式记录实验现象。此外，教师还需要向学生渗透规范的科学用语，提醒学生在回答问题的时候要以"我们认为"或者"我们小组通过观察发现"这类的语言展示自己的结论。

五、贴近生活，拓展延伸

《小学科学课程标准》（2017年版）中明确指出科学课应具有开放性，这种开放性体现在把科学实验、探究活动引申到课外，拓展到学生的生活中去。让科学探究真实发生，提出研究学习的思考，要把学还给学生，让研究学习有意义地发生。苏霍姆林斯基说："孩子对周围世界和对自己的认识都不应该是片面的。"在生活中发现问题，进行研究，发现生活无处不科学，才应该是科学教育的核心价值所在，在探究过程中，不断产生新的问题，不断有新的发现，才能推动学生不断地、持续地进行探究。

青岛版的科学教材也很好地体现了这一点，教材内容分三大板块：活动准备、活动过程和拓展活动。每节课设计的拓展部分都非常巧妙，尝试从书本走向生活实践，鼓励学生发现生活中的问题，并在课外开展拓展性探究。

如"水变咸了"这节课课本设计的拓展活动，把食盐水倒入盘子里，放在窗台上，每天进行观察，会有什么发现？这个实验简单易操作。很多学生通过实验发现，几天后，盘子里的水不见了，在盘底出现了白色小颗粒。这种连续的观察、研究，能够将学生的研究拓展到生活中，让他们感受到生活处处都是科学。

此外，我们还积极探索更好的科学活动模式。如我们举办了科技节系列活动，组织低年级学生进行陀螺比赛。在整个陀螺比赛过程中，令我惊讶的不只是学生们风格各异、创意十足的陀螺，更是他们提出的问题。

"老师，为什么我用卡纸做的陀螺不如他用牙签做的陀螺转得快呢？"

"老师，是什么力量让陀螺转起来的呢？是推力还是拉力，还是有其他力呢？"

学生们能联想到我们在"玩小车"这节课中学到的推力和拉力的知识，提出这么好的问题，可见教师在课堂上有意识的引导已经在学生心里留下痕迹。

我们力求通过课程实践，让学生对未知的探索有热度、对同伴的合作有温情、对成功和失败有积极向上的态度，诚如此，孩子们的整个世界都充满了浓浓的人情味和探究味。

参考文献

［1］秦丽娜. 刍议小学科学课堂教学［C］. 2017年2月全国教育科学学术交流论文汇编，2017.

［2］管金光. 浅谈小学科学情境创设的有效性［J］. 学周刊，2013（10）.

［3］中华人民共和国教育部. 小学科学课程标准（2017年版）［M］. 北京：北京师范大学出版社，2017.

让科学研究镶嵌在儿童生活中

美国科普作家卡尔·萨根曾说过：“每个人在他们的幼年时期都是科学家，因为每个孩子都和科学家一样，对自然界的奇观满怀好奇和敬畏。”浩瀚的宇宙、神奇的大自然、日新月异的科学技术，无一不冲击着孩子们的眼球和大脑，无数个疑问扑面而来，对自然、对新鲜事物的好奇心促使着孩子们想要去一探究竟。如何能够抓住孩子们的这份好奇心，引发他们对科学研究的兴趣，并一直保留这份热情，对于小学科学教师来说，是一项非常重要的挑战。

一、有趣的科学主题

《小学科学课程标准》（2017年版）中指出，小学科学课程内容包含物质科学、生命科学、地球与宇宙和技术与工程四个领域，在教学中，我们可以结合教材中的主要研究内容进行延伸和拓展，联系学生生活，开展有趣的科学主题研究活动。

例如，地球与宇宙领域中的“今天天气怎么样”部分，苏教版《科学》教科书，在三年级中设计了四课，分别让学生从气温、风力、风向等不同的方面学会描述今天的天气，然后再聚焦每一个知识点，深入每一个天气指标进行具体探究。“气温有多高”引导学生如何观测气温，如何将收集的数据进行统计、整理、分析，得出一天内不同时段的气温变化；“今天刮什么风”指导学生如何观测风力、风向；“雨下得有多大”指导学生通过自制雨量器来测量雨量；“气候与季节”一课则将一个阶段的天气变化特点进行总结，归纳该地区气候和季节的特点。

学习这个单元时，笔者就充分利用学校及周边社区资源进行资源的整合，白云山学校建有学校气象站，气象站中有百叶箱、雨量器、风力风向计等相关设备，学生可以到百叶箱进行实地观察和测量，同时还可以与气象局进行联系，到气象局的大型气象站进行参观和测量，拓宽学生对气象观测的认识，比如，光照时间观测、云量观测等，丰富学生对气象观测的认识和理解；同时肥城市气象局在我校设定了一处自动雨量站，通过气象局，我们可以获取肥城市近一段时间、近几年，甚至近十几年的气象数据。调取了近十年的气象数据后，让学生分小组对十年来的气温、风力、风向和雨量进行数据统计和分析，通过分析数据，学生会发现，不同的季节气温、风力、风向和雨量有着明显的变化；同一季节，分处在肥城不同的区域，气温和雨量有着明显的区别，随后将雨量与所处位置进行分析后，学生发现，城区的气温一般较高，城乡接合处的雨量一般较大，由此认识了热岛效应和雨岛效应。我们学校南面有一座小山，夏季降雨时，学校雨量站的雨量总是比其他地区稍大，学生感到困惑，于是，教师带领学生去气象局进行了专题访问，专家给学生们做了科学的解读和分析，将学生的研究延伸到更有趣的方向。

学习了物质科学领域中"光与我们的生活"，引导学生与生活实际相联系，通过"消失的硬币""弯折的筷子""魔镜""七彩陀螺""变色龙"等小活动的开展，让学生在身边的事物中，发现一些奇妙的科学现象，感受到科学带来的乐趣。

学习了生命科学领域中的"植物的一生"单元，建议学生在种植园种植植物，并观察植物从一粒种子到生根、发芽、开花、结出果实的过程，感受生命的神奇和伟大。由于种植的植物种类多，在观察的过程中，学生还能发现不同植物的根、茎、叶、花、果实还有种子都不相同，但在其中发现共同点，由此梳理出植物的共同特征。比如，玫瑰的花朵很漂亮，有很浓的香味，能够吸引蝴蝶、蜜蜂来采蜜，同时帮助植物传粉；而小麦的花非常小，也没有浓烈的香味，不能吸引昆虫来采蜜，但是它的花朵可以随风飘走，所以能够利用风来传粉。由此认识虫媒花和风媒花。

这样的主题研究，让学生既能掌握一定的科学知识，又能在这个过程中，找到事物之间的联系，拓宽研究的思路，发现生活中处处有科学。

二、有序的科学研究

小学生尤其是低年级的小学生以无意注意为主，他们的注意力不持久，非常容易被新鲜的、有趣的事物吸引。所以在课堂上常常出现，看到有趣的东西，目光和注意力就被吸引过去，容易导致课堂上混乱，或者一小部分学生无法注意力集中地进行探究，课堂探究流于形式，科学学习的效果就大打折扣了。所以为了保证探究的高效，在科学课堂上建立有序的科学学习规则，有序地进行探究就是一项非常重要的工作了。

1. 课堂有秩序

上科学课对于所有的学生来说都是一件非常兴奋的事，学生们往往都是冲着各种各样的科学实验材料来的，所以只要看到材料，学生们兴奋的眼神就难以控制了。另外就是很多学生愿意看科普读物，对很多科学知识有了初步的了解，当谈及相关话题时，他们就像打开了闸门的水，被请起来回答问题的学生急切地要表达自己的看法或对此现象的理解，没有被请到的学生则着急地仍然举着手，并不是关心和倾听同学的回答，失去了交流的含义；实验过程中，如果小组内的某个学生善于动手操作，就会主动承担实验操作任务，其他学生则选择在旁边观看，有时，做完本节课的研究后，学生并没有停止，而是继续利用桌上的材料做其他的事情，导致实验时间拖长，或者没有用心观察原本该做的研究，导致实验低效或无效。科学教师不要由此而对学生产生厌恶心理或者用各种方法捆住学生的手脚，限制他探究的时间。相反，应该鼓励他们去观察、去研究、去思考，只要教师教学有法，组织得法，就能更大限度地保持学生对探究的兴趣和欲望。

为了解决或者逐渐解决这些问题，使学生在探究活动中，保证高效探究，科学教师需要建立良好的课堂秩序或课堂规则。

首先是学会表达交流和倾听。当要向别人表达自己的观点时，需要提高音量，控制语速，配合表情和动作，做到让别人听到、听清楚、听明白。江苏省特级教师曾宝俊老师在他的《低年级科学教学设计》一书中，将学生的科学发言分为三个阶段：一是直观的语言，二是形象的语言，三是概括的语言，学生经历了初步的感知后进行讨论，去粗存精、去伪存真，由表及里，相互交流。语言是记录观察和研究成果的其中一个重要工具，但是儿童，尤其是低年级儿童的生活经验不足，语言积累匮乏，往往会影响学生的交流，导致交流不准确，不精确，或者缺乏逻辑性，所以教师可以适当引导学生，帮助他们梳理观点，清晰地表达观点。而倾听其他同学的发言时，需要保持安静，眼睛看着发言的同学，耐心听完同学的发言，要能够听明白别人要表达的观点是什么，或者别人的想法是什么，最起码能捕捉别人发言中的关键词或关键字。曾宝俊在书中提到低年级学生听的训练大致分为四步：第一步是要学生能够注意听，能够听清听懂别人说话的内容，注意力集中的办法就是看着发言的人，中途不插话。第二步是能够辨别别人的发言是否正确，这就需要一边听一边想，一边听一边思考，思考同学的发言与自己的意见是否相同，有什么不同的地方。第三步是组织学生学会讲理由。第四步是从同学的发言中辨别对错，记住要点。

用观察和记录调控课堂秩序。如果学生的观察目的不清晰，观察不精细，就会导致观察的不深入，使探究浮于表面，无法深入探究。所以教师需要循序渐进地指导学生学会观察，让学生能静下心来进行观察。观察前，需要明确观察什么，观察到怎样的现象能够说明什么问题，观察到现象后用什么形式记录下来，观察到什么就记录什么，不要为了完成记录，而随意改变或者编造记录。教师在设计教学时，精心设计观察方法指导和实验记录单，用不同的观察指向引导学生认真观察，并能够使用记录单引导学生进行深入的探究。

2. 研究有次序

实验探究要注意逻辑性，引导学生深入研究的同时，培养学生的思维能力。这就要求科学教师在实验设计上多下功夫，找到探究的逻辑序列，用不同层次的材料和问题引导学生开展不同层次的探究活动。

比如“声音的产生”一课，教师先给学生出示一些物体，让这些物体发出声音，观察这些物体发出声音的变化。学生通过观察会发现有些物体发出声音时在动，比如皮筋、直尺等，但有些物体发出声音时，并看不出振动，比如饮料瓶、音叉、水和鼓。于是进入第二个层次的研究，如果物体发出声音时，都在动，那么用什么方法可以看到这些物体在动呢？教师可以出示一些细小的物品，比如泡沫小球、豆粒和盐粒等，学生通过将豆粒放在鼓面上，发现豆粒跳动，得出鼓面发出声音时，鼓面在振动；在音叉旁边吊一个泡沫小球，发现敲击音叉时，小球在跳动，由此得出音叉发出声音时，在振动；在瓶内放入少量泡沫小球或者细盐粒，通过瓶口向里吹气，听到瓶内发出呼呼声，发现瓶内的小球或盐粒上下翻动，呼呼声是空气的声音，小球上下翻动说明空气在振动，由此得出空气在发出声音时，也在振动。用同样的方法研究水，也会有同样的发现。综合以上研究，引导学生总结，固体、气体、液体在发出声音时，都在振动，所以我们可以得出结论：声音是由物体振动产生的。

苏教版“把固体放进水里”一课中，对把固体放进水里会发生的现象进行初步的探究，其中包括浮沉、溶解、混合等，由于现象之间存在的联系并不大，如果分开研究，就不能让学生在逻辑关系上产生联系，所以将这几个活动设计得更加有层次感成为这节课设计的重点。首先是在材料上埋下伏笔，第一个活动是研究物体的浮沉，先用浮沉子引入，然后让学生将桌上的材料放入水中，观察浮沉现象。那么材料有什么呢？如何突出材料有结构性呢？首先是取为研究浮沉的原因设计的材料。一片树叶、一根铁钉、一块石子、一块木块、一块方糖，这组材料引导学生思考，浮沉可能与物体轻重有关。一根蜡烛和一截蜡烛、一支铅笔和一截铅笔、一个苹果和一块苹果，这组材料引发学生质疑物体轻则上浮，重则下沉的思考。同样大小的瓶子，一个轻，一个重；同样的小球，一个实心，一个空心，这组材料引发学生思考，物体的浮沉应该是同体积的物体越重越容易下沉。接下来，让学生对照材料单将材料取出时，学生会发现，方糖不见了，产生新的问题：方糖去哪里了呢？引入新问题的研究——溶解。

三、有型的科学展示

中国学生发展核心素养中与小学科学紧密相关的是科学精神和实践创新。小学科学教学中，注重科学探究方法的引领，关注学生理性思维、批判性思维的科学精神，注重学生能够尊重事实，用事实说话的意识，能够用自己擅长的方式记录和表达自己的发现和见解，才能够将自己的研究成果呈现出来，公布于众，就像科学家的科学发布一样。

比如，教学“植物的一生”单元，和学生一起种下植物，观察植物的生长，用画图、日记、照片、视频记录下植物的生长变化过程，然后用海报、漫画、美篇等不同形式展示植物的一生，与别人分享观察的乐趣。

教学“我从哪里来”一课时，学生将收集到的资料按照一定逻辑顺序进行粘贴和组合，有的小组选择用胎儿器官的发育为主线进行展示；有的小组选择以胎儿对外界刺激的感知为主要内容进行展示；有的小组则是精选了很多视频，展示母亲怀孕40周内身体的变化，不同角度，发现不同，收获也就不同。

教学中，教师要引导学生在记录中思考，在交流中学习、思考。教师要指导学生用画图、图表、绘画、符号等方式来记录，并辅助以简单的文字，帮助学生整理、分析和归纳看到的现象，使学生对科学知识的认识和理解更加趋于客观和准确，在积累经验的基础上，形成尊重知识、尊重证据的科学态度，同时养成收集信息、处理信息的能力。也促使学生进一步地更细致地去观察思考，也有利于学生自我建构科学知识、科学经验与科学能力，帮助学生把零散点状的知识经验条理化、清晰化。

霍金说：“多一个公式，少一半读者。”科学教学如果能够既从学生的生活出发，让学生葆有对科学课的好奇和期待，又能不失科学课的严谨，引导学生逐渐学会规范和严谨，相信学生在科学课中的收获会更多。

基于学生认知特点，培养学生科学学科核心素养

学生核心素养的终极目标是培养全面发展的人。科学学科的核心素养主要包括实证思想、科学概念、探究能力、科学思维和科学态度等。而科学素养无法像知识那样直接“教”给学生，需要科学教师的认识和理解，需要学生的经历和感悟。因此《小学科学课程标准》（2017年版）指出，科学素养的形成是长期的，小学科学课程必须注重培养学生良好的科学素养，通过科学教育使学生逐步领会科学的本质，乐于探究，热爱科学，并树立社会责任感；学会用科学的思维方式解决自身学习、日常生活中遇到的问题。所以只有将科学素养的具体目标落实到一个个科学探究活动中去，让学生在参与活动的过程中获得感受、体验并内化，学生的科学素养才能得到提升。

一、引导学生多想，培养科学逻辑思维能力

逻辑思维能力即抽象思维能力，是人在感性认识的基础上，应用概念、判断、推理等思维形式，通过比较、分析、综合等思维过程获得理性认识的能力、正确地进行思考的能力。

“学起于思，思源于疑。”在科学课的教学中，教师有目的的设疑或让学生针对自然事物和现象在头脑中进行分析、比较，有助于学生逻辑思维能力的形成。在教学“生物和非生物”的内容时，当出示教学课本插图后，教师适时提问：

（1）它们是生物吗？为什么？

（2）在我们周围有哪些非生物？

这样，学生就会在头脑中对周围事物进行分析、比较，从而给物体正确地分类。

二、指导学生多看，培养科学的观察能力

观察能力是学生运用感官有目的、有计划、有步骤、有顺序地从自然界和实验中获取自然事物与现象的信息能力，是获取感性材料的基本途径。在科学课的教学中，教师要为学生提供观察内容，让学生明确观察目的，教给学生观察方法，同时要求学生做好观察记录。如在教学“认识哺乳动物”一课时，教师用课件出示学生熟悉的动物作为观察对象，并提出观察要求：

（1）哪几种动物的外形比较相似？它们的外形有什么共同特征？

（2）它们在繁殖和喂养后代方面有什么共同特征？

然后教给学生观察方法：先看动物的外形，再看动物身体的组成，最后看动物的繁殖和喂养，同时做好记录。这样，学生在教师的指导下，有目的地按顺序观察事物的外部形状，总结出观察对象的共同特征，从而达到教学目的。

三、鼓励学生多做，培养科学实验动手能力

实验能力是人们根据研究的具体目的，利用一定的仪器、设备，人为控制和模仿自然现象去研究自然的一种能力。自然教学中所要培养的动手能力主要是指制作、栽培和饲养等方面的能力。

在科学课的教学过程中，要鼓励学生在教师的指导下，主动地、能动地从模仿逐渐过渡到独立完成某项活动，真正做到教师参谋，学生动手，使学生在具体的动手实践过程中，形成某种技能，培养严谨的科学态度。在教学“物体的热胀冷缩”时，教师演示实验后，放手让学生自己设计实验的方案、实验步骤及注意事项，并写好实验报告；在教完“制作植物标本”一课后，可布置课外作业，让学生用压制方法制作一些植物标本。通过这些简单的活动，使学生的实验、动手能力逐渐增强。

四、启发学生多说，培养科学学科语言能力

科学语言能力是学生对于观察、实验的过程和结果以口头或文字的形式（如观察记录、实验报告等），运用科学概念的语言进行传递的能力。在科学课的教学中，教师的提问需要学生口头回答；观察记录、实验报告需要学生用

文字较规范地写出来，在学生回答问题、书写观察记录或实验报告之前，要求学生注意科学的科学性，运用准确、科学的语言阐述自己所获得的自然知识。

总之，科学课的教学不仅要培养学生的智力素质，更重要的是培养学生勇于探索和敢于创新的科学核心素养。

科学活动的巧妙设计为学生自主学习导航

维果茨基的研究表明，教育对儿童的发展能起到主导作用和促进作用，但需要确定儿童发展的两种水平：一种是已经达到的发展水平；另一种是儿童可能达到的发展水平，是指“儿童还不能独立地完成任务，在成人的帮助下，通过模仿，却能够完成这些任务”。而两种水平之间的距离，就是“最近发展区”。也就是说把握“最近发展区”，能加速学生的发展。他把“最近发展区”界定在“儿童现有的独立解决问题的水平”和“通过成人或更有经验的同伴的帮助而能达到的潜在的发展水平”之间的区域。

《小学科学课程标准》（2017年版）中指出：在时空有限的课堂上，探究问题应该结构良好，容量合适，对于学生科学思维发展更有价值的真实问题应该占有一席之地；教师要对学生在探究中出现的问题保持高度的敏感，必要时给予适当的指导。指导要富于启发，最好是在教师指导下学生自已发现问题所在。这就要求科学教师在课堂上搭建让学生探究的平台，让学生能够积极主动地参与到探究中来。如何给学生搭建探究的平台呢？

一、追根溯源，找准生长点

以“科学种植活动”为载体，渗透“科学观察”的思想，积极积累科学活动经验。这样做，不仅可以让活动的开展更深入、有序、高效，而且也悄无声息地帮助学生积累经验，使学生的探究能力得到切实提高。经历解决问题的过程，提高解决问题的能力；经历探索规律的过程，渗透观察、记录、对比实验、数据分析等基本思想，积累科学活动经验。在解决问题的过程中，渗透化繁为简、化曲为直等解决问题的策略，在富有显示趣味和挑战的情境中，培养学生解决问题的意识和能力。

传统意义上的种植活动往往是教师计划好种什么，就带领学生一起种植，随着活动的展开，教师不断布置观察任务，虽然学生也很感兴趣，但是在种植活动中，学生属于被动参与，内驱力不能得到激发，探究的自主性就差了些。

秋冬季节，北方的校园里可以种植的植物不多，如何让学生在单调的秋冬季节持续对植物的观察和研究是要思考的问题。我和学生们进行了充分的讨论后，大家一致同意种植蒜苗。蒜苗在北方容易得到，而且操作还非常简单，学生在家里常常和家长一起动手做。那么如何抓住这个活动，有效调动学生探究的积极性和主动性？

1. 选种的艺术

学生带来的大蒜个头大小参差不齐，面对这些大蒜，学生提出了疑惑：这些大小不同的蒜，长出的蒜苗，高低和质量相同吗？最后的产量又会怎么样呢？为了解决这个问题，首先让学生展开讨论，怎么能够研究这个问题，于是每个小组决定将带来的蒜分成不同的等级，进行分别种植，对比观察这些大小不同的蒜长势会怎样。

2. 种植方法

在讨论种植方法问题时，根据平时的生活经验，学生提出种植蒜苗的方法有很多，可以是水培，可以是土培，两种种植方法各有什么好处呢？其中两个小组进行了实验设计，选取大小相似的蒜瓣，分别进行水培和土培，那么观察的内容就是两种种植方式下蒜苗的身高、颜色等。

3. 生长条件

植物生长需要阳光、空气、水分，有的小组围绕这个问题展开了探究，如果将蒜苗放在阴暗处和黑暗处，与在阳光下的蒜苗进行对比，会有什么不同呢？

4. 测量方法

如果进行对比观察，观察什么？怎么观察？怎么对比？都应该是研究之前要讨论的问题。比如，如果为了方便观察生长情况，我们可以使用量筒等仪器进行种植，学生可以很轻松地观察植物的根的长度，然后再去观察植物的叶的高度和宽度，从而研究植物的根的长度与植物生长之间的关系。然后设计相应的记录表进行记录，并把记录的数据，利用电子表格进行统计和分析，做成统计图表，学生通过观察统计图表就可以很清楚地观察到植物的生长情况与相关条件的关系。

二、精选科学问题，精准导航思维方向

陶行知先生倡导“在生活中找教育，为生活而教育”。科学课中的很多课例都可以结合校园植物角、动物角进行教学。如三年级的“叶和花”“校园小动物”“校园植物”和四年级的“养蚕”单元都与学生的生活息息相关，学生可以在学校的角角落落里利用学过的科学知识进行观察，从而认识更多的植物和动物。

在认识校园植物的这一活动中，教师可以引导学生通过对比观察植物不同器官的特点来认识植物，比如桃树和杏树，这两种植物都是先开花再长叶，那么春天，应该怎么区分这两种植物呢？教学时，可以引导学生对比观察这两种植物的花，两种花都是五瓣花，但是颜色不同，桃花是粉红色的，而杏花是白色的，有了这个显著特点，学生就能很轻松地进行判断了。校园中常见的松树和柏树，很多学生不好分辨，教学时，可以引导学生到校园中去观察松树和柏树的叶子和树冠的形状，发现松树的叶子是针形叶，且不同的松树，每一簇松针的数量都不同，而柏树的叶子是扁平的，成片状，以此来区分松树和柏树，同时又了解了不同种类的松树；春天、夏天和秋天，可以通过叶子和花朵的特点来认识植物，但是到了寒冷的冬天，北方的树木大多都落叶了，不容易区分，此时还可以引导学生通过对比观察植物的茎来认识植物，比如法国梧桐的茎是比较光滑的，且会脱落，杨树的树皮也比较光滑，但是树皮上有很多的突起，同时让学生知道抓住事物的关键特征是认识事物的方法。

在以上内容研究的基础上，教师可以引导学生观察春天校园里，两种很早就开放且非常相似的花：连翘和迎春花，这两种花又要怎么区分呢？学生通过实地观察，会发现连翘和迎春的植株大小、高矮，花朵的形状，茎的特点都不相同。

通过以上研究，激发了学生对植物研究的热情和兴趣，同时也教给了学生很多研究植物的方法，帮助学生在头脑中形成了研究植物的知识网络，为学生继续研究植物，奠定了基础。

三、精创科学活动，拓宽思维宽度

创新思维是思维的最高境界，发散、求异是创新思维的核心，科学观察活

动如果仅仅局限于课堂上，对于学生来说，视野就太过于狭隘。随着社会的不断发展和进步，我们周围的世界正在发生着翻天覆地的变化。因此，教师要在科学教学过程中引入更为有趣的、前沿的科学活动，通过观察、实验或动手制作，使学生感受到科学无处不在。

学习了简单电路后，教师可以引导学生根据学校路口的情况设计红绿灯电路图，或者根据本班用电器，绘制班级电路图；学习了“不用种子也能繁殖”后，教师可以和学生一起试着用不同的方式来种植植物，了解更多植物的繁殖方式。比如学生都很喜欢多肉植物，而多肉植物比较容易成活，所以教师可以让学生以此为内容进行研究，引导学生发现多肉植物大多都可以利用叶片繁殖的方式进行繁殖，但是教科书利用图片呈现的将叶片直接插入土壤中的方式，容易使叶片的叶基腐烂，是不能繁殖出新的植株的。经过多次试验，学生发现可以将叶片平放在花盆中，使叶基处接触到土壤，在这个部位，能够直接长出一株新的植物来。

以培养学生的科学素养为宗旨，教师为学生提供多样化的学习机会：探究的机会、综合运用知识解决真实情境问题的机会、讨论辩论的机会、关心与环境资源等有关议题的机会，将动手和动脑相结合，边动手边思考，才可以使两者相互支持，相得益彰。

从细节处看科学课

新课程理念下的小学科学教学，学生对知识的获得固然重要，但知识获得的过程更为重要。为此，学生须自主地抓住自然事物的现象，认真思考，进而提出问题进行探究，在探究过程中体验并理解知识。我觉得在科学教学中必须注意以下几个方面。

一、做好课前准备工作，充分把握教材

把握教材首先要从全局着眼，从整体上去认识教材。通过反复阅读教材，查阅有关教学参考资料，明确各部分的要求，了解它们之间的内在联系；其次，要熟练地掌握教材的知识体系和逻辑结构，确定出每个单元和每节课的教学难点和重点，并制订出相应的教学目标。

二、合理分组，各尽其能

小学生在科学课上的探究往往是以小组为单位进行的，组织得不好，经常会出现下列一些情况：一是有些学生做与课堂无关的事，甚至嬉笑打闹，影响课堂秩序；二是小组内少数人活动，甚至是个别人活动，多数人旁观，不愿动手，或不知道怎么办；三是各人做各人的，缺乏研讨交流，一节课下来，收效甚微或根本没有收获。为避免这些现象的发生，在学期开学时，教师要根据学生能力、素质、性格、性别等，对全班学生进行分组，合理搭配。引导学生在组内推荐产生组长、材料员、记录员、纪律提醒员，并对每个人员提出具体的职责要求：组长负责全组的协调、实验单的填写；材料员负责实验材料的领取、归还；记录员负责小组实验过程中的记录；纪律提醒员负责组内探究过程中的纪律调控。这样，科学探究时，学生分工明确，职责清楚，个个是能人，人人有事做。

三、注重和加强实验，培养学生的科学探究能力

实验是学科学的最有效的手段。动手做实验可以激发学生爱科学的兴趣，有效地帮助学生发展智力，提高学生科学素质。但是任何一个实验不是让学生随便动手做一做、看一看、说一说就可以了，还需从中培养学生严谨的科学态度。实验时要做到以下方面。

1. 明确目的

每次实验前都要让学生明确实验目的，就是让他们明白为了研究什么而做这个实验。

2. 设计实验

此环节是重中之重，因为每个学生都喜欢做实验，但他们往往是在好奇心的驱使下盲目乱动，做了这一步不知下一步该做什么，颠倒操作过程，少做漏做，导致实验失败，所以在实验前就要设计好实验。设计实验的过程，要靠学生的猜想，学生会有很多创造性的想法和做法，这正是培养学生创新精神和实践能力的良好契机。

3. 明确任务

在做实验时，教师要提醒学生动用一切感觉器官去全面观察。一是科学地看，时刻提醒学生注意用眼观察每一个微小的地方、每一步细小的变化。另外还可以直接给学生出示实验记录表，让学生边做边认真填写。这就是科学地听，科学地做，它能帮助学生更全面地感知事物。

4. 明确结果

从现象到分析比较，最后得出实验结论。

5. 应用结论

学科学，关键是要用科学，如在教完“磁铁的力量”这一课后，我设计了生活中的一个小例子“巧取缝衣针”，让学生把自己学到的知识用到生活中去，这样，不仅联系了生活实际，还培养了学生学科学、爱科学的兴趣。这时，再让学生把课堂延伸到课外，找出生活中利用磁铁的例子，也为后面学习“磁的应用”做了铺垫。

四、设问质疑，增强实验的有效性

在科学课教学中，根据儿童的生理、心理特征结合教材内容来激发学生的求知欲望，培养学生的创造性思维。例如教学“不用种子也能繁殖吗”时，通过实物或图片演示给学生提出问题：我们是怎样种植土豆的？我们用的是它的种子还是根或是茎？（呈现其种子、根和茎）用类似的方法演示提问，最后加以概括也就水到渠成了。

许多研究表明，反思是教师专业成长最有效的途径，一个教师如果不经常反思，便会停滞，甚至会倒退。科学是一门涉及范围很广的学科，它需要教师的知识储备更深厚。在课堂教学中，预设与实际往往会有冲突，在这样的情况下，教师必须要及时反思，只有这样，才能更好地完成教学任务，培养学生的科学素养，使学生学到科学知识，感受科学魅力。

五、精心设计讨论问题

课堂讨论不在于数量的多少，而在于质量的好坏，在于时机的适宜。当学生处于似懂非懂的状态时讨论效果最佳。我认为课堂讨论问题的设计，必须因材施“论”，精心安排。不必要的问题或简单的问题不要生搬硬套安排讨论；高深莫测的、学生无从下手的问题也不必要安排讨论。要抓住讨论的契机，把讨论放在学习的重点和难点，放在学生易混淆处，难度要适宜，否则，课堂讨论就会流于形式，既浪费了学生宝贵的时间，又影响了课堂纪律。

六、科学课教学，注重学生的参与

让学生勤于观察，大胆动脑动手。在我刚从事科学教学时，在活动中，我演示的时间比较多，有时以自己的说代替学生的操作，挤占了学生活动的时间和空间。一段时间后，发现教学效果很不好，甚至有学生在科学课堂上做其他科目的作业。通过反思，在之后的活动中，我充分给学生活动的自主权，让他们按照自己的审美观点，发挥自己的聪明才智，自己设计，尽力去操作，这样既展示了学生的个性和创造性，达到了活动的目的，也培养了学生的操作能力。

小学科学教学中学生问题意识培养策略的研究

《小学科学课程标准》（2017年版）中明确指出：学生亲身经历动手动脑等实践活动，了解科学探究的具体方法和技能，理解基本的科学知识，发现和提出生活实际中的简单科学问题，并尝试用科学方法和科学知识予以解决。从生活现象中发现问题，提出问题，并能够将问题确定为可以进行研究的科学问题是科学探究的开端，也是学生科学探究能力的一种表现。爱因斯坦说："提出一个问题往往比解决一个问题更为重要。"由此可见培养学生的问题意识，有助于加深学生对基本科学知识的理解，提高实践能力和创新精神等科学素养。

一、学生问题意识的培养情况分析

《小学科学课程标准》（2017年版）将小学科学学科定位为基础性课程，这意味着小学科学课程的整体地位较以前有了很大的提高，成为一门为学生今后学习、生活以及终身发展奠定良好基础的学科。但是反观目前很多科学课堂，存在有以下几种情况。

1. 学生不能发现问题，缺乏质疑精神

受传统应试教育的影响，课堂上教师讲解痕迹比较严重，学生处于被动学习的地位，这种过分依赖教师的学习方式，就很难对现象、研究过程、结论等保持质疑的态度，认为教师讲的或者书上写的都是正确的，是毋庸置疑的。

2. 学生不会提问，问题缺乏科学性

低年级的学生天生好奇心重，什么事情都爱问为什么，但是提出的问题大多不着边际，缺乏科学性。课堂上，如果学生提出的问题缺乏科学性且不着边际，教师没有合理地把握时机对学生进行引导，指导学生学会提出问题和聚焦问题，而是服从教学需要，顺着教学设计强行将学生拉回到教学过程中来的话，那么久而久之，学生的提问环节就形同虚设，学生也就失去了提问的欲望。

3. 学生不愿提问

随着年级的不断升高，学生的心理活动也就越来越复杂，课堂上起来回答问题时，要么担心答不对，同学嘲笑；要么担心问题不好，老师责怪，所以往往碍于面子，不愿意提问。

二、学生问题意识培养的对策

1. 创设问题情境，激发学生提问的欲望

在教学中，教师是学生学习的引领者、促进者和合作者，教师可以设计各种活动，让学生参与进来，通过参与活动，提出问题，聚焦问题，解决问题，获得新知，逐渐培养学生的问题意识，变“要我问”为“我要问”。

在教学“神奇的水”一课时，为了激发学生兴趣，教师利用视频展示了趵突泉公园中，很多人围在许愿池旁边，试图让硬币浮在水面上的景象；然后，在一个装满水的玻璃杯里，让一枚硬币浮在水面上，学生看到这样的情境后，纷纷提出问题：“为什么硬币能漂在水面上？”“硬币是不是特制的，很轻呢？”接下来，让学生以小组为单位动手实验后，学生进而提出问题：“换成再大一点的硬币，可以吗？”“是不是与杯子中的水的多少有关系？”不难发现，学生针对不同的情境提出的问题中，有观察，有对比，有思考，有质疑。在教学“使沉在水里的物体浮起来”一课时，教师可以出示一枚铁钉，将其放在水杯中，让学生观察铁钉在水杯中的状态，然后利用视频出示一艘大轮船，观察大轮船在大江大海中的状态，由此使学生产生提出问题的欲望，“同样是金属，为什么铁钉沉在了水底，而轮船却能浮在水面上？”“用什么方法能够使铁钉也浮在水面上？”学生可能会初步假设：“是不是与物体的轻重有关？”“是否与物体的大小有关？”在课堂教学中，教师根据科学知识的具体内容，适时引入视频、声音、图片等不同形式的资源，让学生在感受大自然神奇的同时，结合所观察到的、联想到的，有针对性、有目的性地提出科学且有效的问题，这样更容易增强学生对科学知识的深度理解。

2. 丰富学生体验，让学生有问题可问

《小学科学课程标准》（2017年版）中指出，开展观察、实验活动，是小学生学习科学的主要学习方式。学校和教师应当充分利用校园环境中与科学有关的资源，让校园成为科学学习的大课堂。在科学教学中，教师可以充分利用校园各类资源，建立校园科学学习中心，如校园气象站、校园种植园、科学活动区、探索实验区等，让学生在这里发现科学问题，理解科学概念，进行科学探究，解决实际问题。如开展“小蒜苗快长大”的种植活动前，先让学生设计活动方案。根据以往的科学知识基础，学生提出了一些问题：“蒜苗生长需要什么条件？”“如果研究蒜苗是否需要阳光，我们需要设置什么环境呢？”……通过大量问题的提出，学生对问题进行了梳理，确定了研究方案：将蒜放置在了不同的生活环境中，有的小组是水培，有的小组是土培，有的小组将蒜苗放在窗台上，让蒜苗接受光照，有的小组将蒜苗放在柜子里，罩上黑色的薄膜，学生每天进行观察、测量、记录。随着活动的不断展开，学生的问题也不断增多。新的问题引领学生进行更深入的研究，比如同样是水培，有的水中加入营养剂，有的不加，会怎样呢？随着研究的不断开展和深入，学生们的兴趣也越来越高涨，既增长了知识，又培养了问题意识。

3. 循序渐进，让学生会问

学生在提出问题时，教师应该给予积极的回应。学生的提问有时比较幼稚，甚至是可笑的，教师面对学生的这些问题，不要嘲笑，要对他们提出问题进行由衷的赞赏和鼓励。有时学生的提问，教师也不知道答案时，不能回避话题，或者斥责学生，应该对他们加以引导，让他们逐渐掌握提问的方法和技巧。

如在学习“斜面”一课时，教师可以导入一个情境，让学生想办法把重物运到车上去，结合生活经验，学生想到可以用一块木板搭在车厢上，这样非常省力。然后让学生利用桌面上的木板和垫板进行组装，做成一个简易的装置。在用这个装置拉动装满“货物”的小车，记下所用的力时，学生通过对比数据，提出问题，“为什么不同斜面用的力不同呢？”然后引导学生对比各小组的斜面，发现问题，有的小组的斜面坡长，有的小组的斜面坡度小，针对以上发现提出新的问题：“什么样的斜面更省力？”“是不是坡越长越省力？”“是不是坡度越小越省力？”这样的问题就能够引领学生的研究更加深入。

科学探究活动是围绕一个实际需要解决的问题展开的，这个实际需要解决的问题就是儿童对这个世界最本真的提问。儿童最初的发问是最为重要的，是儿童主动探索、主动学习的一个切入点，一个起点。在科学教学过程中，教师需要结合学生实际，从不同的角度对学生进行引导和帮助，从而建立起系统的问题意识，促进学生整体科学素养的提升。

参考文献

[1] 中华人民共和国教育部. 小学科学课程标准（2017年版）[M]. 北京：北京师范大学出版社，2017.

[2] 曾宝俊，夏敏. 小学科学教材教法与教学设计（低年级）[M]. 福州：福建教育出版社，2018.

基于科学概念建构的定量与定性观察策略探究

观察是对外界事物有目的、有计划、有组织、持久的知觉过程，是知觉的最高形态，是最基本、最重要的科学探究技能之一，是一切科学研究的基础。韦钰院士在《探究式科学教育教学指导》一书中指出："人有好奇的天性，奇则察，细察而生疑，疑遂思，冥思而深究。"由此可见，观察是研究兴趣的源泉所在，也是探究的关键要素。小学科学教师该如何在科学概念的建构中指导学生开展观察呢？结合平时的教学实践，笔者认为可以从以下几个方面入手。

一、多角度定性观察，建构科学概念

定性观察是对物质的组成、性质等进行观察、了解，并用语言做简要描述。对物体大小、颜色、形状、软硬程度、光滑程度等的观察都属于定性观察，在科学教学中非常普遍。如何引导学生开展多角度定性观察，更全面地建构科学概念呢？我们观察一个事物时，聚焦的往往都是较为熟悉的。有位哲人说过："天才，其实并不比任何正常人能够获得更多的光，但是他们有一个聚光的特殊的透镜。"我们在教学中，在培养学生的观察能力时，也要让学生形成一个透镜，让他运用感官获得信息，并将这些信息进行横向串联和加工。如学生观察岩石，会发现什么呢？即使我们引导学生从岩石的颜色、质地、颗粒大小等方面进行观察、描述，学生也往往并不像我们所预想的，他们所发现的，多是已有经验的重复。这样的观察是没有收获的，更不可能实现学生的深入研究。怎么办呢？我们可以再给学生一块岩石，让他们将两种岩石进行比较。在比较中，学生会发现两者之间的不同，他们会发现虽然都是花岗岩，因所含矿物的比例不同，岩石的颜色也就不同。当比较发生的时候，学生的认知就发生了。在观察中，能够发现事物与事物之间的相同之处和细小差别，这种辨析差异的能力，恰恰是观察力提升的重要所在。在指导学生观察时，我们需要引导学生认识事物的不同，这样才能把握事物与事物内在的关系；有时也需要认识事物的相同点，因为共性是事物本质的共同，如“苹果为什么落地”一课中，我们准备了气球、玩具飞机、沙包、毽子、小石子、羽毛、小汽车等一组有结构的材料，这些材料有轻有重，有软有硬；有运动的，有静止的；有地上的，也有飞在空中的。通过实验观察，画出各种物体的运动路线。在分析路线的过程中，总结出所有的物体最后都会落向地面这一共性现象，由此引入对重力的认识。从一系列的事物或现象中发现相同，进而归纳出科学的结论，我们从中给予了学生系统的归纳科学概念的方法。

二、定量观察，建立数据模型，发现科学规律

所谓定量观察是指用具体的数据对事物进行观察。经验主义强调，研究要在观察的基础上分析、思考、发现规律。而系统的观察是指对事物进行量、质、周期性等变化的跟踪，以便更清楚地对观察对象进行定量分析。定量分析是根据统计的数据建立数学模型，并用数学模型计算出分析对象的各项指标及其数值的一种方法。如研究力的大小、气温有多高、雨下得有多大等都是定量观察。《小学科学课程标准》（2017年版）在终结性评价中，针对“科学探究能力”中观察的评价标准是：“能否利用观察、测量或其他手段获得有效可靠的数据资料；能否通过对数据资料的分析判断获得科学的结论。”在科学观察活动中渗透定量观察，利用表格记录数据，整理数据并制作出统计图表。借助统计图表等模型，为学生认识科学现象，发现科学规律，搭建了思维的“脚手架”。如在“斜面”一课的教学中，我们采用了两种方法，一是同样长的木板，通过不断增加垫板来改变斜面的高度；二是垫板的高度相同，用长短不同的多块木板来做斜面，改变斜面高度。这样的对比极具结构性，然后针对两种实验方法将多组数据汇总起来后，利用电子表格中的图表功能，绘制出统计图表。通过分析图表，发现高度相同时，斜面越长越省力；斜面相同时，坡度高度越小越省力。根据以上研究，引导学生分析两种斜面搭建方法的优缺点，这样，在学生头脑中，斜面的科学概念建构就逐渐清晰了。教师进一步联系生活，出示高架桥的引桥、盘山公路等实际应用，学生就可以利用自身建构的模型进行解释了。

再如“折形状”一课，为了建构形状与承重力关系的模型，我们设计用A4

纸折成两组材料进行对比实验，第一组是圆筒状、六棱柱、五棱柱、四棱柱和三棱柱；第二组是波浪状、M形、N形。这样，通过第一组材料得出的数据对比，我们引导学生得出边数越多承重力越强；再与第二组材料得出的数据进行对比，得出同样的边数，角越多，承重力就越强。

在探究活动开始前，学生根据已有经验进行猜想；探究活动中，学生能够通过数据整理与分析，制作出数据模型；探究结束后，运用知识，解释生活现象，强化科学概念。在整个探究活动中，观察方法的习得成为学生的重要收获。

三、定量与定性观察结合，系统建构科学概念

自然界中的事物都是质和量的统一体，而质和量又是互相联系和影响的。用思维把握现实的时候，做定性分析，思维方法就会不全面，所得的知识也就不会深刻，很多时候，事物的属性要通过数量来表现。能用数据描述事物时，科学概念才会更具系统性和逻辑性。因此，我们在科学教学中需要将定性和定量结合，开展观察活动，定性是定量的依据，定量是定性的具体化。例如，描述今天的天气是冷还是热属于定性观察，但精确地描述气温有多高则属于定量观察；用酸碱指示剂判定溶液的酸碱性属于定性，用pH试纸测试溶液的酸碱度则属于定量观察。

如在“热传递”一课的教学中，仅仅知道热在固体中从温度高的部分传向温度低的部分，对于学生不具思维挑战性。为了让学生对热传导这一科学概念建立更全面的认识，我们可以和学生一起设计实验，引导学生思考：观察到蜡油发生什么变化，能够说明热在固体中传递？学生想办法可以通过其他物体的变化，来记录热的传递，比如蜡油、凡士林、油的变化等。引导学生观察蜡油融化的方向，初步感知热在固体中的传递方向。如果我们想让学生更深入地了解热传递的规律，就需要引入数据进行定量观察。在铜条上均匀地打几个孔，每个孔放同样多的蜡油，加热一端时，分别记录每个孔的蜡油融化的时间。然后变换加热点，多次记录。整理数据，绘制出热传导速度的曲线折线图，建立数据模型，发现热传导的规律是慢—快—慢。总之，定量多是采用数学工具进行计算，是建立在定性观测的基础上，二者相辅相成，定性研究提供方向，定量观察提供数据支撑，概念的建构才能更全面。

苏联科学院巴普洛夫研究所的墙壁上镌刻着这样一行字：观察，观察，

再观察。作为科学学习的重要手段，观察是学习和获得科学知识的重要途径之一。在教学中，不断尝试用不同的观察形式，借用数学的记录方式，将定量与定性有机融合，引导学生进行深入的观察活动，有利于激发学生内隐的观察欲望，开启他们科学探秘的旅程。

参考文献

[1] 韩婧. 观察，观察，再观察 [J]. 小学科学，2011（6）.
[2] 韦钰. 探究式科学教育教学指导 [M]. 北京：教育科学出版社，2005.
[3] 曾宝俊，夏敏. 小学科学教材教法与教学设计（低年级）[M]. 福州：福建教育出版社，2018.
[4] 陈洪，孙宝国，杜毅. 论科学观察——科学研究规律探讨之三 [J]. 北京工商大学学报（自然科学版），2006（4）.
[5] 中华人民共和国教育部. 小学科学课程标准（2017年版）[M]. 北京：北京师范大学出版社，2017.
[6] 路培琦. 培养观察定量观察能力的探索 [J]. 小学自然教学，1989（4）.

定性观察与定量研究巧妙融合，促进科学概念的系统化

——以“杯子变热了”为例

《小学科学课程标准》（2017年版）在终结性评价中，对于观察的评价标准是：“能否利用观察、测量或其他手段获得有效可靠的数据资料；能否通过对数据资料的分析判断获得科学的结论。”这就要求我们在教学中，根据具体的教学内容设计相关的活动，让学生进行定性观察、定量研究，给予学生正确的观察方法的引领，培养学生观察的技能，引导学生进行有目的、有步骤地观察活动，在活动中，学会深入细致地观察，善于抓住关键细节，能够透过现象发现事物的本质。

苏联科学院巴普洛夫研究所的墙壁上镌刻着：观察，观察，再观察。经验主义强调，研究要在观察的基础上分析、思考、发现规律。而系统的观察是指跟踪事物量的、质的、周期性的变化，以便更清楚地对观察对象进行定性和定量的分析。

一、创新实验设计，定量观察认识科学现象

在教授“杯子变热了”一课前的学生前测时，发现学生对于“热”的传递已经有了一定的前概念，但是这些认识还比较模糊，学生更加感兴趣的问题是：杯子变热时，是同时变热还是有先后顺序的？所以如果仍然通过汤匙上滴几滴蜡油，观察蜡油融化，总结得出热从温度高的地方传到温度低的地方就有些简单，且不能激发学生的探究兴奋点。所以需要借助科学现象和精确的科学数据来认识科学现象、发现科学规律，从而在前概念的基础上有所提高和升华，形成更为系统的科学概念。

兰本达说，儿童不可能自发地“发现”定量。我们可以通过改进实验，引导学生进行定量观察。青岛版科学教科书中热传导实验材料是将火柴用凡士林粘在铜条上，加热一端，观察火柴掉落的情况。苏教版科学教科书中使用的材料为汤勺，实验内容增加了变换加热点。但是在实际教学中，我发现都存在有不足之处：第一种做法，火柴容易掉落，影响实验的准确性。第二种做法，增加了探究的深度，但存在两个问题：一是容易导致混淆加热点，为了避免混淆，需要每个小组用2～3把勺子，这就出现了第二个问题，准备材料的麻烦。将以上两个实验的优缺点进行整合后，我将实验材料进行了改进：在一根铜条上面均匀地打几个孔，每个孔上滴满蜡油。这样既能保证效果明显，又能保证在更换加热点时，不会受到影响。教学中，我引导学生组内合作，用秒表测量并记录每个孔之间蜡油开始融化的时间，这样精确的数据记录，可以为规律的总结奠定基础。

二、建立数据模型，发现科学规律

我们尽量避免以整理数据的方式技术去评判活动或者学生的价值，一张碎纸片上写下的几个数字，也有可能从这些笔记中找出模式来。我认为教师需要用较为接近的方式引导学生进行数据整理，或者把数据整理得好一些。在教授“杯子变热了”一课时，我和学生一起设计实验记录表，用表格建立起数字模型。实验结束后，学生才能够在数据整理中，做出论断，提出解释模型，这就是探求意义——探求概念的尝试。

三、定性观察，理解科学概念

在发现了热传导的规律后，我引导学生进一步思考：热传导的方向是怎样的呢？先让学生画一画自己理解中的热传导的方向，然后出示给学生准备好的方形和圆形铁片，上面涂满红色蜡油，试着在一角或者中心加热，通过观察蜡油的融化来描述热传导的方向和路线，既直观又形象。通过这三步曲，热传导这一科学概念在学生头脑中的建构就非常清晰、完整了。

“在观察中寻找奥秘，在奥秘中寻找快乐。”观察是研究兴趣的源泉，我们在教学中，不断尝试着用不同的观察形式，引导学生进行深入的观察活动，激发学生内隐的观察欲望，开启科学探秘的旅程。

参考文献

[1] 陈洪，孙宝国，杜毅. 论科学观察——科学研究规律探讨之三 [J]. 北京工商大学学报（自然科学版），2006（4）.

[2] 兰本达，布莱克伍德，布兰德温. 小学科学教育的“探究—研讨”教学法 [M]. 刘默耕，译. 北京：人民教育出版社，2008.

学会提出问题是提升学生科学素养的关键

小学科学的核心素养是学生在接受科学教育过程中，逐步形成的适应个人终身发展和社会发展需要的必备品格和关键能力，是学生通过科学学习内化的带有科学学科特性的品质。其中包括科学观念与应用、科学思维与创新、科学探究与交流和科学态度与责任。科学探究是指能够发现现实世界中的科学问题，针对特定的科学现象，进行观察、提问、方案设计和实施以及实验现象的交流与讨论。科学探究的实质是一种思维创新方式，是科学思维发展和时间能力提升的重要手段，是落实培养学生社会责任和价值观念的有效途径。

一、明确“提出问题”要素的基本内涵

《小学科学课程标准》（2017年版）中从提出问题、做出假设、制订计划、收集证据、处理信息、得出结论、表达交流、反思评价8个要素描述科学探究。其中提出问题是科学探究的第一步，是科学探究的入手处。《小学科学课程标准》（2017年版）中对学生科学“提出问题”从低、中、高三个年级段做出了明确的要求，1～2年级的要求是：在教师的指导下，能从具体现象与事物的观察、比较中提出感兴趣的问题；3～4年级在教师引导下，能从具体现象与事物的观察、比较中，提出可探究的科学问题；5～6年级是能基于所学的知识，从事物的结构、功能、变化以及相互关系等角度提出可探究的科学问题。分析三个学段的目标，我们可以发现，标准中呈现了一个螺旋上升的层次，一、二年级是提出感兴趣的问题即可，三、四年级则是可探究的科学问题，五、六年级则是能够从多角度提出可探究的科学问题。所以，有问题才能让科学探究真正发生。学生能提出科学问题是科学探究的着力点，也是培养学生科学核心素养发展的落脚处。

二、创设情境提出问题，促进学生探究动力

爱因斯坦说：“提出一个问题，往往比解决一个问题更重要。”针对教师在教学实践中存在的问题，我们从提出问题要素入手，对科学探究进行再认识。按照提出问题的核心概念和进阶水平要求，在教学过程中，关键部分是通过学生的主动思考来培养学生提出问题的能力。

教师首先要创设研究问题的情境，以激发学生的研究兴趣。在科学教学中，学生对自然事物的认识，一般来说，应该是通过学生亲自探究来认识。在真实的情境中，启发学生自己提出可以探究的科学问题。

比如在指导学生研究物体的热胀冷缩性质时，首先让学生观察瘪了的乒乓球放在热水中被烫得鼓起来的现象，然后让学生试着根据已有的知识解释这种现象，有的学生认为是乒乓球受热膨胀，有的学生认为是球内的空气受热膨胀，有的学生则认为空气受热后不会膨胀……这样，学生就会提出“空气受热后会不会膨胀”的问题。

在教学中，创设情境，让学生在未知和已知之间找到某种相似，建立关联，由此类比迁移而得出新问题，从而确定探究方向，激发学生探究的兴趣。在研究“磁铁的性质”一课时，由于学生对磁铁已经有了一定了解，课堂上，教师利用巴克球摆出很多不同的造型，让学生在用巴克球进行创意设计时，学生发现巴克球就是一个个磁铁，激发了学生极大的兴趣，激活了学生的思维，学生经过思考后，提出问题：除了这样的磁铁还有什么样的呢？磁铁还有什么特点吗？

通过这样一个情境，学生的研究兴趣被充分激发出来，这样问题就成了探究学习的起点和主线。教师可以让学生带着问题先猜测，然后分组，在桌面上摆放着的物品中找出能够被磁铁吸引的物品，并观察这些物品是什么材料做成的，从而进行研究。

三、提出问题，聚焦问题

根据生活中的现象提出问题。有些问题并不是科学问题，有些问题并不能当堂研究。所以有效的问题、有效的科学问题是科学探究的指向。皮亚杰认为认知的本质是适应，即儿童的认知是在已有图示的基础上，通过同化、顺应和

平衡，不断从低级到高级的发展。要实现这种发展，问题的设计就需要做到由易到难，层层递进，这其中的提升以及前后衔接，有助于学生知识体系的建构。

研究“使沉在水里的物体浮起”一课时，教师可以先出示一枚铁钉，让学生猜想如果将这枚铁钉放入水中，是浮还是沉呢？根据生活经验，学生会做出科学的判断，铁钉放入水中会沉在水底。紧接着追问：如果将同样的铁做成大轮船会怎么样呢？根据生活经验学生还是会做出“轮船会浮在水面上”的科学判断，由此在学生心中种下一颗思考的种子：同样是铁，为什么有的浮，有的沉？物体的浮沉与什么有关？怎么能使沉在水里的物体浮起来？物体越重越容易下沉吗？然后将这些问题进行梳理，一是将问题转化为科学问题，二是找到问题之间的联系，形成问题链条或者聚焦到一个焦点问题，进而引导学生展开科学探究。

在科学探究中，教师在课堂教学中，通过创设情境，引导学生积极思维，提出问题，并在梳理问题的过程中，聚焦问题，发展学生的思维能力，重视学生的积极思维，强调不仅要在做中学，更要在学中思，要动手和动脑相结合。

参考文献

[1] 俞庆育，孙锡英. 创境设疑“生问题”，科学探究“育素养”——以“探究蚂蚁的觅食行为”为例 [J]. 中学生物学，2019，35（7）.

[2] 周莹，冯华. 学会“提出问题”：提升学生科学素养的关键环节 [J]. 中小学管理，2018（9）.

科学课中如何培养学生的观察能力

观察是指人们利用眼、耳、鼻、舌、皮肤等感觉器官认识自然事物的一种简单活动。观察是人们认识世界、获取知识的重要途径，是科学研究的重要方法。一切科学实验、新发现、新规律，都是建立在周密、精确、系统的观察基础之上的。居里夫人的女儿叶琳娜把观察誉为“学者的第一美德”；巴甫洛夫把“观察、观察、再观察”作为座右铭，并告诫自己的学生：不学会观察，你就永远当不了科学家。

在小学科学课堂教学中，教师引导学生通过观察了解事物的颜色、大小、形状、厚薄、长短、软硬、表面光滑程度、气味以及变化等，从而对事物从不同的角度进行认识和了解。此时，观察就成了一种认识方法被应用于科学学习过程中，这种观察就是科学观察。在科学课堂教学中，如何引领学生学会科学观察非常重要。

一、创设有趣的情境，激发和保持观察兴趣

李四光说：“观察是得到一切知识的首要步骤。”《小学科学课程标准》（2017年版）在“课程性质”的描述中提道：“通过科学课程的学习，初步学习观察、调查、比较、分类、分析资料、得出结论等方法……”这里将观察放在了首位，也同样可以看出观察的重要性。小学生的好奇心很强，喜欢科学。他们总是渴望认识生活、了解世界，他们对于自然界中的日月星辰、风雨雷电、花草树木、鸟兽鱼虫等都充满了无限的遐想，也有着无数个为什么。我们在课堂上，就应该抓住这些机会，创设情境，引导学生深入、细致地观察身边的事物、自然现象等，感受大自然的神奇和伟大。

如教学“果实和种子”一课，课前，让学生准备一些果实，首先通过分一分的方法，简单地对带来的物体进行分类，把学生认为是果实的放在一起，

这是对学生科学知识前概念的了解，也是对学生知识水平的一次诊断，然后引导学生将果实纵切、横切后，进行观察，并将观察到的样子画下来，这样的观察，不同于平时只看表面，在用刀切开果实的瞬间，学生的成就感就已经爆棚了，虽然看到的东西可能是之前已经见过的，但是这次的看不同于以往，属于科学意义上的观察，进而再把看到的样子画下来，边画边对比，对比的过程又是一次深入的观察。接下来的观察种子，学生的兴趣就更高了。

再如教学“使沉在水里的物体浮上来”时，教师可以出示浮沉子，通过魔术表演的形式，让学生感受到这个小瓶子很听话，能够在水中自由地沉浮，由此产生研究的兴趣，首先发现物体在水中的状态：浮、沉，然后产生问题：其他物体在水中的状态是怎样的？进而展开猜想：你认为它在水中是浮还是沉呢？在表格中用箭头表示出物体在水中的状态，由此进入观察活动，将不同的物体放入水中，观察物体在水中的状态。观察的过程中，学生会将刚刚的猜想与看到的现象进行对比，产生认知上的冲突，激发了探究的兴趣和欲望。

在科学探究过程中，有很多观察是需要经过很长一段时间才能有所发现或者得出结论的，在这种中长期观察的过程中，让学生保持观察兴趣是非常重要，而且是非常困难的。这就需要教师不断用新的想法去引导，用新的问题去引领。

如在观察蚕时，蚕的一生大约50天，蚕卵到蚕、蚕蛹、蚕蛾的变化学生非常感兴趣，但是每一个过程的变化都很漫长，如何让学生一直葆有对蚕的研究热情，能够在养蚕的过程中，坚持观察，并坚持做好记录，且能够在观察的过程中有所发现，对于每一位教师来说都是不小的挑战。在实际的教学过程中，教师可以通过不同的活动来不断激发学生继续观察、研究的欲望和兴趣。

第一，在下发蚕卵时，教师可以采用孵卵行动，看谁的蚕卵最先破壳而出，并且要比一比，谁能够把蚁蚕照顾得最好。有了这个活动的推进，学生积极性很高涨，每天注意观察蚕卵，会看到蚕卵的细微变化，刚刚下发的时候蚕卵是乳黄色的，然后慢慢中间部位会变成紫黑色，不久，蚕宝宝就会破壳而出，刚刚破壳而出的蚁蚕是毛茸茸的，像一只只小蚂蚁。这样的观察细致、认真，很轻松地就认识了蚕卵到蚕的变化过程，且能够细致地观察蚁蚕的外形。

第二，对蚕宝宝进行观察的过程是整个过程中最复杂，也是变化最多的，所以教师可以用观察记录表和观察日记结合的方式来引导学生做记录，同时，善于发现学生在观察过程中发生的趣事，利用养蚕经验交流会的形式，让学生来分享观察的收获，感受生命的伟大，同时在分享趣事的过程中，回味养殖的乐趣。比如有的学生发现了养殖时学生的头发掉落后被蚕宝宝吃进去，连同蚕沙一块排出体外时，头发将蚕沙串了起来，学生笑称为“蚕沙项链”。或者举行一次蚕界大胃王的比赛，将学生每天对蚕宝宝食量的记录进行展评，通过这种分享，不断引导学生继续葆有对蚕宝宝的观察热情。

第三，用不同的任务驱动，加入新的观察实验，进一步激发学生兴趣。比如在蚕宝宝时期，增加蚕的食物的研究；蚕蛹期，研究蚕蛹适宜在什么条件下破茧成蛾，蚕蛹没有茧的保护能否成蛾；蚕蛾期，区分蚕蛾的雌雄等活动，不断激发学生的观察热情，培养观察的耐心。

二、多措并举，培养学生良好的观察品质

1. 有明确的观察目的

在引导学生进行观察前，应先与学生交流，明确观察目的，了解观察重点，知道需要通过观察活动，获取能够帮助我们理解科学知识的有用的信息，以此来帮助我们认识周围事物。

如教学“蜗牛”一课时，由于学生对蜗牛很熟悉，且非常感兴趣，常常在墙角或者草地上看到蜗牛，所以，当看到桌上有蜗牛时，很多学生禁不住开始摆弄，如果让学生这样观察下去，等观察结束后交流时，就会发现，学生所收获的并没有比之前多，仍然只是蜗牛有个硬硬的壳、身体很柔软之类的表面现象。但是如果我们在学生观察之前，与学生进行交流，引导学生有目的、有重点地进行观察，比如：蜗牛的身体分为几个部分，每个部分分别长什么样？蜗牛有什么生活习性，它们会选择什么食物？遇到刺激后的反应是怎样的？为了让学生能够充分地进行观察，教师需要为学生准备充足的实验材料，如为了让学生研究蜗牛对刺激的反应，准备白醋、白酒、酱油等材料，用棉签蘸有液体，靠近蜗牛进行观察。有了之前的设计，学生的观察变得有目的，观察就会更细致。学生会发现，当用带有刺激性气味的棉签去靠近蜗牛时，蜗牛会改变触角的方向，相反，当用豆浆等没有刺激性气味的棉签去靠近蜗牛时，蜗牛反而将触角靠近，用嘴去吮吸，这样的发现较之前的观察是有提高的，这样的观察才有意义。

用同样的方法去观察蚂蚁，学生在小组内讨论应该观察什么，记录什么，通过观察，学生会发现以前不曾知道的知识。比如，课始，先让学生画一画蚂蚁，通过学生的画，我们会发现学生对蚂蚁的了解是一个大大的身子，小小的脑袋，长有一对触角，六条腿，六条腿的位置各不相同。那么通过观察活动后，在此基础上，我们能够引导学生正确认识蚂蚁。由于蚂蚁身体太小，要想观察清楚，需要选用放大镜；另外，蚂蚁是条生命，是在不断运动的，如何能够清晰地观察，也是一个问题，怎么解决这个问题，学生们想了很多办法，可以将蚂蚁放在泡沫板上，泡沫板放在水面上，这样给了蚂蚁一个相对小的空间；可以用实验室里的昆虫盒，盒子不大，能够限定蚂蚁的运动区域，盒盖上有放大镜，又能将蚂蚁进行放大，满足观察需要。同时再在观察内容上对学生进行引导，学生通过观察发现了一些与原来认知冲突的地方，重新构建对蚂蚁的认识。例如，蚂蚁的身体分为头、胸、腹三部分，头部有一对触角，胸部长有三对足。再通过“将不同家的蚂蚁放在一起观察现象”“在蚂蚁窝旁边放置食物，观察蚂蚁的动态”，分析蚂蚁的行为，引导学生深层次认识蚂蚁在行进时，会分泌信息素，引导后面的同伴找到队伍；另外，它们可以通过触角传递和交流信息。

2. 客观地进行观察

《小学科学课程标准》（2017年版）在描述科学态度目标时这样定位：“1~2年级能如实讲述事实，当发现事实与自己原有的想法不同时，能尊重事实，养成用事实说话的意识；3~4年级在科学探究中以事实为依据，不从众，不轻易相信权威与书本，面对有说服力的证据，能够调整自己的观点；5~6年级在尊重证据的前提下，坚持正确的观点，当多人观察、实验结果出现不一致时，不要急于下结论，而是分析原因，再次观察、实验，以事实为依据做出判断。”综上所述，即是科学探究过程需要实事求是，客观对待。比如“浮和沉”一课，对物体的浮沉进行猜想时，很多小组认为小块苹果会上浮，一个苹果会下沉，结果将苹果放入水中时，学生发现一块苹果浮起来了，一个苹果也浮起来了，这与之前的猜想不同，教师需要引导学生将看到的现象真实地进行描述和记录，记录下观察到的现象，这样才有利于进行下一步的推论和假设或者总结得出科学的结论。

三、授之以渔，观察要掌握正确的方法

科学教学中，常见的观察方法包括很多种，观察角度不同，分类就不同，从观察工具上来进行分类，观察可以分为直接用感官观察和借助工具进行观察；从观察的顺序上分类观察就可以分为：从整体到局部、从内到外、从上到下等，除此之外，还有对比观察、对实验现象的观察等，其实，在科学课堂上，观察并不是孤立存在的。任何一节课中都不可能用一种观察贯穿始终，那样的观察就不全面，不细致。所以这就要求教师在指导学生进行观察时，在观察中思考，在思考中观察，真正把“观”和“察”有机结合起来。

1. 思考选择合适的工具进行观察

儿童从出生之后，甚至更早就可以运用自己的感官进行观察和认识世界了。四个月左右的婴儿不管看到什么物体，都想要把它放进嘴里，这时，他用嘴巴感知世界；到了幼儿园，再和孩子交流时，我们就能发现，他们能从物体的颜色、形状、软硬等不同方面对事物进行观察了，已经能协调使用各种感官。面对不同的观察对象，我们需要引导学生思考：“你适当地使用了合适的感官了吗？”“观察时，需要使用放大镜还是显微镜？”“需要使用直尺进行观察吗？”“把它研碎放入水中，观察它的变化。”思考的指向是培养学生细致观察的能力，在这种思维的引领下，学生的观察收获会更多，会产生更强的探究欲望。比如，“纸的秘密”一课，在研究纸的特点时，选用什么工具进行观察非常重要，对比观察纸的吸水性，可以选择胶头滴管和红色墨水，通过对比浸湿面积来观察；对比观察纸的毛边紧密程度，可以选择放大镜，观察撕开后的毛边结构；观察纸的透光性，可以选择小手电筒，通过照射来对比观察。工具的选择，背后是方案的确定，是思维的引领，是研究成功的保证。

2. 思考观察到的现象与问题之间的关系

这是带着目的去进行观察，比如在讲授“火山”一课时，通过视频、图片中展示的地球外部的表象，学生能够对地球内部的认识定位在：地球内部是高温、高压的，有类似熔岩的岩浆，有比较薄弱的地方或者裂缝等。由此教师和学生共同设计实验方案，在铁盒底部铺一层番茄酱，以此模拟地下熔岩的岩浆，上面铺一层土豆泥，来模拟地壳，用酒精灯对铁盒进行加热，模拟地下高温环境，对实验装置有了了解后，引导学生思考：看到什么现象能够说明火山

喷发的原因。学生自然会想到，如果给铁盒加热，番茄酱能够从土豆泥的裂缝处喷出来，就能说明我们之前对火山成因的推测是正确的。

3. 思考如何用观察记录引领观察方向

把观察到的现象及时、准确地记录下来，是科学研究一个非常重要的环节。教师可以利用好实验记录单引发学生的思考，知道接下来的研究方向。比如，“物体的形状改变以后”一课可以利用记录表，引导学生对弹簧、海绵等物品采用压一压、拉一拉的形式来改变物体的形状，然后在去掉外力后，观察形状的变化。通过画图的方式记录下来，将观察的内容聚焦，有利于学生保持良好的研究状态。

科学学习给学生提供了很多观察、产生疑惑、思考的机会，以及通过发现和实验寻找答案的机会。几乎任何物体、生物或事件都能作为观察的对象，只要学生掌握了观察的方法，葆有对观察的热情，就会有新的发现，就会在愉快的观察活动中主动探究。

参考文献

[1] 张丽敏. 擦亮你的眼睛，发现科学之美——浅谈如何在科学课堂中培养学生的观察能力 [J]. 小学教学参考，2019 (15).

[2] 周雪. 科学课上学生观察能力的培养与提升 [J]. 辽宁教育，2016 (19).

[3] 牛立宽. 浅谈科学课中学生观察能力的培养 [J]. 课程教育研究，2015 (25).

[4] 薛青. 小学科学教学中如何引领学生科学观察 [J]. 宁夏教育，2016 (09).

[5] 阿瑟·A. 卡琳，乔尔·E. 巴斯，特丽·L. 康坦特. 教作为探究的科学 [M]. 北京：人民教育出版社，2008.

小学科学“解暗箱”课型教学策略例谈

“解暗箱”属于小学科学课堂教学中一种比较抽象的课型。所谓暗箱就是不能打开，或者不能从外部直接观察到其内部结构的事物、系统等，控制论创始人维纳把它称为“闭盒”（Closed Box），后来又称为“黑箱”，或译作“暗盒”。在小学科学教学中有一些课题就是这样不能直接感知，但需要我们引导学生根据可以感知到的情况进行分析，间接推断出来，这个过程就是“解暗箱”。

曾宝俊在他的《小学科学教师入门十课》中将“解暗箱”课分为三类：第一类是黑洞、星球、人体这样的“自然暗箱”；第二类是机器人、雷达、封闭的电线网络这样的“实用暗箱”；第三类是课堂中为了帮助学生获取科学知识、领悟科学思想、学习科学方法而制作出来的“模型暗箱”。人们对事物的认识会经历从不知到知道，从知之不多到逐步了解，再到知之甚深的过程，也就是从暗箱转为明箱的过程。那么小学科学课堂中，“解暗箱”一类的课如何教，从什么角度引导学生进行观察和思考？如何引导学生思考暗箱内的结构？如何在解暗箱类型的课中体现思维的引领？

一、抓关键问题，思维引领

心理学研究表明：思维是智力活动的核心。科学教学中学会思维更是非常重要，发现事物的表象特征，找到相互之间的联系，利用这些联系，综合分析，对事物的内部情况或结构等做出推理和判断。那么首先要做的就是能够找到足够多的信息，只有这样才能够进行后续的综合分析。

在教学中，我们可以通过巧妙的活动，给学生思维方向的引领。教师在一个茶叶盒中放入几枚硬币或者几个钥匙，不打开盖子，让学生判断盒子里装的是什么。学生可以根据盒子的外包装推断里面应该是茶叶；学生可以通过掂一掂盒子的重量，来判断盒子里面物体的多少；还可以晃动盒子听听声音，来进行判断。为了能让学生对该物体有立体的认识，教师可以在晃动盒子之前，提出观察要求，“通过声音，你能否判断盒子里物体的材质、形状和数量？”利用这个关键问题的引领，引导学生捕捉暗盒内辐射出来的每一个信息。这样观察才有了目的性，才是有效的观察，学生能够通过碰撞时连续碰撞的、清脆的声音，来推断物体是大于2个且是金属材质的；还可以与之前的生活经验进行联系，与圆球状物体的滚动相区分，推断物体的形状应该是扁平的。将以上信息进行综合，学生推测出两种事物：硬币、钥匙。

这样的活动中，学生注意力高度集中，积极参与，能够发现一些有用的信息，并建立信息之间的联系，在头脑中初步建构物体的模型，然后与生活中的事物进行联系，就能做出较为科学的推断和猜想。通过这样的思维引领，当学生在遇到类似问题时，就有了观察的指向，思考的方向。

比如，在讲授“地球内部有什么”一课时，引导学生猜想地球内部有什么。可以先出示一些发生在地球表面的与地球内部结构息息相关的自然现象的图片或视频，如火山喷发、温泉、地震、地热等，引导学生从自然现象中抽取一些重要信息，如熔岩、温度高、岩石断层等，然后将这些信息之间的逻辑关系进行分析、排序，学生大致能推断出地球内部的基本情况。这种研究的模式也基本模拟了科学家对地球内部进行探索的过程。当学生有了初步的思考和判断后，我们再把科学家研究的数据呈现给学生，这样理解起来就很轻松了。

二、图型结合，变暗为明

为了让学生对看不见的暗箱内的构造及特点有比较清晰的了解，实验室大多都有模型，比如地球内部模型、人体骨骼模型、人体各器官模型等，但是如果只是简单粗暴地将模型摆在学生面前，让学生观察，学生也只会按图索骥，记下这个器官的样子和大体的位置，并不能在脑海中留下深刻印象，关键是学生对这类知识的探究欲望就完全不存在了。所以什么时机出示模型，怎么出示，对“解暗箱”类型的课来说尤为重要。

“看月亮”一课的科学知识目标为了解月相变化规律及月相成因，形成月相的两个重要原因一是月球本身不发光，是反射太阳的光；二是月球绕地球自西向东公转。但是如何让学生理解这个变化过程及原因却不是一件简单的事情。在教学中，可以采用模型来理解，把一个乒乓球，一面涂成黑色，模拟月球没有照亮的一面，另一面不涂，模拟月球被照亮的一面，确定好太阳的位置后，没有涂黑的一面始终保持朝向太阳的位置，绕地球自西向东公转一周，并让学生把看到的月球的样子画下来，这样图与型结合，既展示了月相的变化规律，又研究了月相的成因。

如教学“我们的呼吸”一课时，通过体验呼吸，将手放在胸部，深呼吸一次，感受身体的变化，引导学生发现吸气时，胸部会胀起来；呼气时，胸部又会瘪下去，学生根据科学前概念，知道发生变化的这个部位是肺，接下来利用关键问题做思维引领，“空气是从哪里进入人体的？可能经过哪些部位？这些部位应该长什么样？”通过问题引领，学生将思考的结果画在人体结构图中，通过组间交流展示，对比中总结出人体呼吸器官的位置以及基本结构特点。在此基础上，出示图片模型引导学生与自己画的器官进行对比观察，系统、科学地认识人体的呼吸器官，这时的学习属于反思性学习，能够引发学生头脑的认知冲突，是高效的。

继而利用“肺做扩张收缩运动，动力来自哪里？”这个问题作为引领，引导学生思考肺呼吸的原理，出示肺呼吸模型，研究用什么方法，能够使模型中的气球吸气、呼气。学生能够想到的方法一般有以下三种：一是在口部吹气；二是挤压瓶身；三是拉动模型下部的气球。进而引导学生思考哪一种解释更科学，自然就引向了第三种，“如果是这样，那么这个气球应该模拟人体的哪个部位，在什么位置呢？”引导学生理解横膈膜的作用及其位置。

接下来再利用模型，引导学生了解海姆立克急救法的原理，将肺呼吸模型进行一个小改进，将Y形管改为一根吸管，用这个来模拟人体的呼吸道，当异物堵塞住呼吸道时，就会出现呼吸困难，甚至窒息的现象，由横膈膜的知识进行迁移，学生能够想到拉动横膈膜，可以将异物排出，这就是海姆立克急救法的基本原理，在理解科学知识的同时渗透德育教育。这样，巧妙运用图片和人体的呼吸系统的模型，找到现象之间的关联性和因果性，从相互联系中认识事物。

三、模型验证，化难为易

在“解暗箱”的课中，我们可以采用一些形象的事物来比拟，将抽象的知识具体化、形象化。用来比拟的事物往往来源于生活，贴近学生实际，遵循由近及远、由表及里的认识规律，化难为易，有益于学生理解和记忆。刘勰把联想称为“神思”，认为它能冲破时间和空间的限制，“思接千载”“视能万里”。引导学生建立两种事物之间的联系，架设认识的桥梁，要有足够多的数据支撑或现象支持。

比如“关节”一课，教学时，通过做某项运动，让学生观察关节的运动方式，将不同关节的运动方式进行梳理和归类，引导学生发现肩关节、髋关节、腕关节、踝关节等进行的是旋转运动，进而引导学生根据生活经验，联想身边事物的运动方式，观察物品的运动特点，解剖开物体，将其作为模型进行验证，利用由此及彼的思维特点推断关节的结构。如游戏手柄的运动方式与肩关节相似，进而引导学生观察游戏手柄的结构，一端是可以滚动的球状，一端是窝状的，由此推断，做旋转运动的关节也应该是一端是球状，另一端是窝状。在此基础上，出示关节解剖图，对比观察，学生会发现肩关节和髋关节属于球窝关节，而可以做旋转运动的腕关节、踝关节则并不完全相同，它们是由多个小的关节组合而成，也能够做旋转运动。

在对现象或事物的研究过程中，对观察到的现象，或者观测到的数据，进行整理后，需要建立阐明暗箱的模型。如果制作的模型所做出的外部表现与被模拟的事物或现象相同，那么就可以说明，其内部结构与之也是相同的。比如“建立模型”一课的圆筒模型，抽动任意一根绳子，其余三根绳头都能同时缩回去，由此引导学生推想其内部构造，但并不让学生打开模型。如何能证明哪种推想是正确的？让学生用模型验证的方法，将对其内部结构的推想制作出来，如果能够做到与之前圆筒相同，就可以推断其内部结构相同。

大自然中没有绝对孤立存在的事物，任何事物之间都是相互联系、相互作用的。从这个角度出发，虽然不清楚“暗箱”的内部结构，但是我们可以通过外部形态、事物的变化，进而推断我们看不到的事物的本质和内部结构，这样由表及里，抓住突破口，推断出事物的内部构造，并引导学生在头脑中加以联想，使学生的思维能力得到提高，培养学生良好的思维品质。

参考文献

[1] 曾宝俊，王天峰. 小学科学教师入门十课 [M]. 北京：化学工业出版社，2019.

[2] 施宁励. 小学自然“解暗箱”课初探 [J]. 小学教学研究，1990 (3).

巧妙设计科学教具　引领学生深度探究

一个伟大的剑客是不带武器的，因为任何事物都可以成为武器。同样一位优秀的教师也可以把身边的事物变为教具，而且一直都在准备教具的过程中。科学知识来源于大自然，大自然中的东西都可以用来做教具。

工作以来，我一直任教自然、科学，经常在学校里、家里搜罗各种各样的瓶瓶罐罐，所以常常被周围的同事笑称为“废品回收站”，每当有废旧物品，都会先征求我是否需要，就连班里的学生都会帮我搜集科学课上可能有用的东西，像保鲜袋筒啦，化妆品瓶啦，装修废旧材料啦，都会出现在我的办公桌上。

记得有次听一节大学网络公开课中，台湾大学一位教授在指导学生可以从大自然中寻找道具时，讲到了一个非常有趣的活动，活动主题是如何让一张报纸站起来，让一张软塌塌的报纸站起来，很多学生被难住了。这位教授首先引导学生思考：为什么报纸不能站起来，是什么原因？将问题指向物体的重心。接下来思考：生活中的哪些物品可以给我们启示？学生纷纷想办法。这位教授出示了一片叶子，这种叶子是典型的三出脉，引导学生思考：怎么改变报纸，可以让报纸站起来呢？在三出脉的启发下，教授将报纸折叠成三出脉的形式，惊喜地让报纸站了起来。通过这个活动让学生充分感受到，大自然中的每一件物品都可以成为教具，引导学生将思维发散开来。

作为教师，其中一个宗旨就是成就孩子，和孩子一起成长，圆孩子们的梦想。同样作为教师，也应该有梦想，这个梦想的实现，往大了说，关系国家；往小了说，关系着每一个孩子的梦想，我们为梦想付出的越多，国家就越富强。北京密云的一位乡村教师就和孩子们一起制作科学教具，自得其乐，这位教师的梦想并不是让所有的孩子都成为科学家，而是让孩子们爱上科学，让学生在生活中认识科学，认识自然。

另外还有一位体育教师毕老师也是有梦想的教师，他最初的梦想是让农村的孩子有器材可以玩，让孩子们在体育运动中得到快乐。后来，在不断的完善和思考中，改变标准器材中的不足，让锻炼和能力培养更精准化。慢慢地，毕老师的梦想就成了立足本校，冲出云南，走向全国。毕老师利用课余时间，用废旧体育用品和生活用品，制作了近9000件体育器材，其中还包括了36项发明专利。

作为一名科学教师，我们也应该像上述两位教师一样，拥有这样朴素而伟大的梦想，在教学中用“做中学，学中做”的方式进行教学，让学生更深入地进行科学探究。

一、创新理念下小学科学教具制作的重要性

1. 有助于教师实现专业发展

制作科学教具可以帮助教师将浅显的理论教学模式加以深化，在进行课堂教学时，灵活地把教具应用其中，让学生可以真正理解科学教学的内涵和意义，同时在制作教具的过程中，可以使实践经验变得更加丰富，从而使自身的教具制作能力和创新能力得到一定程度的提高。

2. 有利于学生的科学创新能力得到有效培养

对于小学生来说，本身就对身边的事物有着浓烈的好奇心和求知欲，所以科学教师应抓住适当时机，利用身边事物，保护好学生的好奇心和求知欲，同时利用这份好奇心和求知欲，观察现象，提出问题，激发学生对身边事物的探索欲望。

对于小学科学课程来说，利用制作的教具，让学生学习的相关内容由繁入简，由浅入深，能够有效降低学习难度，使科学现象更明显，科学数据更准确，记录更方便，数据统计、分析更科学，这样有利于科学结论的得出和科学知识的理解和应用。如果在教学准备时，能够将自身的想法和创意融入在内，对学生的科学创新意识和实践能力一定能够得到更好地培养。

二、为什么要自制教具

教具是教学时用来讲解说明事物的模型、实物、图表和幻灯片等的统称，其中也包括教学设备、教学仪器、教育装备、实验设备、教学标本、教学模型

等。学校仪器室中的仪器往往出现不全或者不配套的现象，就容易造成传统教具不足的现象。为了实现深入探究，力求让观察更细致，研究更科学，都需要教师做有心人，在科学教具上多下功夫，往往一个小改进，就会对科学探究起到大作用。

三、利用材料将探究引向深度探究

（一）材料指向研究更严谨

光是沿直线传播的

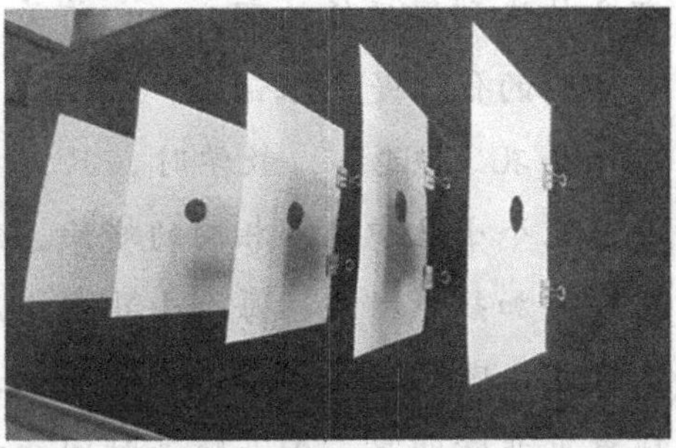

图1　光沿直线传播

关于“光是沿直线传播的”的知识点，苏教版教科书中呈现的是四张同样大小的纸板（图1），纸板中间相同的地方各打了一个孔，一束手电筒的光从孔中穿过。教科书设计意图是当光通过四张纸上的小孔，移动其中的任意一张纸，光就不能通过了，就可以说明光是沿直线传播。但是在研究过程中，会出现两种情况，导致现象不明显：一是纸张不好固定，容易歪斜；二是光是否通过孔，现象不明显。为了解决这两个问题，教学中，教师可以用燕尾夹或小夹子固定住纸张，并在打孔后的纸张最后面放一张纸屏，这样小夹子固定，确保纸张上的小孔保持在一条直线上，光通过小孔后，光斑投在最后面的纸屏上；如果移动其中一张纸，使小孔不在一条直线上，光就不能投在最后的纸屏上，由此可以证明光是沿直线传播的。

光是沿直线传播这一知识点，在生活中很好的应用就是小孔成像，常规教学中的小孔成像实验往往由于光线太强，造成现象不明显，不易观察。教师可以改进实验材料，将纸屏做成黑色，在很亮的光线下，也能够看到黑色纸屏上投射的像。

小孔成像实验中常规材料是用一支蜡烛做光源，这样光通过小孔后，在纸屏上形成的像，有时是模糊不清的，不好辨认像的方向。为了解决这个问题，我们可以在光源上想办法，将光源做成F状，这样F状的光源透过小孔时，我们就能看到一个上下倒立的像了。同时为了丰富学生的证据链条，我们可以改变小孔的形状，做成大小不同的圆孔、三角形、四边形、五边形、五角星等不同形状的孔，继续观察成像情况，丰富学生对小孔成像的认识，加深学生对光是沿直线传播这一知识的理解。

（二）材料指向现象更明显

热传递

“热传递”是热从温度高的物体传递到温度低的物体或者从温度高的部分传递到温度低的部分。之前关于本实验的仪器是一根铜条，上面打了几个小孔（图2），教学时，只需要在这几个小孔中滴入相同的蜡油，然后确定加热点，观察每个小孔中蜡油的变化，既方便操作，又容易观察，现象也非常明显。但是随着时间的推移，这种器材逐渐退出了舞台，而替代产品与铜条对比，优势不明显，不利于实验操作。很多教科书中的方法也多是在金属棒或者金属汤匙上粘蜡烛、火柴棒，但是实际操作起来由于蜡烛、火柴棒的自身重力，凡士林的黏性不足以粘住，所以会自然脱落，就会导致实验现象不明显。苏教版教科书中则选用了滴蜡油的方法，较之前的方法有很大的改进。

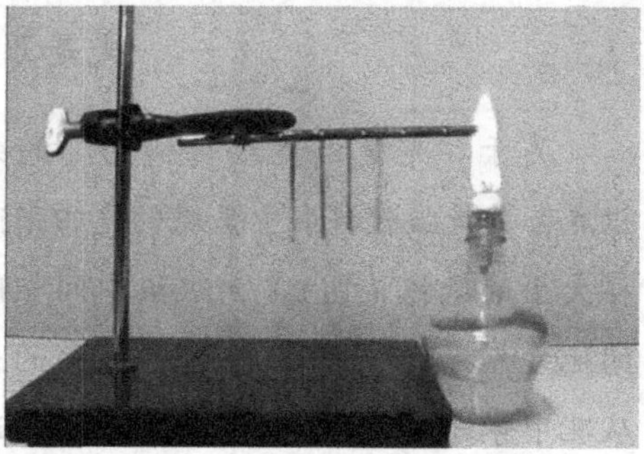

图2 热传导实验装置（1）

可能就是因为条件的限制才引发了教师无限的创新能力，为了克服蜡烛、火柴棒易脱落的现象，有的教师将蜡烛做成蜡圈套在金属棒上（图3），这样就能解决问题，而且套在金属棒上，与金属棒直接接触，当给一端加热时，蜡圈的变化就非常明显，但是实际操作时，就会发现蜡圈遇热融化后，会在金属棒上滑动，影响下一

图3 热传导实验装置（2）

个蜡圈，造成观察数据不准确。

还有的教师用塑料材料固定燕尾夹，然后将条形塑料材料套在金属棒上（图4），加热金属棒的一端，热沿着金属棒传递，条形塑料材料受热后融化，燕尾夹掉落，通过观察燕尾夹掉落的顺序就可以总结得出热传递的方向。

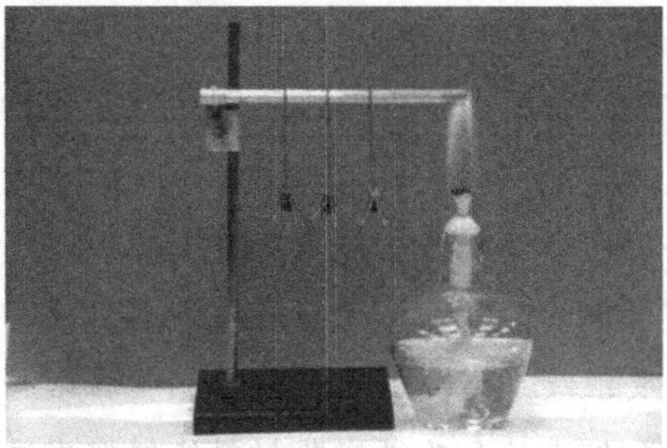

图4　热传导实验装置（3）

随着科技的不断进步，教师们的视野逐渐开阔，一些新兴材料进入教师们的视线。比如，可逆温变油墨，这是一种在常温下显示某种特定颜色，经加温后颜色消失，变为无色，冷却后立即恢复原有颜色的材料。这种实验材料简单易得，能够满足实验要求，可以清晰、直观地看到温度的变化过程。同时将这一实验材料进行迁移使用，研究了热在固体中的传递后，可以引导学生探究不同金属的传热性能是否相同，将可逆温变油墨涂在铁棒、铜棒、铝棒上，插入水中（图5），保持插入水中的长度一致，对比观察变化速度。由于金属传热能力都很强，时间短，变化快，教师还可以继续改进实验材料，将装有探头的电子温度计引入实验，这样，只需要记录下初始温度，然后一定时间后，再次记录温度计示数，就可以比较不同材料的温差变化，从而得出结论了。

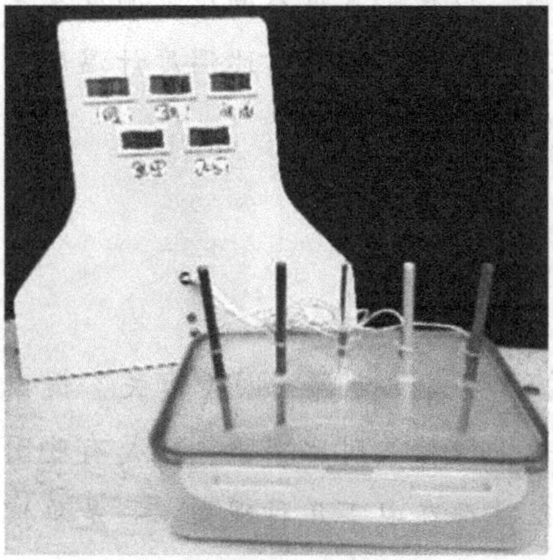

图5　热的良导体研究实验装置

图6　热对流示意图

热在液体中的传递又能怎样改变材料，引导学生深入探究呢？首先是观察材料的确定，液体受热后上升，冷水下降，这样水就循环流动，逐渐变热（图6）。那么如何看清液体的上升、下降？教师在教学时，可以引入借物观察的方法，比如小米粒、茶叶末、锯末等较轻、较小的物品，这些物品在水中容易漂浮，水在上升下降时，能够带动这些物品上下翻动、旋转，所以这些物品在水中的运动路线就是水的运动路线。通过观察，引导学生发现小米粒在水中先是在最低层上下翻动，然后不断升高，最后才是在整个烧杯中翻动，此时烧杯中的水也沸腾了，由此可以推断：热在液体中的传递是由温度高的部分传到温度低的部分，这个推断是否正确呢？还是需要数据的支持，也就是证据链条需要继续丰富。那就是需要测量在给一杯水加热时，不同位置的水的温度变化。如何设计和改进实验材料能够实现这一目标呢？有位教师在讲授公开课时这样设计，在一个柱状容器的一侧壁上打三个孔，用胶塞塞住，并将温度计插入胶塞，在柱状容器中加入水，用酒精灯给其加热，秒表记录每只温度计温度发生变化的时间，实验时间短，现象明显，学生容易操作。通过对比温度计温度表变化时间，引导学生总结得出热在水中传递的规律是怎么样的。

（三）材料指向数据更准确

摆

四年级的学生学习摆，能够针对“摆的运动快慢与哪些因素有关”提出合理的假设，但是运用控制变量的实验方法来设计相关对比实验，还是有些困难。经过多次课堂观察，我们会发现课堂上往往存在以下几种现象：一是单摆进行实验，三个变量，每个变量至少要去测三个值，整个实验过程中，至少需要27次试验；二是借助直尺和量角器测量摆线长和摆角，误差较大，尤其是摆线长短，有些教师改变摆锤轻重时，采用增减钩码个数的方法，其实这样的方法直接导致摆线长度发生了改变，数据就不准确了；三是人工计算摆动次数，容易出错；四是课堂时间有限，全部假设条件都完成，时间不够，如果分组实验，学生就缺少了实验的亲历过程。学生在实验中，既要有理性思考实验的过程，又要忙于实验操作，容易处于混乱无序的状态，最后得出的数据可能有很多不能成为科学的证据链，导致实验结论不能得出。所以这就要求教师在设计实验材料时，教具指向实验数据的准确性。

有位教师设计了摆对比演示仪，分别设置了25°、35°、45°三种摆角，20克、24克、28克大小不同的摆锤以及12 cm、16 cm、20 cm的摆线，同时将每个摆连接一个计数器，将摆动的次数进行统计，在演示仪的一侧，安装一个计时器，统一时间，这样在相同时间内，通过改变不同的条件，来进行观察、统计，数据准确，统计方便，学生能够有充分的时间进行思考和分析。这样的设计三个不同取值的实验同时进行，节省了课堂时间，提高了课堂效率，同时也便于对比观察；计时器、感应器和计数器的同步显示，确保了实验数据的准确无误，也让学生充分感受到科学、技术与社会的关系。

小车的运动

苏教版四年级科学课“小车的运动”中，研究小车运动快慢与哪些因素有关。一般情况下，教师会引导学生在对比分析中，发现可能影响小车运动快慢的因素，比如路面、载重量、小车动力等，然后设计方案后，小组进行实验。在本次研究中需要确保规范操作才能保证数据准确，关键的问题是赛道起点、终点和长度的确定，以及准确计时的问题。通过很多次课堂观察，发现单纯用实验室里的小车在课桌上进行实验是很难做到数据准确的。很多教师在这个问题上进行了很多设计和改进，其中一位教师的设计将创客的思想融入其中，很好地解决了这一问题。

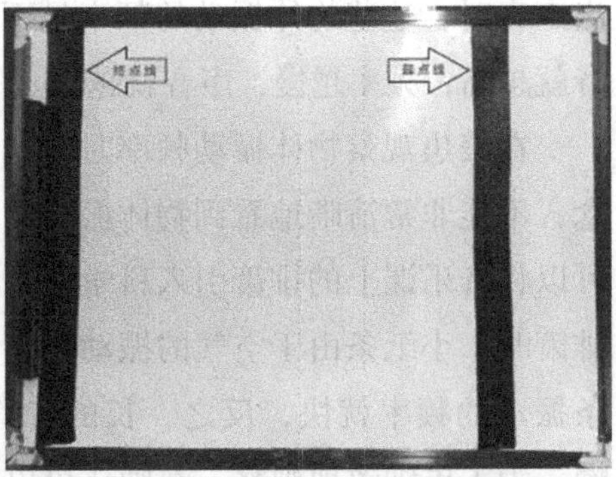

图7　小车的运动——路线板

首先用一块PVC板制作了小车的赛道，用红色即时贴标记出起点线和终点线（图7），确保每次小车运动的距离是相同的。然后利用编程软件设计了撞线停止计时的程序，放置在小车上，小车则是采用四驱车的轮子加轻巧的木板组合而成（图8），小车运动起来很顺滑，小车动力均采用同样大小的螺母，汽车承载的物重采用钩码。这样实验器材的选用都非常规范，确保试验数据准确，在实验过程中，再采用多次测量求平均数的方法，减少误差，有利于实

图8　小车的运动——自动撞线小车

验结论的得出。

（四）材料指向操作观察更细致

“声音的高低”一课中，一般的课堂中，教师常采用敲击大小不同的杯子或者同样大小的杯子中装有不同量的水；弹拨粗细不同的橡皮筋，或者改变拉动橡皮筋的力度，使橡皮筋的松紧程度不同，通过观察弹奏或者弹拨这些物体时发出的声音，从而得出不同水量的杯子，声音高低不同；粗细不同的橡皮筋声音的高低也不同。然后再聚焦研究物体发出声音的变化，从而发现当物体发出声音时，这些物体振动的频率是不同的，由此得出结论：振动频率越快，声音就越高；频率越慢，声音就越低。

在聚焦观察物体振动频率时，观察到的现象也只是定性观察，或者模糊概念，不能非常清晰地看到物体振动的频率，所以需要在教具上做文章。比如，可以将音乐课上的排箫引入科学课堂，在排箫的出气口贴上一张小纸条，吹奏排箫时，小纸条由于空气的振动而上下振动，短的音管音调高，音管下方的纸条振动的频率就快，反之，长的音管音调低，音管下方的纸条振动的频率就慢。为了更细致地观察，教师还可以将定量观察引入研究，将排箫与声波传感器连接起来，这样吹奏排箫时，将声音传到声波传感器上，数据很明显，吹奏长管，音调低，声波传感器显示400 Hz；吹奏短管，音调高，声波传感器显示1875 Hz，证据链条清晰且完整，由此可以得出结论。

（五）材料指向现象更直观

看月亮

观察月相，理解月相的成因，这一知识点是地球与宇宙领域中较难理解的问题，实验仪器中有月相盒（图9）、三球仪，但是两种仪器的数量太少，满足不了学生的观察需求。想要解决这个问题，教学时，就需要教师制作一些简单易操作的教具。月相的形成包括两个原因：一是月亮不发光，只能反射太阳的光；二是月球绕地球公转，且公转方向是自西向东。这样的话，只需

图9　月相模型

要准备一个乒乓球，将其中一面涂黑，表示月亮没有照亮的一面，另一面不涂黑表示月亮被照亮的一面，然后进行模拟实验，乒乓球模拟月球，学生模拟地球，固定一个位置模拟太阳，将月球的亮面一直朝向太阳，然后让月球绕地球逆时针自西向东转，观察月相的变化，每个人手中都有个月相成因演示仪，边看边把月亮的样子画下来。通过观察学生记录下月相的变化，并能通过演示，理解月相的成因。

关 节

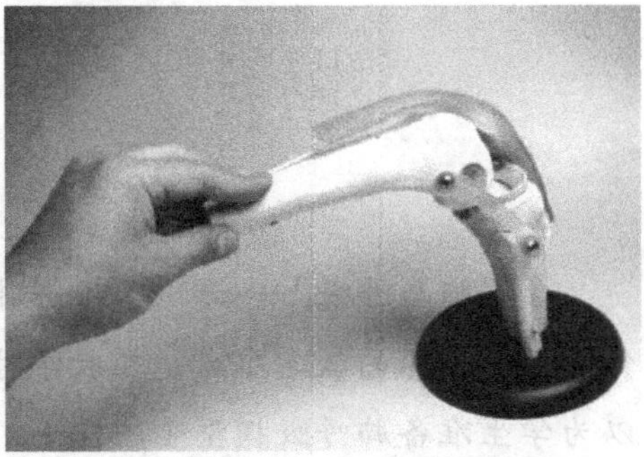
图10 膝关节模型

在“关节”一课中，认识关节的类型是本课中的难点，为了解决这一问题，教学中一般会先让学生通过做运动，观察关节的运动方式，找到运动方式相似的关节，由外及内地观察，由外部表现推测内部结构，然后再利用图片让学生认识不同的关节内部结构是不同的，从而认识关节的种类（图10）。但是这样的教学过后，学生头脑中对关节的认识并不深刻，而且也不能让学生充分了解“解暗箱”的研究方法。所以教学中，可以在观察了外部运动方式后，由外部表现推测内部结构；然后在生活中寻找类似运动方式的物体，观察这些物体的结构；最后通过模型进行模拟，在模拟验证时，运动方式相同，就可以推断内部结构相同。比如，肩关节（图11）做旋转运动，与髋关节、腕关节（图12）、踝关节相似，并与生活中游戏手柄和天线相似，观察这些物品，发现这些物品的一端是窝状，另一端是球状，由此就可以通过制作模型来演示，如果能够制作出类似的模型，并能模拟出相同的运动方式，就可以推断这些关节的内部结构。然后通过观察图片来分析，引导学生发现肩关节和髋关节结构相似，属于球状关节；而腕关节和踝关节虽然也能做旋转运动，但是结构并不完全相同，两者属于多块骨组成了一个凸面和一个凹面，属于旋转关节。

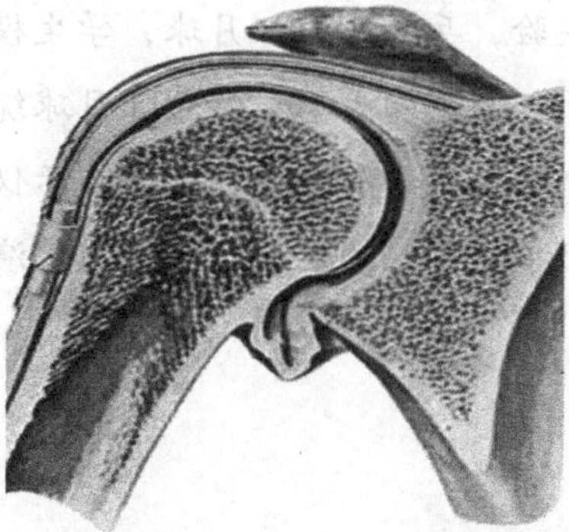
图11　肩关节

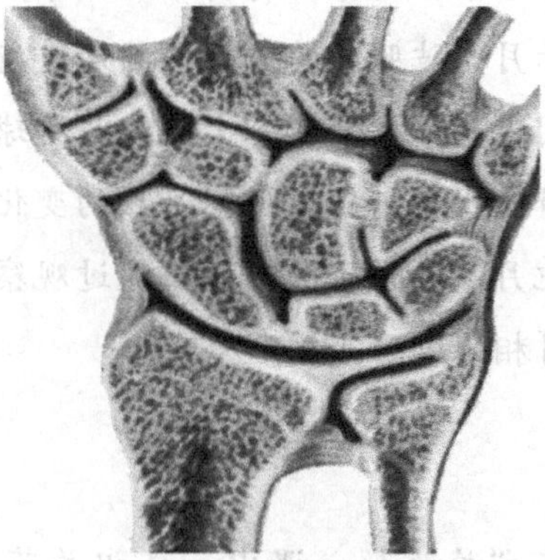
图12　腕关节

肺与呼吸

在“肺与呼吸”一课中，了解肺呼吸的工作原理是本课的教学难点，在教学时，教师可以为学生准备肺呼吸模型（图13），用矿泉水瓶模拟人的身体，用Y形管模拟气管和支气管，用气球模拟肺，用底部的气球模拟横膈膜，学生通过小组合作，利用三种方法可以使矿泉水瓶内部的气球鼓起来，一是用Y形管吹起；二是挤压瓶身；三是拉动下部的气球。三种方法都可以使气球鼓起来，那么哪一种更科学呢？引导学生分析原因，确定最科学的方法就是第三种，拉动底部的气球，由此思考，这个部位应该在人身体的哪个位置，然后出示人体解剖图，让学生观察，认识横膈膜，同时了解肺呼吸的原理。

图13　肺呼吸模型

（六）材料指向对比更准确

苏教版“认识液体”一课，有一项研究内容是“液体的流速”，教科书中的实验是这样设计的：一张KT板上，将水、蜂蜜和牛奶等液体同时在一个高度沿着纸板的顶端向下倒，将液体沿着板向下流，通过观察液体的流速来判断液体的黏稠度。如何将定性观察与定量观察相结合，让实验数据更准确，教师可以采用多种方法进行实验材料设计。比如，同样粗细的塑料管、吸管、笔管等，粘贴在纸板上，并在纸板上标注刻度，方便记录数据；为了解决液体同时下落的问题，可以采用输液器，利用上端气囊作为漏斗用来装液体，方便对比；还可以采用带有刻度的注射器更方便观察液体的流速，如图14所示。

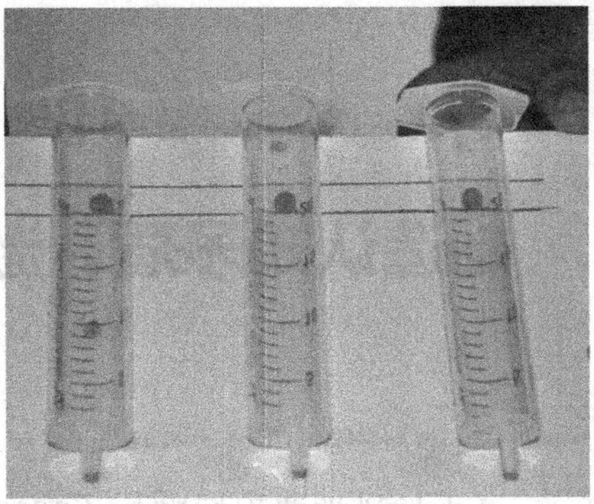
图14 液体流速赛道

四、丰富多彩的教具引入探究

课堂教学中，教师可以将丰富多彩的教具引入教学中，一是为了激发学生学习的兴趣和探究的欲望；二是可以引导学生在产生兴趣之余，产生疑惑，为研究奠定基础。

在讲授“把固体放进水里”一课时，教师可以用浮沉子引入，通过变魔术的形式，调动学生的积极性，同时，让学生观察到小瓶子在水中的状态，有浮有沉，从而产生疑惑，其他物品放入水中会是怎样的呢？小瓶子为什么会有浮有沉，这与什么有关？由此将探究引向深入。

在讲授“拆装玩具”一课时，在让学生观察自己带来的玩具后，教师引导学生由不倒翁产生思考：如何做一个娃娃，能够成为倒立翁和跟斗翁；由飞天仙子产生思考：怎么能够让仙子飞得更高，能够让更多仙女飞起来。

在“杯子变热了”一课的结尾，可以出示一个问题，让学生思考：如果用酒精灯和蜡烛分别在金属棒的两端加热，哪一端的热传递得快呢？怎么能够看得更清楚呢？引发学生的头脑风暴，将探究引入深处。

“声音的产生”一课通过实验了解了声音是由物体振动产生的，振动停止，声音停止。为了引导学生将探究的视角引向深入，教师可以在扬声器上放置四个泡沫小球，然后播放四小天鹅舞曲，随着轻快的音乐，小球在扬声器中跳动，时高时低，时快时慢，真像是四只可爱的小天鹅。由此引导学生产生问题：为什么小球跳得高度不同？为什么有时跳得高，有时跳得低？

就像苏州曹凤举老师所说，一件成功教具的诞生，也是新的教学方法的诞生。作为一名科学教师，我们应该在教具上多下功夫，用教具引导学生进行深度探究。等到我们老了，我们可以骄傲地说这皱纹里装的满是孩子们科学探究成功后的笑容。

制造认知矛盾，激发学生深度思考与探究

《小学科学课程标准》（2017年版）明确指出，“保护学生的好奇心和求知欲”是该学科的四大课程理念之一，通过“创设愉快的教学氛围，保护学生的好奇心和求知欲，激发学生学习科学的兴趣，引导学生主动探究，积累生活经验”。鼓励学生提问题是激发好奇心的一个很好的渠道，它不仅能够引导学生更细腻地去观察生活，更为重要的是能够激发学生的探究意识，掌握提出问题、解决问题的方法，提升自身开展科学探究活动的能力。

如何激发学生的深度思考呢，我想可以通过以下途径来实现。

一、准备丰富且有结构性的材料，让实验现象引发认知冲突

对学生思维的激发、方法的引导不能沙上建塔、缘木求鱼，它需要视觉、听觉、触觉等多种感官的介入和互动，它需要符号的刺激和信息的反馈。在科学教学中，教师可以通过准备有结构的材料，来引发学生的认知冲突，借助材料之间的相互联系，或者可以制造认知矛盾，或者产生扩散性联系，从而引发学生产生发散性思维，引发学生思考。比如在“卵石是怎样形成的”一课的教学中，教师可以给学生准备不同质地和形状的小石块，其中有学生平时喜欢做“拾子”游戏用的小石子，这些材料让学生很容易想到自己在拾子的过程中，是如何将棱角分明的石子慢慢磨成这样光滑圆润的石子的。学生磨游戏用的石子，靠的是外力——自己用力在水泥地上磨制，或者借助游戏中的使用，来达到磨制的效果。其实这和卵石的形成有很大的相似之处：都是最初棱角分明、形状也大一些，也都是在后来的碰撞和摩擦中慢慢变小、变得光滑。这样借助彼此之间的联系，易于学生理解卵石形成的原因。

二、教师的及时介入，为学生的深度思维加油助力

在科学课教学中，教师的指导尤为重要。在学生开展科学体验的过程中，教师既是组织者、参与者，也是指导者，教师是以一个“同行者”的角色和学生共同走过丰富多彩的探究历程。这其中，教师介入的时机、方法和效果都需要做好科学的预设。做到不提前、不延后，既给学生充分探究和试错的权利，也给学生及时有效的指导和引领；既保证学生自主探究的机会，又能较好地保护学生的学习自信心，有利于学生健康有序地提升科学素养。如在开展“有趣的不倒翁”一课的教学时，学生用材料自制不倒翁，按照“结构性材料”的原则，我给学生准备了沙子、小米、橡皮泥、水、泥土等多种材料，由学生自选，让他们自己确定在不倒翁的底部，需要添加哪种重物，添加多少重物合适，在反复的实践中确定这个标准。在这一过程中，我引导学生采用描线、画简图等方式记录自己的实验过程，从而保证了实验结果的丰富多彩。同样是在本课的教学中，我引导学生一起来玩自己制作的不倒翁，引导学生关注制作不倒翁并不是制作完成就结束了，还要经得起“玩”，而不能一推不倒翁，不倒翁就倒掉了，那并不是一个合格的不倒翁。我组织学生开展比赛，相同的力度和方法，看谁的不倒翁能保持“不倒”。从而在比较和鉴别、分析和思考中，加深对不倒翁之所以不倒这一原理的理解。

三、借助师生互动，掀起头脑风暴

普罗塔戈说过，学生的头脑不是一个要被填满的容器，而是一把需被点燃的火把。我想，对于我们的科学教学更是这样。《小学科学课程标准》（2017年版）开宗明义，指出“小学科学课程要按照立德树人的要求培养学生的科学素养，为他们的继续学习和终身发展打好基础”。素养的提升需要借助实践、借助知识的综合运用、借助学生思维的投入。这其中，学生之间的彼此互动、师生互动就显得尤为重要。正如“你有一个苹果，我有一个苹果，我们彼此交换，每人依旧是一个苹果；但是你有一种思想，我有一种思想，我们彼此交换，我们就拥有了更多新的思想”。另外，语言是思想的物质外壳，它是学生思路、思维等个人创造性学习的外显和物化，借助学生的交流，能够激发学生快速整理自己的想法，同时发生“酵母”效应，激发催生出更多的新的想法和

创意。在教师精心创设的“头脑风暴”中，将学生“卷”入我们的学习活动中，久而久之，学生的思维能力、语言表达能力、设计探究能力必然会得到大幅度的提升。比如在“呼吸器官”一课的教学中，我引导学生思考呼吸器官有哪些，学生结合自身说出了鼻子、肺等器官，却忘记了口、气管等，这时我引导学生交流，“你认为呼吸器官还有哪些？”一石激起千层浪，学生畅所欲言，不仅认识到了口、气管、支气管，更有学生拓展出了“皮肤也会呼吸”等信息。在交流保护我们赖以生存的地球环境时，我引导学生思考：保护空气就是保护我们的呼吸器官，如何让我们的环境水更绿、天更蓝、空气更清新呢？学生们展开了热烈的小组互动交流，想到了许多务实有效的方法，并决定开展“最后一袋干净空气”的社区服务体验活动，让更多的人认识到保护环境的重要性。

四、通过实地观察，让认知冲突悄然发生

正如“道在伦常日用中”，最好的教学在学生的生活中，学习是为了学生将来更加美好的生活，是为了更好地为国家贡献更大的力量。因此，将学习与学生的生活紧密结合起来，会收到事半功倍的效果。比如，学习“物体的形状与承受力”，就在做饭时去体验“打鸡蛋”和手握鸡蛋的区别，去观察为什么苹果、橘子、西瓜等都是圆形的；学习了摩擦力，就去观察自己的电动车、自行车、汽车以及家人的鞋底，去探寻摩擦力在生活中的应用，哪些地方用到了摩擦力，哪些地方加大摩擦力，哪些地方减小摩擦力等。比如在“植物的花”一课的教学中，我充分发挥学校附近“万亩桃园”的地理优势，带领学生走进桃花园，让学生去观察桃花，去数一数桃花的花瓣，看一看萼片，找一找雄蕊和雌蕊，学生从中有了更多直观的收获。

经验基础决定探究起点，探究历程丰富经验水平

在学生已有经验的基础上探究，通过探究提升和丰富学生经验水平是实施探究的重要思想基础和行动指南。在教学中实践我们尝试采用以下方式进行教学，取得了很好的教学效果。

一、提升内容的探究价值

教材中的一些内容对于一些学生来说很简单，甚至可以说显而易见的无须探究，需要探究的内容应该接近学生的最近发展区，让孩子们跳一跳摘到桃子，享受想摘到桃子的探究欲望，感受跳一跳的探究历程，享受摘到桃子的快乐，获得探究的成功感、愉悦感和自豪感，积累探究的经验，提升探究的水平。比如四年级下册的“金属”一课，这一课的目的是让学生通过研究知道金属的四个特性：容易导电、容易传热、有金属光泽、有延展性。但这四个特性中除了延展性之外，其余的三个特性，学生已经具有足够的生活经验，无须探究这些结论。学生在很小的时候就已经知道烧热的铁不能用手碰，包着橡胶皮的电线里面是铜丝、铁丝、铝丝，金属会发出特殊的光……如果再让学生研究金属“容易导电”“容易传热”“有金属光泽”三个特性，不仅缺乏探究的价值，也很难激发学生探究的欲望。我们要做是丰富和发展学生的知识经验，而并非是原有知识经验的简单重复，如果我们再将金属的四个特性作为探究的重中之重就显得“杀鸡焉用宰牛刀”。通过梳理需要探究的内容，我们不难发现“金属”一课的探究重点是金属的“延展性”。

对于学生知识经验非常丰富的内容，怎样进行教学呢？我们的实践认识是：链接生活经验，归纳形成认识。从科学探究的方法来看，科学结论不一定都是通过实验方法得出的，通过观察生活、研究生活，获得事实，采用科学归纳的方法同样能得出科学结论。基于这样的思想，我们可以采用归纳推理的方

法研究学生比较熟悉的金属的特性。比如研究金属容易传热，可以采用这样的归纳推理过程：铝锅容易传热；铁炉子容易传热；铜火锅容易传热；铝、铁、铜都容易传热；铝、铁、铜是金属。由此可以推想，金属容易传热。

这个结论是否正确，可以让学生列举生活中的事例进行证明或者证伪，如果没有找到反例，就可以认定这个结论是正确的。

怎样寻找学生熟悉内容的探究价值呢？我们的实践认识是：延伸探究链条，关注生成价值。比如，“容易导电”和“不容易导电”这两个知识点，可以延伸到：哪种金属的导电本领强，哪种金属容易导电？通过实验的方法给它们排序成为新的探究点。

在学生探究的基础上提出新的问题，如常用电线中的金属是哪一种，还有比它更好的吗？用哪一种金属做锅更好？钉子大多用的是铁钉，为什么？用其他的行吗？……经过这样的研究之后，学生的生活经验就有了新的发展和提升，我们的研究就不再只停留在原有的层面上，而是在原有层面上的一个加深、拓展。以学生的生活经验为基础，努力挖掘教材中所隐藏着的科学知识，加大研究力度，可以更好地体现“以科学探究为核心”的科学教学思想。

二、教给学生探究的方法

给予了学生方法就好似给予了他们过河时脚踩的石头，给予了他们点金的手指，故而我们的教学中也要重视方法的渗透。我们让学生感受到科学研究不只是局限在课堂上，而是科学在我们身边的每个角落，学生可以通过多种方式和渠道来认识和了解科学，我们在课前通过书籍、网络等方式的各种收集、调查；课堂上的动手实验、交流讨论；课后的延伸拓展都是科学研究的好方法，这是我们常用的广义上的研究方法。但我们要培养的是学生良好的科学素养，那么我认为只是这样的方法是不够的，我们应该让学生掌握更多的、更为科学化的方法。比如和学生共同研究“玻璃与塑料”时我让学生课前搜集了很多的玻璃和塑料制品，在搜集的过程中他们已经能够很清楚地区别玻璃和塑料，大部分学生是根据玻璃和塑料的轻重来区分它们的，但其实区分它们的方法有很多种，所以课上我让学生进行了简单的分类之后，便让学生说出自己的理由，在学生的交流中我不时与学生交谈，让他们继续找出区分它们的更多的方法，于是学生将眼光再一次对准了这些司空见惯的东西，“我可以从透明度上区分，透明度大的是玻璃，小的是塑料。”“我可以从软硬上分，软的是塑料，硬的是玻璃。”“我可以从易碎程度上分，易碎的是玻璃，不易碎的是塑料。”“我可以从坚硬程度上分，坚硬的是玻璃，不很坚硬的是塑料。”……学生充分调动自己的各种感官：视觉、触觉……想了好多方法来区分玻璃与塑料。而恰恰这些方法都是学习科学所必须具备的，这样一来学生很轻松地就学会了探究的方法，再经过长期的科学研究就会变成自己的，可以做到信手拈来了。

三、重视方案的制订

科学研究中强调动手，但我们的动手不能是盲目地动手，不能大撒手地让学生自己去做，这样的研究中学生的研究具有盲目性，他们往往只有兴趣而没有目的，兴奋过后就不知所措了，等到汇报交流时，就会出现学生不说话或是对其他同学的汇报没有反应，这样一来学生的探究在头脑中留下的痕迹就会很淡，时间长了，他们对这样的探究就失去了原有的兴趣，所以“动手之前先动脑”这句话在科学研究中的重要性是显而易见的。

有位教师在和学生共同研究“纸的秘密”一课时，为学生准备了丰富的材料：各种各样的纸、水槽、铁架台、放大镜、小刀……但这位教师在学生提出了自己对纸的问题之后，就引导学生分小组制订研究方案，小组内完成之后，学生们很兴奋，以为要进行研究了，可是这位教师却没有这样做，他让学生汇报交流研究方案，同时引导学生质疑并补充其他同学的研究方案，就这样你一言我一语地，方案制订完了，也快要下课了。一节课下来，学生面前的材料一动未动。但是我认为这位教师做得很好，他注重了学生动手之前的动脑思考，让学生的动手操作先经历一次理性的思考，有助于避免他们在研究中的盲目性，同时他们所制订的方案在一定程度上又给予了学生帮助，让他们能够经历真正的探究，能够理性地完成探究。有了方案的研究，就犹如初学走路的孩子找到了一个可以借助的竹竿，就这样循序渐进，学生也会从“扶着竹竿走”慢慢到“大踏步向前走”！

四、找准生活的切入点

生活中处处有科学，我们收集生活中的各种材料进行研究，从中学到了科学知识，丰富了我们的头脑，反过来生活中的一些事情是要通过科学的知识来解决的。这就要求我们在科学的教学中及时地将科学与生活相互渗透。要将生活和科学的相互渗透做得恰到好处，那么找准它们之间的切入点就格外重要。比如“木头”一课。木头在生活中极为常见，学生并不陌生，再加上生活中的应用大多都是其特性的体现，所以我们可以在学生通过研究了解到了木头有绝缘、不易传热、在水中上浮、易燃烧等特性后，让学生结合木头的特性谈谈木头在生活中的应用，学生很轻松地就想到锅把大多是用木头做的是因为木头不易传热；利用木头可以在水中上浮做成木筏；因为木头易燃烧所以用它生炉子……这样一来学生就能够很好地将生活和科学结合在一起了。学生会感觉到科学原来是如此的简单和贴近我们。

再比如三年级下册“我们吃什么”单元。学生在日常生活中经常会提到我们吃东西要讲究营养，但学生并不是很清楚到底哪种食物中含有哪些营养，不听家长的话，爱吃口味重的食物，造成了偏食现象。通过学习这一单元，学生了解了食物中含有的营养成分后，我让学生根据自己的身体情况为自己设计一周的营养餐，一周后我向家长询问，家长一致表示这样的活动很好，孩子近段时间的吃饭不再挑食了，而且有的学生还为家长设计营养餐，家长很是开心。这样不仅改变了学生偏食的坏毛病，还将学到的科学知识与生活融合在了一起，一举两得。

生活处处是科学，科学无处不在，探究无处不在。我们作为一名科学教师应让学生的探究更有趣味、更有深度，让科学更加生活化，生活更加科学化。

基于中华传统文化的小学科学教学研究与探索

习近平总书记在多次讲话中指出，要弘扬中华优秀传统文化，开展传统文化教育，他指出，中华优秀传统文化是中华民族的“根”和“魂”，是我们必须世代传承的文化根脉、文化基因，也是我们坚定“四个自信”的深厚基础。2014年4月1日，教育部印发了《完善中华优秀传统文化教育指导纲要》；2017年1月，国务院颁布了《关于实施中华传统文化传承发展工程的意见》，两份文件都强调，要把中华优秀传统文化融入文化教育、社会实践教育的各个环节，构建新的课程和教材体系。

科学教育主要侧重培养具有求真务实的科学精神和严谨细致的科学态度，而人文教育则是关注学生的人文精神和丰富的情感。对于人的发展而言，科学素养与人文素养犹如鸟的双翼，缺一不可。科学教育与人文教育的融合应该从小学阶段开始做起，那么小学的科学教学应该如何将科学与人文进行巧妙融合？笔者通过多年的教学实践，有了一些思考，下面从呈现载体、课程资源和展示平台等方面进行阐述。

一、确定载体，推动科学与人文在知识上的融合

课程是实施科学与人文融合教育的关键载体，通过系统的科学课程体系的构建，在学习科学知识，进行科学研究的同时，感受其中传统文化的渗透，达到立德树人的目标，实现“科学达于深处即人文”的思想。

构建科学的课程体系，需要在原有科学教科书中选择与传统文化有联系的内容进行融合，优化课程内容和结构。在课程内容上，要加强知识间的交叉和知识的关联，对此，笔者将小学1～6年级的科学教科书中能够渗透人文思想的课例，进行了认真的剖析、研究与打磨。首先以课堂教学这一主阵地建立科学与人文的联系。教学中，教师的任务是创设情境，激发学生探究兴趣，引发

学生独立思考问题的能力，经历探索新知的过程，将科学与人文引向深入。“叶和花”一课中，了解“花的传粉”时，适时引入“杨柳青青著地垂，杨花漫漫搅天飞”，帮助学生理解有些植物的花虽然没有漂亮的花瓣，但是花粉本身的质量较轻，所以可以靠风力来传播花粉；“植物向哪里长”一课学习植物的向光性时，用“更无柳絮因风起，惟有葵花向日倾”引入，既有科学现象的呈现，又有浪漫的诗词渲染，引入自然且富有感染力；苏教版“一切都在运动中”一课中，学习“参照物”时，引用相关诗句，“小小竹排江中游，巍巍青山两岸走”“两岸青山相对出，孤帆一片日边来”“众鸟高飞尽，孤云独去闲”“无边落木萧萧下，不尽长江滚滚来”，既巩固了对参照物的理解，又在揣摩诗句奥秘的同时，体会古人格物致知的精神。

2019年，1~6年级全面开设了科学课，学习内容以物质科学、生命科学、地球与宇宙和技术与工程四大领域为学习范畴，以一些比较直观、学生有兴趣参与学习的重要内容为载体，重在培养学生对科学的兴趣及正确的思维方式。

我们在不增加课时总量的前提下，结合学校开展的中华传统文化融入学科教学的思路，立足科学教材，在知识的基础上进行合理拓展，将传统文化中的科学史、科技发明、传统节日、科学书籍、诗词歌赋等与科学教科书中的相关知识进行结合。针对小学生年龄特点和科学学科性质，采用以科学探究为主，资料收集整理、参观、调查等形式。学生在学习了基本科学课程后，了解相关科学史、发明创造史、诗词中的科学现象、科学书籍等，建立起传统文化与现代科学之间的联系，相辅相成。

二、整理课程资源，促进科学与人文在过程中的融合

1. 明确拓展目标，确定资源融合点

小学科学教科书中浓缩了物质科学、生命科学、地球与宇宙和技术与工程四大领域的内容，集中体现了科学性、知识性、历史性和人文性，教科书的呈现形式基本以联系较为紧密的内容为一个单元进行编写，所以我们在将传统文化与科学进行融合时，可以采用不同单元或者模块中具有联系的科学学科内容，与相关联的人文学科内容进行整合，这样保证了融合后知识的系统性和持续性。

比如，苏教版三年级下册“天气与生活”单元中呈现了人们利用身边事物

的变化来预测天气情况的内容，教学时，就可以将这一内容与谚语结合起来，让学生通过读谚语，了解周围事物的变化与天气的关系，从而感受到劳动人民无穷的智慧，同时也感受到生活中处处有科学，由此激发学生学习科学和传统文化的热情。

学习“声音”单元后，引导学生针对土电话进行了深入的研究，变换土电话的连接线，研究哪一种连接线传声效果更好。

六年级学习了“看星座”后，了解了星座背后的故事，感受了古代劳动人民丰富的想象力和对美好生活的向往；收集与星座相关的古诗，进行背诵，利用古诗中的星座位置，解读诗中描写的场景，同时利用纸杯制作星座放映器，或者利用小弹珠和铁丝，制作星座模型，了解星座中的科学现象以及背后的科学道理。

2. 整理拓展内容，突出知识链接

我们通过网络、书籍等不同的渠道，整理了传统文化与科学相联系的资源，以海报、美篇、科普阅读等为载体，利用公众号、书册、宣传单页等形式向学生进行推送，鼓励学生利用课外时间进行阅读。比如学习了“看月亮”一课，我们把古人写的关于月亮的古诗整理出来，推送给学生，学生通过诗配画、诗歌朗诵等形式进行展示，并结合月相出现的日期以及时间点，对诗句内容进行深入解读，充分感受诗人的情感变化。

三、多种平台展示，实现科学与人文在形式上的融合

这种模式在充分挖掘教育资源的基础上，形成了一套课程体系。课程资源表写完后，最关键的还是要将目标落实到课堂教学中。我们组织学校全体科学教师，利用每周三校本课程时间，结合学校科技月、六一、元旦等重大节日，将传统文化融入科学教学，在学生中落地生根、开花结果。

1. 课内外结合拓宽展示平台

融合后的主题内容确定后，有的在课堂教学中展开，有的内容需要延伸到课外。

学习了“天气与生活”后，教师引导学生在课下收集资料，了解二十四节气与科学现象之间的关系。关于节气，从科学角度，围绕“天气现象”“动植物变化”“太阳高度”等内容进行研究，从传统文化的角度，选取“诗

歌”“习俗”“故事”等内容进行整理、探究，并引导学生用画图、海报、美篇等形式展示给大家，在交流中互相学习。

课堂上学习了反冲原理，课下寻找生活中反冲原理的应用，学生找到了传统节日中燃放的烟花利用了反冲的原理；学习了空气受热后膨胀上升，课下制作传统节日用的走马灯和孔明灯；学习了“食物的消化”后，反思俗语中“饭后走一走，活到九十九”等说法的正确性。目前，笔者已经梳理主题研究36项，根据教科书内容，在不同的年级进行分层研究，知识呈现和能力提升均以螺旋上升的形式展开。

2. 利用主题活动周拓宽展示平台

学校每年两次科技月活动，科技活动的设计按照年级不同，分别包括两项内容，一是STEM设计，结合本年级所学知识进行一次工程设计；二是在本年级能够与传统文化结合的内容中选择一个主题，进行设计与展示，实现同伴之间的交流与学习。

比如，六年级的学生选择了“有趣的食物链”进行主题设计，非常系统而科学。首先用成语“螳螂捕蝉，黄雀在后”的图片引入，然后呈现“羊入虎口”“鹬蚌相争，渔翁得利”“黄鼠狼给鸡拜年——没安好心”“大鱼吃小鱼，小鱼吃虾米”等成语或谚语写出的食物链，并将食物链之间的食物关系找到，形成食物网，然后出示测试题目：“《龟虽寿》中的‘腾蛇乘雾，终为土灰’指的是什么将腾蛇化为土灰？”引导大家思考分解者的价值；最后选择了惠特曼的“上帝是爱小草的，所以让它成了大多数”。这样的呈现形式巧妙地将人文与科学进行融合，既有整体性，又有极强的科学性。

法国作家福楼拜有一句话：“科学与艺术在山脚下分开，在山顶上汇合。”世界上许多伟大的科学家，在他们的身上，体现了科学和人文的融合。历史的车轮驶到当下，社会要求我们培养出既有求真务实的科学精神，又有关心世界的人文精神，丰富的情感体验的学生。

科学教学与传统文化融合的途径和策略

习近平总书记指出：坚定文化自信，建设社会主义现代化强国。以习近平同志为核心的党中央，把坚定文化自信提升到从未有过的高度，强调文化自信是更基础、更广泛、更深厚的自信，文化自信是更基本、更深沉、更持久的力量。在小学教育中，只有将文化自信的教育落实渗透到课堂中，才能最大程度发挥课堂教学的主阵地作用，才能让学生不断提升个人的文化认同和文化素养。《小学科学课程标准》（2017年版）指出，要让学生“初步了解人类活动对自然环境、生活条件及社会变迁的影响；了解社会需求是推动科学技术发展的动力；了解科学技术已成为社会与经济发展的重要推动力量”，“初步了解在科学技术的研究与应用中，需要考虑伦理和道德的价值取向；热爱生命，珍爱生命，具有保护环境的意识和社会责任感”。由此可见，价值取向和社会责任感同样是科学教学重要的课程目标。文学是社会进程中社会生活的反映，所以科学进程作为社会进程的一部分，必然会反映到文学作品中来，而科技的革新和变化推广，对文学的形式以及文学传播的方式也有着深远的影响。

由此可见，《小学科学课程标准》（2017年版）对于落实“文化自信”也有着具体的目标。那么，如何在科学课堂教学中实现与传统文化的有机融合呢？笔者通过近几年的实践探索，认为可以通过以下几个方面来实现。

一、将科学探究活动与阅读紧密结合起来

从文学与科学的起源来分析，它们都起源于想象。正如今天，想象、猜想、预测是科学中非常重要的因素。诺贝尔奖获得者杨振宁教授也说过“科学是猜想的学问”。由此可见，科学与文学的关系本就是密切相关的，阅读文学作品的过程，同时也是与科学对话的过程、与科学家对话的过程，也是引发思维互动的过程。在教学中，我引导学生阅读沈括的《梦溪笔谈》、徐霞客的

《徐霞客游记》，跟随沈括的笔一起去了解司南的历史及其制作方法，一起随徐霞客的足迹用双脚去丈量祖国的大好山河，站在先人的视角，去了解那时的社会生活、风土人情、科技发展。从文学作品中去感悟先人的聪明勤劳，并从中潜移默化地学习开展观察和科学探究制作的方法。

二、将科学教学与传统文化结合起来

科学教学中的很多内容都是现实社会生活的反映和应用。科学现象来源于生活中，科学应用同样应用在生活中，所以，众多的科学现象都是普罗大众能够在生活中有所感悟和经历的。比如彩虹的发生与光的折射、先看到闪电再听到雷声等。鉴于这些密不可分的联系，科学教师则可以充分将科学教学内容与传统文化有机结合起来，引导学生去文学作品中提出问题、解决问题，经历一个从猜想到实验的科学探究的过程。比如在开展“腐殖质”这一活动主题的教学时，我引导学生思考“落红不是无情物，化作春泥更护花”“宁可枝头抱香死，何曾吹落北风中”“腾蛇乘雾，终成土灰”“零落成泥碾作尘，只有芳如故”等诗词所描写的场景，并鼓励学生设计实验经历“落花从飘落到腐烂”的全过程，从时间发展、形态变化、颜色变化等不同的方面来记录“落花成泥”的过程。再如“人间四月芳菲尽，山寺桃花始盛开”，引导学生从中提出问题，探究问题。教师通过讲述沈括儿时对这首诗的质疑和实地探究，让学生感悟科学其实无处不在，在文学作品中也大量存在着。

三、将科学小发明、小实验、小论文、小制作与传统文化有机结合

在我国五千年的历史长河中，我们的祖先开创了灿耀千古的文明，这其中有很多的科学趣事、创造发明，如闻名世界的四大发明、神奇的木牛流马等。这些发明创造都可以与我们的科学课紧密结合。借助我们开展的科学“小发明、小实验、小论文、小制作”活动，让学生去设计、去创造、去实践、去应用。打开散发着书香的作品，抚摸着历史长河的脉动，去重新体验古人发明创造的过程，我想，学生对于历史的认识、对于科学的理解，自当有了更深层次的体悟。在教学中，我鼓励学生去再现“四大发明”的制造方法，让他们去体味古法造纸、古法印刷、古法织布等实践过程，当学生用古人的方法制作出

纸张、印刷出作品、纺织出绢丝后，他们对古人的智慧、对“四大发明”称谓的由来，有了更深的理解。此外，我还引导学生通过阅读《梦溪笔谈》去制作司南、阅读《三国演义》去试着制作木牛流马，学生煞有其事地一次次小组讨论，一次次绘制草图，一次次模拟制作，我想，他们在实践制作过程中的所有经历和体验都是无比宝贵的财富。

四、开展读书故事会，让科学家的故事引领学生成长

榜样的力量是无穷的，尤其是对于世界观、价值观、人生观正在形成关键期的小学生。通过让学生阅读有关科学家开展科学研究的书籍，更加直观全面地了解科学家成长的轨迹，学生不仅会获得品格方面的教育，更会在学习方法、研究态度、面对荣誉和困难等方面获得更多的收获。我让学生阅读《感动中国的100位爱国科学家》等故事书，并开展丰富多彩的读书交流活动，让学生畅谈体验和收获，分享的内容涉及科学家成长的儿时故事、求学经历、爱国情感，体现坚忍不拔、拒绝诱惑、勇于牺牲的精神等，这些对于小学生而言，无疑都是受用一生的精神品质。

综上所述，科学教学并不是仅仅在《科学》教材上，也不是仅仅发生在科学课堂上，它渗透在我们生活的方方面面之中，与我国传统文化的融合也只是其中的一个方面，只要我们善于思考、精心设计，我们的科学教学必然会发挥更大的效用，会对学生科学素养的提升起到积极的促进作用。

立足立德树人，开展科学探究活动

2014年3月，教育部印发了《关于全面深化课程改革，落实立德树人根本任务的意见》（以下简称《意见》），该《意见》充分认识全面深化课程改革、落实立德树人根本任务的重要性和紧迫性。意见明确指出：要统筹各学科，特别是德育、语文、历史、体育、艺术等学科。充分发挥人文学科的独特育人优势，进一步提升数学、科学、技术等课程的育人价值。同时加强学科间的相互配合，发挥综合育人功能，不断提高学生综合运用知识解决实际问题的能力。《科学课程标准》中强调科学教育的总目标是培养学生的科学素养，并为他们继续学习、成为合格公民和终身发展奠定良好的基础。如何在科学学科中实现立德树人培养目标，确实是个难题。提到立德树人，我们往往会想到语文、思政课等学科，科学学科中应该立什么德，树什么人呢？笔者认为科学学科主要培养具有创新意识和社会责任感的合格公民，如何培养呢？知不易，行更难。笔者认为应在科学学科中落实好生活切入、探究树人、拓展育人三个方面，将科学学科中的育人功能落到实处。

一、生活切入：真实的生活需求将学生引入探究

科学学科强调从学生熟悉的日常生活出发，从生活情境中发现问题，进而亲身经历动手动脑等实践活动。陶行知先生倡导的生活教育也是如此："生活教育是给生活以教育，用生活来教育，为生活向前向上的需要而教育。"基于生活情境和发展需要的问题，是学生展开探究活动的源泉。科学探究就是利用小学生对周围世界具有强烈的好奇心和求知欲，让生活问题成为探究活动的源头活水。探究问题本身蕴含着育人价值，学生在探究的过程中，本着求真务实的原则进行研究时，不管是科学态度的养成还是科学知识的内化才会发生。

"养蚕""种辣椒"等课题属于中长期观察项目，当把蚕宝宝和辣椒种

子发给学生时，由于天生对于自然世界的好奇，学生对生命那种呵护是最自然而真实的。杜威曾说："儿童有固其于内的本能和不待外求的冲动。"我们需要留心观察这种从心底流露出的最真实的情感，引导学生进行深入的研究。这种中长期观察往往需要随着时间的推移，不断开展活动，但是短时间内事物的变化又不明显，所以学生的观察、研究可能会出现疲劳期，会出现精力投入不足、研究热情低落，导致研究的间断或者终止。这是对学生持之以恒的进行探究的科学态度的挑战，需要我们不断用问题来引导和刺激学生持续观察、研究。例如，蚕宝宝过几天就会一动不动地待着，这是为什么？如果把蚕茧切开，蚕蛹还会不会化蛹成蛾？如何区分雌蚕蛾和雄蚕蛾？利用一连串问题，引导学生深入探究，感受生命的神奇和伟大，同时也体现了对某一事物的探究。而这些新问题的引入，需要科学教师细心发现探究活动中隐含的有价值的问题，抓住关键问题引导学生进行真实的、有温度的科学研究。

二、探究树人：在探究的基础上建构立德树人目标

课程标准强调，小学科学课程倡导以探究式学习为主的多样化学习方式，促进学生主动探究。通过合作与探究，重视科学与人文的结合、求善求美教育与求真教育的结合，培养学生基本的科学伦理精神和热爱科学的品质。学生在解决问题的过程中通过实验、探究、反思及自我评价等方式，获得属于自己的经验，形成自己的认识。

科学课上，往往会出现以下情况：探究活动中得出的数据不能指向教科书中呈现的结论，怎么办？是脱离学生的实验数据，直接得出科学结论，还是反思实验过程，重新审视实验数据，再次实验，力求在多次探究中，得到更为科学、真实的研究结果呢？如在"建桥梁"一课中，通过研究对比平板桥、拱桥和斜拉桥的承重能力，实验结束后，收集了6个小组的数据，其中有4个小组的数据表明，斜拉桥的承重能力最强；交流时，小组间出现了数据的差异，不能由此总结出结论。遇到这种情况，有些教师会否定学生的实验数据，强硬拉到教科书中的结论上来，最后给予学生答案，拱桥的承重能力最强。这样的处理方式完全忽略了科学教育的育人功能。笔者认为合理的教育策略应该是和学生针对实验的设计和对桥面承重能力的检测标准进行反思和评价。是实验的设计方案出现了问题？是承重能力的检测标准不科学？还是数据的记录不够准确？

经过这样一番反思后，引导学生了解判断一座桥的承重能力，应该以桥面发生变形为标准来判断。

再如，“有趣的食物链”一课中，通过寻找生物之间的食物关系，认识食物链和食物网，分析错综复杂的食物关系，引导学生理解生态平衡和生物的重要性。很多教师往往会用这样的形式展开教学：如果食物关系中的一环消失，会出现什么现象？意在引导学生通过分析得出当螳螂消失后，以螳螂为食的黄雀会消失，继而以黄雀为食的蛇会消失，那么整条食物链就会崩溃，从而导致生态失衡，由此引发学生对生物重要性的认识。笔者认为这种教学是不科学的，容易误导学生。事实上，大自然中，食物关系的稳定程度与食物关系的紧密程度有关。同一生态环境中，生物越多，食物关系越复杂就越稳固，不容易出现食物关系崩塌现象；反之，食物网越稀疏，食物关系就越不稳固，容易出现食物关系的崩塌。仍然以螳螂消失为例，食物关系复杂的食物网中，以螳螂为食的黄雀可以以其他昆虫为食，不会消失，食物网会出现震荡，但是由于食物网有自我修复功能，因此会逐渐恢复正常；如果是食物关系稀疏的食物网，一种动植物的消亡，会造成食物网的崩塌。这样的分析全面、科学，学生对食物关系有了全面的认识和理解，在此基础上，再去分析怎么使食物关系越来越稳固，学生自然能够想到维持统一生态环境中的生物种类多、数量多，由此引导学生保护动植物，增强学生保护动植物的意识。

总之，科学探究要细致严谨，做科学要有社会责任感，这样的探究活动对于“树人”而言，意味着“生根发芽”“润物细无声”。

三、拓展育人：在拓展活动中实践育人功能

环境保护、可持续发展等社会有关的议题都能成为研究性学习的内容，以科学探究的形式开展研究，在研究的过程中再实践科学学科的育人功能。例如“地球上的水”科学、综合实践活动、品德与社会等课程中都有不同侧面的渗透和教育，科学课上注重地球上水资源的分布和淡水资源的缺乏，以及从科学的角度分析水资源的匮乏和污染等问题；品德与社会学科则侧重于如何从自身做起保护节约用水；综合实践活动学科将话题与人们的行为进行联系，寻找问题的根源，引导学生从根源着手，提出解决问题的方法，并与有关部门联系，提出建议……鉴于以上分析，笔者将同一社会话题相关的资源进行整合，从不

同学科的角度去引导学生进行观察、体验、感悟，学生从感性上感知，全球有那么多人因缺水而生活困苦，从而感同身受；从理性上了解水资源如此匮乏，需要保护；能用科学的方法节约水资源；也能从社会的角度，将寻找到的问题根源以及解决问题的方法策略，提供给有关部门，通过调控水价等不同的方式、方法，增强全民的节水意识，逐步实现节约用水。这样的拓展活动对于学生而言，是真正在行动中成长，成长为一个有责任有担当的人。

古人言“三立”：“立德”“立功”“立言”，“立德”被放在首位，是做人的根本，“德”的本意是对道、对自然规律的认识和理解；“德”字从心从直，指的是做正直、向上的有心人。这样看来，科学课堂中更要在识“德”（对自然规律的认识和理解）的同时落实好立德树人根本任务，以科学课堂为切入点，以科学探究为主阵地，以拓展延伸为突破口，扎实落实立德树人。

参考文献

[1] 中华人民共和国教育部. 关于全面深化课程改革，落实立德树人根本任务的意见 [J]. 中国农村教育，2014（6）.

[2] 中华人民共和国教育部. 义务教育小学科学课程标准（2017年版）[M]. 北京：北京师范大学出版社，2017.

当前小学科学课程建设与实施的意见与建议

始于21世纪之初的基础教育课程改革，发展至今日，成果可谓显著。在基础教育课程改革中，我们不断摸索，科学教育的内涵正逐步理解，对科学课的改革也越来越趋于理性。

一、开设小学科学课程的意义

新一轮基础教育课程改革中，小学《自然》改为《科学》，其培养目标、教学内容和方法都发生了变化，小学的科学课程提出了要面向全体小学生，提高科学素养，倡导探究式学习的课程理念。教材的变化体现了先进教学理念的需求，我们面对的是一群几岁的孩子，孩子是国家未来命运的支柱，所以我们必须把科学教育与孩子在素质教育的前提下紧密联系在一起。孩子、科学、素质教育这三者必须互为前提，互相依存。

小学科学旨在使学生体验科学探究的过程，初步了解与小学生认知水平相适应的一些基本的科学知识和科学方法；培养学生初步的科学探究能力、思维能力、创新能力、运用科学解决实际问题的能力以及进行表达和交流的能力，使学生初步形成实事求是的科学态度和对科学与探究的好奇心，具有创新意识、保护环境的意识和社会责任感，学会与他人合作，从而为他们今后的学习和终身发展奠定良好的基础。

二、小学科学课程的基本情况及发展

课改之初，针对科学课进行过调查，我们发现了科学课中存在着以下问题。

1. 科学课得不到应有的重视

小学阶段的教学受到应试教育思想的影响，把科学课排在了副科之列，读读背背竟成了科学教学的“着力点”，实在不可思议，又无可奈何！科学课程的地位自然明显低于语文、数学、英语等学科，许多地方存在着对科学课的挤课、占课现象。

2. 师资力量薄弱

小学科学教师师资状况不容乐观，科学教师队伍专业教师缺乏或水平不高，根据调研数据看，学校专职科学教师的比例少之甚少，兼职教师比例高达80%左右，且科学教师队伍的流动性太大，教师任教不稳定，普遍存在今年执教，明年可能就不执教的情况，甚至有些地方出现了科学课由老、弱、病的老师教，导致科学课开课不足等现象。另外，种种现象造成了科学教师不专业，这种非学科专业的背景直接影响了课程的实施质量。

3. 教学把握不当

首先是教学内容方面，逻辑性不强，深浅难易把握不够恰当，存在体系落后，不重视整体框架和结构的把握，教学理念不够先进，教学方法比较陈旧，直接影响了学生科学素养的提升。

4. 教育经费缺乏，教学资源跟不上，教学配套设施缺乏

教育经费的缺乏造成了教师参加教学研究和培训活动机会的减少，导致仪器室配备不全，教学资源相对较少。

面对以上这些问题，怎样才能从根本上改变小学科学的教学困境，让这门学生都喜欢的学科发挥它的学科魅力，引领学生亲历科学家那样的探究活动，培养学生的科学探究精神，提高学生的科学素养。

真正全面推进课程改革，必须从根本上解决问题，经过一个时期的努力，我们也的确有了很大程度的改善。

（1）教师的专业背景逐步提高。现在有很多生物、化学、物理等专业教育背景的教师加入了小学科学教师的队伍中，他们也都在上岗之前接受教师专业技能、专家讲座等方面的专业岗前培训。

（2）实验室、仪器室的配备齐全。仪器室中购置足够的科学实验所需的材料，实验室、教室内均安装有多媒体教学设备，教学变得更加高效。

（3）课程评价内容的多样性和评价方式的多元化，促进了教师科学课堂教学水平的提高。教师越来越注重学生动手做的能力和创新能力，学生的科学素养逐步提高。

三、小学科学课程实施的建议

（一）教师专业成长

教育改革的核心是课程改革，课程改革必须通过课程教学实现，这使课程专业教师队伍成为关键。充足的专职教师，合格和高水准的课程教学，是课程实施和课程目标实现的保障。对以上问题进行梳理分析，我们不难发现，要想从根本上凸显科学学科的学科特点，真正发挥学科特点和优势，同时以一个教学研究人员的角度，能够做好的环节是教师队伍的建设，那就引领着教师走专业发展之路。科学课程实施的成败关键在于科学教师，他们的专业发展水平关系到学生的科学素养，关系到科学教育的成败，需要我们给予高度重视。

1. 科学教师队伍的建设

科学教师队伍必须是由热爱科学的，具备一定科学素养的，能够对科学现象有着强烈的探索欲望的、年轻的、新鲜的、具有时代气息的教师组成，他们能够和学生们一起积极探索科学问题，进行科学制作，开展科学实践活动，能够激发学生对科学的探究兴趣和欲望，能够让学生爱上科学课，引领学生在做中学习科学，并能利用科学改善生活。

2. 加强对科学教师队伍的培训

立足现实，多形式开展科学教师的培训工作，多途径提升教师专业素养，促进和加快教师专业成长。通过培训，引领教师潜心研究教学内容，掌握前沿的教学思想，将知识点放置在整册教材框架中分析、设计，研究透彻、到位，促成教师做某一课、某一知识点的教学专家。同时，教师能够根据社会和自身需求，将科学教育与生活、社会相结合，真正做到科学技术和社会的融合。

（二）教学过程中注重多学科的融合

科学课是一门综合性学科，教学内容丰富，包括天文、地理、生物、化学等方方面面，几乎与小学所有课程都有关联，如数据统计、科学观察日记、实践操作等，涉及数学、语文、综合实践活动等课程。它与其他学科间的关联紧密，相辅相成。

1. 重视与数学的关联与互动

科学与数学的内在联系是不言而喻的，科学探究中的数据处理、统计分析、模型建立都离不开数学。要尽可能让学生在探究的过程中，运用数学知识和数学思维方式，如青岛版小学科学三年级上册“水温的变化”一课，通过连续观察与测量一杯热水的温度的变化，借助统计图来分析水温的变化规律。

2. 重视与语文的关联与互动

科学课中的观察日记、资料收集与整理、小组合作与交流等活动为学生提供了很多听说读写的机会，教师可以借助相关活动，使其与语文学科产生互动。例如，青岛版三年级上册“我们周围的动植物”一课，通过对校园里的动植物的观察，写观察日记，并进行相关的展示活动，进一步引领学生了解和认识校园里丰富的动植物世界的同时，提高了学生的交流能力和写作能力。又如，青岛版四年级下册“密切联系的生物界”一课，通过表演情景剧的形式，让学生认识到生态平衡的重要性一课青岛版；三年级上册专题三中的“科学家的故事”一课，引导学生收集科学家探索方面的故事，并以小主持人的形式，用自己最拿手的方式交流相关的故事。这些活动都为学生提供了提高口语表达水平和自我展示的机会。

3. 重视与综合实践活动的关联与互动

科学课程与综合实践课程关联极为密切。科学课探究的许多课题可以成为综合实践课程的研究性学习内容，如青岛版三年级上册“水的科学”单元，可以通过调查当地水资源情况，引导学生进行综合性调查活动。又如，青岛版四年级上册“金属”一课，研究金属的利与弊，引导学生认识到金属在生活中的应用。这些课题的研究可因其问题情境的真实性和时间的机动性而获益，综合实践活动也会因科学思维与人文思维的交织而相得益彰，和环境保护、可持续发展有关的议题特别容易实现两者的互动和整合。

（三）充分开发、利用科学实验室以及校内外资源

开展观察、实验活动，是小学生学习科学的主要学习方式。学校可在保证完成实验教学基本任务的基础上，扩大科学实验室的功能，使其能为课堂外的科学探究和实践应用服务，也可以在科学实验室中增设科学图书角、材料角、工具角、成果展示角和专题研究中心等，可以使实验室发挥更多的学习功能。科学教师应当充分利用校园环境中与科学有关的资源，让校园成为科学学习的大课堂。建立校园科学学习中心，如校园气象站、校园种植园、校园养殖场、校园科普宣传区等，让这些资源为学生理解科学概念、进行科学探究和运用知识解决实际问题服务。

带领学生参观科普场馆，因地制宜进行科学教育基地建议。利用学校周围的自然环境和社会环境，如公园、田野、山林、自然水域、矿山等以补充校内资源的不足。

科学文化作为当今世界最为先进的文化现象，对人的影响意义重大而深远。科学教育是素质教育的重要内容之一。儿童在科学的学习中，将学习所得内化为科学精神，形成科学价值，领悟科学本质，最终养成良好的科学素养。我们为科学教育种下了美好的愿景，祝愿我们的科学教育的明天更美好！

创立微信公众号，搭建科学探究交流平台

让每个孩子爱上科学，学会学科学、用科学是科学学科教学的宗旨，也是每一位科学教师的美好愿景。为了培养科学精神和实践创新两个核心素养，为了更好地体现科学要把课内与课外结合起来，把科学探究与学生的生活结合起来的思想，白云山学校建立了微信公众平台，名为“E科学”，“E”取自enjoy的首字母，意在让孩子们享受科学探究的乐趣，享受科学改变生活的成就感。

一、微信公众号成为学生课下研究的交流、展示平台

我们借助“E科学”公众号每周向学生推送一次科学实验或者科普知识，实验的内容包括科学课堂上的实验，也包括对科学课堂实验的拓展，比如，为拓宽学生的科学探究的视野，在学完了食物的营养之后，补充“变色的土豆”；学习了细胞后，补充研究“胡萝卜要喝水”——腌制胡萝卜，并鼓励学生将在家进行科学实验的过程拍摄成视频在公众平台上进行展示。现在不仅高年级的学生能够积极参与，连一年级的很多学生也参与到科学探究的队伍中来了，一年级（10）班的路馨迪同学观看了公众号中的“水中的层层叠”实验后，和妈妈一起认真完成研究，实验过程中发现了问题，提醒同学们在做实验时倒入液体时一定要慢。

同时，结合时事科学新闻，及时上传与科学学科相关的新闻，比如，“长征五号——我们自己的大火箭”“追踪神舟十一号”……让学生及时了解发生在身边的科学大事件，并对这些大事件发表自己的看法或感受。

公众号为学生提供了交流的平台，学生只有充分感受到交流、展示的乐趣，才会乐于与别人分享探究的喜悦。

二、微信公众号让学习更方便

现代化的教学手段必须为教学提供服务。随着电子书包在教学中的优越性越来越明显，在这项改革的过程中，用什么推送，用什么观看，什么时候观看，成了焦点问题。解决这一系列的问题的焦点就是用什么观看？平板不是所有的家庭都有，但是目前手机在每个家庭的普及率还是较高的，所以我们将教师制作的教学微视频等学习资源上传到微信公众平台上，方便学生观看，学生可以随时进行观看学习。课前将任务单下发给学生，并利用公众号将教学微视频和教学准备等资料推送给学生，学生在家随时、随地、多次观看，并完成任务单；教师可以通过公众号中的阅读量及时掌握学生的课前学习情况；课后，根据教学内容及时补充相关的知识或实验探究，引领学生进入更深层次的研究。

三、微信公众号扩大科技活动辐射面

大多数科技活动往往都是班里的高精尖学生参加，很多学生无缘科技活动。为了让更多的学生参与到科技活动中来，为了扩大科技活动的辐射面，我们利用公众号将科技活动分为两部分：第一环节网络海选——学生上传实验，全体学生参与投票，按照不同的年级选出一部分优秀作品；第二环节现场比赛，将海选决出的学生代表，以级部为单位抽签决定分组，再抽签确定本次比赛的项目，合作完成一次科学活动。团队分工合作，从方案的制订到实施，再到产品的检测和反思，最后将自己的产品或者探究介绍给大家，这样的活动能够最大程度发挥学生的创造力和团队协作能力。制作活动结束后，将每组的活动过程以及成品再次展示到平台上，将现场打分与平台投票结合起来，最终确定本次科技活动的成绩。这样的形式既能做到公平公正，也能让所有的学生经历科技活动的整个过程，从而激发学生对科技活动的热情，逐渐将更多的学生领入科学探究的队伍中来。

多措并举，高效推动科学教学研究

科学教育应该立足学生本位，坚持在课堂上用缜密的思维引领学生，课下用丰富的活动带动学生，让学生真正像小科学家一样，经历科学探究，并能够进行深入的科学探究。

一、思维导图的设计，寻找科学知识的上位概念，建立严密的知识体系

从《小学科学课程标准》（2017年版）中的四大领域入手，确定科学概念，将科学教材中出现的科学知识进行梳理，以思维导图的形式建构，寻找其上位概念，对教学目标的确定起到了定位的作用，并将制作好的思维导图运用于每个知识点的教学中，这种系统的知识和能力的建构，犹如汽车上的导航设施，既方便了教师的教学设计，又方便了对知识的定位。随着研究的不断深入，我们也在不断引导学生对思维导图进行设计，针对每一课或者每个单元的知识设计较为系统的知识、方法体系思维导图，便于理顺学习、研究的思路。

二、运用科学探究脚手架

“先把猜想记录下来，然后进行实验，带着一种探个究竟的心情去观察，是一件有意思的事情。与你想的一致吗？想一想为什么猜对了，你的依据是什么？为什么猜错了，你忽略了什么？”这是我们在课堂上为启发学生思考，或进行方法指导时使用的教学语言，这种教学语言的加入，让学生探究或思考有了方向，知道应该往哪个方向思考，我们给它命名为“科学探究脚手架”。有了科学探究脚手架，学生的探究有思考，有反思，有改进，有评价，这样的探究在不断深入地思考中更有深度。

三、四小活动的开展让学生的科学思想插上了翅膀

为了提高学生的科学素养，培养学生的动手能力、创新意识，肥城市进行了“四小活动”，“四小”即科学小论文、科学小实验、科学小制作、科技小创意。科学实验的操作主要针对和教材相关的科学实验，用简单易收集的材料展示科学现象，解释科学道理；学生的科学小论文涉猎广泛，从一株小草到参天大树，从一片树叶到对树叶规律的研究，从小蚂蚁、蚕宝宝的孵化到最后的产卵，缫丝、蚕蛾破茧而出都被一一记录在案；从生活中的科学现象到神秘的大自然……一行行生动的文字，一幅幅逼真的画面，让人不由得惊叹，我们的孩子真是个做科学的样儿。一件件创意新颖、制作精良的小制作和小发明（创意）展现了学生们惊人的创新意识和创作能力。“四小活动”秉持着人人参与，人人争当小科学家的宗旨，从学校、乡镇、市三级选拔，精品频出，现在仍有很多设计和制作被肥城市教研室收藏。

四、教具制作

实验类课题在科学教学过程中占的比重是比较大的，而我们实验室的材料有时候不能完全满足教学的需求和教学设计的表现，为了能够更好地展现教学技能，凸显教学效果，我们鼓励科学教师围绕科学知识的呈现制作更能体现其效果的教具。肺呼吸模型将人体呼吸时的肺的状态和膈在呼吸中的作用展示得淋漓尽致，电路暗盒的设计和制作更为巧妙，都为“解暗箱”的教学设计提供了很好的教学思路；物体的热胀冷缩、物体吸热能力不同的研究、水在大自然中的循环等模拟实验教具的制作使模拟实验更加简单易行；多种仪器的组合巧妙地将能量转换联系在一起，课堂上定会引发学生探究的兴趣。还有很多教师自己研发设计了教具，比如，为了研究水的对流过程中，不同高度的水，水温会不同，所以设计了水温测量仪，这属于首创。

由于在这方面的工作做得扎实有效，所以在泰安市教具评选活动中，我市多项教具获得一等奖。

五、团队的合作和骨干的引领

为了促进教师专业发展，我们组建了几支精良的教研团队，由市教研室统

一领导，各教研团队通过打磨教学课例，教学案例的设计、教学思想的融合、教学方法的引领，在打磨中每一位团队成员都有了新的发展和提高。近几年涌现出了很多的年轻教师，教学水平不断提高，教学思想不断更新，教学方法不断升华，在肥城市、泰安市，乃至全省的课堂教学比赛中都取得了不错的成绩。

六、科学教师读书交流，以读促成长

科学教师队伍素养的提升离不开持之以恒地读书，我市一直坚持科学教师读专业成长书籍，也形成了读书交流论坛的长效机制。每次几个中心发言人，或针对某一本书，或针对某一类书，或针对教学中的一个点，从不同的角度剖析、辨析，大家畅所欲言、百家争鸣。正所谓“水本无华，相荡而成涟漪；石本无火，相击而发灵光”。每一次读书交流论坛都是一次头脑风暴，都是一次质的飞跃。

七、以课题研究促课堂教学研究

1. 研讨交流基于信息化环境下小学科学教学工作及师资专业成长的改革发展思路

信息技术的飞速发展给我们的教育出了很大的命题，教育不能再完全复制以前，作为新时期，尤其是信息化时代的教学，我们要在保证科学学科特点的基础上，让自己的课堂走出时代的步伐。微视频的设计和使用，如何操作才能做到既保留科学学科特点，保留学生探究的兴趣，又能保证学生对科学现象、科学知识继续探究的动力。信息时代中，有很多资源能够为我所用，我认为科学教师应该在教学知识的广度、深度和知识的串联上多下功夫，以微视频的形式向学生展示什么，课堂上交流什么，继续探究什么，都是我们需要研究的问题。

科学教师的专业成长问题，从科学教师自身剖析的话，制约因素有以下两方面：

（1）对科学知识的系统掌握不够。

（2）对科学教学类型的教学方法掌握不到位，比如“解暗箱”等课型的清晰程度差距很大。

如果就这两方面来分析的话，我们首先要给科学教师进行相关的培训，比如，教学方法的指导、课堂教学论坛（针对不同课型的研究、交流、质疑、反思……既能让骨干教师在一次次展示和交流中得到进一步的提升，也能让科学教师了解科学课的基本流程和思路）、科学实验设计的指导等，首先让教师从知道怎么教到愿意教科学，到爱上科学教学，自然而然地选择在科学教学这条道路上发展。

2. 建立全市小学科学QQ群及泰安市教研网小学科学相关栏目

QQ群是目前大家喜闻乐见的交流平台，随时随地都能将问题提交到平台上，有能力的教师就可以给予回复，大家在这个平台上针对科学教学、科学知识等方面的问题展开充分的讨论，同时，建议管理员分时段或者日期设置不同的讨论问题，让大家针对不同课型的设计，展开讨论、交流，部分专家如果能在一旁给予修正、指点，那更是锦上添花。有些教师虽然不能参与讨论，但是看到聊天记录，也一样能够学习和分享智慧，每次讨论就是一次教研活动，一次成长培训，一举多得。

第二章

教学实践与案例

物质科学

“把固体放进水里”课堂实录

【教学目标】

1. 知识与技能

（1）能够借助水认识固体的性质。

（2）能够利用文字和图画描述观察结果。

（3）能够运用语言、文字和图表交流观察结果。

2. 过程与方法

了解固体在水中的沉浮和溶解的现象。

3. 情感态度与价值观

（1）愿意合作交流。

（2）体验生活中处处有科学。

【教学准备】

浮尘子、水槽、铁钉、蜡烛（一截长的、一截短的）、苹果（一个苹果、一块小苹果）、泡沫塑料、小石子、树叶、红糖、盐、方糖、大豆、面粉、奶粉、杯子、水、筷子。

【教学过程】

（一）情境导入

师：同学们请看老师带来了什么？

生：噢！只是一个大塑料瓶里面装着一个小瓶子啊！

生：老师，这个东西有什么不同？

师：它可不是一个普通的瓶子，它是个非常听话的瓶子，我让它浮它就浮，让它沉它就沉！

生：我才不信呢！

生：我觉得有可能，老师就像魔术师一样。

师：好，现在我们来试试！你来发号令吧！

生：浮，沉。咦！怎么没有变化？

生：老师肯定在骗我们！

师：我没有骗你们，不信现在看我的！浮！沉！

生：咦！怎么回事？

生：老师还真会变魔术啊！

生：不是！我发现老师在做的时候用手使劲地捏了捏瓶子！

师：真是个细心观察的孩子！老师的这点把戏看来是骗不了你们啊！这个东西叫浮沉子，那现在面对它你有什么问题要问吗？

生：我想知道为什么它能够在水中自由地浮沉呢？

生：我想对这个瓶子提出个问题，为什么要用一个这样的瓶子，换一个别的瓶子可以吗？

师：这个问题提得很好，老师都没有想到过，敢想敢做是做科学最基本的品质。

生：老师，我想问问瓶子里的液体是什么？是水吗？

师：我用的是水。

生：能不能换成别的液体呢？

师：又有个这样的同学，榜样的力量真是了不起！

生：为什么用手一捏它就会沉，手一松它就会浮？

师：同学们提的问题还真是不少，也很有价值！刚才大家都提到了浮沉，那现在请同学们看看我们桌上的东西，你认为它们在水中是浮还是沉？把你们的猜想写在实验记录纸上，在表示时我们用向上的箭头表示浮，向下的箭头表示沉。好了开始吧！

（二）认识物体的浮沉

猜想物体的沉浮

（1）学生分小组猜想物体的浮沉。

（2）交流自己的猜想。

师：谁来说一说你们的猜想？

生：我们认为铁钉会沉在水里，苹果会沉在水里，树叶会浮在水面上，小石子会沉在水底，红糖会沉在水底，泡沫塑料会浮在水面上，蜡烛会沉在水底。

师：好，他们说了自己的想法，有没有不同意见的？

生：我们小组认为蜡烛会沉在水底。

生：我们小组认为苹果会浮在水面上。

（教师把学生们的不同看法写在黑板上：蜡烛？苹果？）

师：那这些物品放进水里到底是沉还是浮呢，现在我们就来试试吧！你认为在做时我们要注意什么？

生：我觉得我们要一个一个地把它们放进水里，这样我们才能看清楚现象。

师：说得真好。搞研究观察记录很重要，这一点提得很好。

生：要做好记录。

师：对，很好，用你的笔记录下我们研究的每一步脚印。

生：水槽里的水千万不要洒出来！

师：安全和卫生意识很强。好，你们开始做吧！

（3）学生动手做，教师深入小组里了解各小组的探究情况。

（4）交流探究情况。

师：同学们做完了吗？

生：做完了。

师：谁能来说说你们的发现？

生：我们发现小石子、铁钉、红糖沉在水里，蜡烛、苹果、泡沫塑料都浮在水面上。

师：还有不同意见吗？

生：我们小组同意他们小组的说法。

生：我们发现刚才我们的猜想有些是错误的，苹果应该是浮在水面上的，而我们刚才认为苹果是沉在水里的。

师：对，刚才对于苹果同学们之间出现了争议，现在这个问号就可以划去了，是吗？

生：是！

师：还有一个呢？蜡烛呢，它在水里是上浮还是下沉？

生：我们认真做了好几次，我们发现蜡烛在水里是浮在水面上的。

师：那这个问号是不是也可以划去了呢？

生：可以了。

师：我们通过动手做发现有时我们的猜测并不一定是正确的，必须要动手做了才能够下结论。

师：那通过刚才的观察研究你们还发现了什么？

生：我们发现物体在水里有的是浮在水面上的，有的是沉在水底的。

师：物体在水中有浮有沉。（板书：浮↑沉↓）那你们认为物体在水中的沉浮可能和什么有关系？

生：我认为可能和它们的轻重有关系。

生：我不同意他的说法，因为我们刚才做的研究中发现一个苹果和一块苹果放入水中，它们都会浮在水面上。所以我认为物体的浮沉和物体的轻重没有关系。

生：我同意他的说法，还有蜡烛也是这样，一截蜡烛和一支蜡烛放进水里都会浮在水面上。

生：我觉得可能和物体的大小有关系。

生：我不同意他的说法，小石子小，它也会沉在水底，而泡沫塑料大但是它却浮在水面上，所以他的这种说法也不对。

生：那这样的话物体的浮沉既和大小没有关系，也和轻重没有关系。

（三）认识溶解现象

1. 理解溶解

师：通过刚才的讨论我们知道了物体的沉浮和大小、轻重没有关系。至于它到底和什么有关系我们以后还会再研究。我们通过刚才的研究知道了当物体放入水中时有的会浮，有的会沉，现在让我们把所有的物体取出来吧！注意不要把水洒在外面！

学生取材料。

师：材料都取完了吗？

学生不回答。

师：你们有什么问题吗？

生：老师，我们组的红糖拿不出来了。

师：为什么？

生：红糖变得很少了。

生：我们组的红糖不见了。

师：你们观察得真仔细，真是细心的好孩子！是啊，你们水槽里的红糖怎么不见了，哪里去了？

生：老师，我们的红糖在水里化了，所以不见了。

生：对！它跑到水里去了。

师：把红糖放进水里，它会慢慢地减少一直到完全没有了。我们把这种现象叫作溶解。（板书：溶解）红糖在水中会溶解，那我们生活中的其他物体在水中会怎么样呢？请同学们选择自己喜欢的材料进行研究。

（小组长到前面选取材料，然后回到小组内进行探究。教师在旁观察学生的研究情况。）

2. 交流探究成果

师：谁能把你们看到的告诉大家，让我们一起分享你们的研究。

生：我们发现盐在水中是会溶解的，面粉、方糖、奶粉和大豆在水里都不会被溶解。

生：我们同意他们大部分的意见，但是有一点我们不同意，方糖在水里是会溶解的。

生：我们做的就是没有溶解。

生：看，我们小组的方糖都没有了，哪里去了？就是被水溶解了。我想你们是没有认真观察，我们是经过细心地观察，而且等了很长的时间才得出的结论。

生（看杯子）：啊！我们的方糖也不见了。（捂嘴不好意思地坐下）

师：看来做研究时我们一定要耐心地等待，观察现象啊！

生：老师，我们还发现了一个问题，想要问你一下。

师：好啊！请说！

生：当我们把大豆放进水里的时候发现很多大豆都沉在水里，但是有两颗大豆却浮在水面上。这是怎么回事呢？我们小组的同学讨论了也没有结论，所以想问问老师！

师：我太感动了，你们的探究精神让我感动。在研究中产生了新的问题自己能够想办法解决，真的很像科学家在搞研究啊！我为你们骄傲！好，我们都来看看他们杯中的大豆，你们认为可能是怎么回事呢？

生：我认为这样的大豆可能是一些瘪了的、不够成熟的大豆。我知道人们在种庄稼的时候会用水把它们漂一漂，浮上来的就是一些不成熟的种子，就不能用了。

生：老师，我认为是大豆被虫子咬了，它的里面已经变空了，所以就能够浮在水面上了。

生：对！我看妈妈是这样挑有虫子的豆子的。

师：我真是越来越佩服你们了，生活经验很丰富，这对于我们进行科学研究很重要，我们的科学就是来自生活，为生活服务的嘛！

（四）拓展活动

师：这节课同学们探究得很带劲，我听得、看得也很兴奋，现在我冲杯茶来犒劳犒劳大家吧！（老师冲茶）

生：谢谢老师！

师：茶不能白喝，（学生：啊……）看看老师的杯子你有什么发现？

生：我发现茶叶在水里有的浮在水面上，有的沉在水里了。

师：我们今天学的知识！

生：我还发现有的茶叶在水的中间悬浮着呢！

师：细心观察，真好！

生：我发现水的颜色发生了变化，原来水是无色透明的，现在变成绿色的了！

生：老师这是为什么？是茶叶的颜色吗？

生：是不是茶和热水发生反应了？

师：很好！又产生了新的问题，怎么办？课下自己研究研究吧！

生：噢！我们去查资料吧！

……

师：下课！

“使沉在水里的物体浮起来”教学设计

【教学目标】

（1）借助实验通过小组合作探寻沉在水里的物体浮起来的方法。

（2）能够运用所学知识恰当地解释生活中的现象。

（3）通过研究，提高学生动手操作能力，增强学生小组合作意识，激发学生深入探究、解决问题的能力。

【教学准备】

学生分组实验材料：铝箔纸中加螺母、橡皮泥、螺丝帽、小石子、气球、夹子、浮沉块、烧杯、鸡蛋、金属管等。

材料袋：3根吸管、一截泡沫板、20个螺丝帽。

【教学过程】

（一）激发兴趣，导入新课

（1）谈话：同学们，这是一块铁，如果我把它放入水中会怎么样呢？如果我们把重达5.7万吨的钢铁放入水中又会怎么样呢？

（2）出示材料盒，请同学把这些材料放入水中。

（3）学生谈现象。

（4）谈话：铁块会沉在水底，为什么做成轮船的形状就能浮起来呢？你能想一个办法让这些物体也浮起来吗？（板书课题：使沉在水里的物体浮起来）

（二）小组探究

1. 学生以小组为单位探究

师：请大家以小组为单位先讨论方法，然后再动手做。

2. 交流

学生汇报交流如何让物体浮起来的方法，教师归纳并板书。（空心结构、改变物体形状、改变自身重量、借助漂浮物、降低重心、找平衡……）

你找到生活中哪些物体是利用这些方法浮在水面上的？

（三）救生活动大比拼

洪水来临时，抢救人们的生命是第一位的，现在我们就来模拟一次救生活动，同学们请看：

活动要求：

（1）只允许使用提供的材料来制作救生工具。

（2）小组合作中分工合理、安全有序。

（3）制作的救生工具承载力最大的小组获胜。

（以螺母代表我们要救的人，看哪个小组制作的救生工具承载的螺母最多。先讨论，再进行制作。）

哪个小组做的救生工具承载力最大？领取螺母比比看，记录下当救生工具没入水中时，承载螺母的数量，把你们的数据写在黑板上。

哪个小组的救生工具承载的人最多？你认为这个工具采用了哪种方法呢？

小结：除了对救生工具的精心设计，保持船的平衡在救人时也是非常重要的。

（四）智趣拓展，升华主题

师：研究到现在，鸡蛋都不能浮在水面上，老师有个很巧妙的方法，想看吗？

（魔术表演：鸡蛋水上漂。）

交流小结：通过加盐，改变了液体的密度，鸡蛋就可以浮起来。

提问：怎么想办法让鸡蛋沉下去呢？

总结：今天我们想办法让沉在水里的物体浮起来了，这是浮力的作用。让我们来看看浮力在整个思维导图中的位置，它属于物质世界中的一部分——运动与力，我们会了解各种力，而浮力是其中一种，在以后的学习中，我们还会学到压力、弹力等。那么同学们想想如果物体放在7000米深处，再让它浮起来，你信吗？我们中国蛟龙号就做到了，请同学们课下收集相关资料，了解一下。

“杯子变热了”教学设计

【教学目标】

（1）能对热现象提出问题，根据生活经验对热是怎样在固体中传递的做出推理、分析，并亲历探究“热是怎样在固体中传递的”实验过程。

（2）能够实事求是、规范、有条理地描述实验中观察到的现象，并由现象归纳概括出科学结论，用自己擅长的方式表达出来。

（3）通过研究了解热可以沿着物体传递，从温度高的部分传到温度低的部分，这种传递热的方式叫作传导，并通过对比数据，分析热传导中温度变化的规律。

【教学准备】

铜棒、蜡烛油、酒精灯、秒表、圆形铁片、方形铁片、试管夹。

【教学过程】

课前活动：认识秒表。

（1）介绍秒表上的三个按钮及使用方法。

（2）学生在小组内练习操作。

（3）教师小结，结束秒表的使用训练。

（设计意图：由于课堂上需要用到精确记录时间，所以掌握秒表的使用方法非常重要，而之前的学习中并没有出现过针对这一测量工具的使用，这一环节的学习对于课上的研究有着非常重要的作用。）

（一）情境导入，引出课题

1. 师生谈话

师：同学们，在生活中，我们经常会用杯子喝水，在喝水的过程中，你的手有什么感觉？这种变热是一下子变热的吗？

学生根据生活经验进行交流。

2. 感受杯子慢慢变热的过程

师：就这个杯子来说，你认为从不热到热得不能忍受大约有多长时间？

学生根据生活经验进行推测。

师：请两名同学到台前来。请同学们用秒表记录他们坚持的时间，1、2、3……

学生谈感受。

师：水倒在杯子内部，为什么杯子的外壁变热了？（板书课题：杯子变热了）

（二）引导学生认识热传导

1. 引导学生设计实验

（1）师：杯子里面的水热，热传到杯子外壁上了。这个过程就叫热传递。（板书：热传递）

（2）学生猜想：杯子是怎么变热的？

师：杯子的厚度这一段距离，用了10秒，时间应该是怎么分配的？会是平均分配吗？

学生根据自己的想法回答。

师：如果把杯壁增厚为10厘米，在这10厘米中10秒是怎么分配的？

学生可能会想到以下几种情况：

① 可能是平均分配，每厘米用时1秒钟。

② 可能是先快后慢。

③ 可能是先慢后快。

启发引导：如果用铜条代替杯子壁，用酒精灯给铜条加热。你认为热从铜条这一端传到另一端大约需要多长时间？

怎么才能清楚地看到热的传递过程呢？

师生谈话：用蜡烛油，因为蜡烛油遇热熔化，看到蜡烛油熔化就能看到热的传递了。

教师介绍实验方法：请大家看，铜条上打了5个孔，相邻两个孔之间的距离是相等的，老师课前进行了测量，都是2.5厘米。在孔上分别涂满蜡烛油，如果给铜条加热，你会选择哪个点作为加热点？

引导学生选择正确的加热点，同时了解加热点要固定不变，怎么对比快慢？如何记录？……

（**设计意图：**这个实验方案的设计注重了思维的逆推，如果你认为传递的速度是先快后慢或者先慢后快，抑或是平均分配，那么，我们应该怎么来研究呢？如何才能清楚地观察？如何计时？……每一个细节都要引导学生考虑周全，这是一种科学态度的形成过程。）

2. 学习酒精灯的使用方法

师：在实验室中，我们可以用专用仪器——酒精灯来加热，请大家看，这就是酒精灯。它由灯帽、灯身、灯芯和灯芯管四部分组成。

现在请同学们认真看老师如何规范使用酒精灯。首先拿开灯帽，将灯帽竖直放在一边；用火柴自下而上点燃酒精灯；把火柴放在旁边的小盘中。酒精灯的火焰分为三个部分：外焰、内焰和焰心，外焰温度最高，焰心温度最低。请大家看，如果我把火柴梗放入火焰中，你发现了什么？

引导学生发现：两端烧焦了，中间部分基本没有变化。

教师小结：在给物体加热时，用外焰加热；当酒精灯使用完毕时，用灯帽盖灭，盖灭后打开，再盖一次，千万不要用嘴吹灭酒精灯。

课件出示温馨提示：

如果酒精灯着火，直接用湿毛巾或沙土盖灭，并及时告诉老师！不要用一个酒精灯去点燃另一个酒精灯，以免着火，发生危险！

（**设计意图：**工具和仪器的使用是一种技能，课上必须让学生掌握，一是技能的指导：操作方法、危险的避免；二是让学生知道有些仪器的规范使用对于实验的成功非常重要。）

3. 小组活动

小组按照实验方案进行实验。

4. 交流实验发现

学生以小组为单位汇报自己的发现，通过汇报总结得出：蜡油会依次融化，因为给铜条加热，铜条一端温度变高，然后热沿着铜条传到下一个孔，这个孔里的温度变高了，所以蜡油就融化了。也就是说热是由温度高的地方传到了温度低的地方，从温度高的地方向温度低的地方传递。

教师板书：温度高→温度低依次传递

思考：这幅图（图1）中，加热A点、B点和C点的蜡烛油哪个先融化？

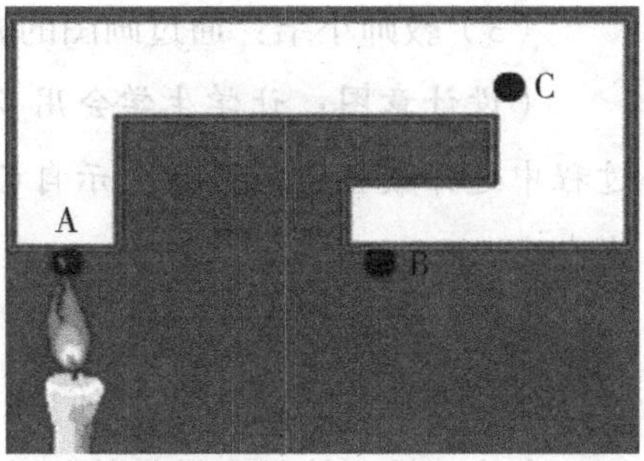

图1　热传导拓展研究示意图

学生说出自己的推测和理由。

教师演示后提问：你发现了什么？怎么回事呢？

学生根据现象进行分析。

教师小结：在给固体加热时，必须沿着物体，由温度高的部分传到温度低的部分，科学上把这种传递热的方式叫作传导。（板书：热沿着物体热传导）

（设计意图：科学的学习就是为了解决问题，所以我们的课堂中也应该出现类似的解决问题或者分析现象的内容，这其实是一种评价形式，用以评测学生前段时间的学习是否有效，以判断是否可以进行下一步的研究。）

（三）分析热传导的规律

（1）汇报实验过程中，蜡烛油熔化的时间。

教师记录：

表1　记录表

A—B	B—C	C—D
12	10	36
……	……	……

（2）分析这些数据，发现规律。

学生根据数据进行分析，并说出自己的结论。

教师小结：热在传递的过程中是先慢再快又慢的。

（四）引导学生画出热传导的状态和方向

师：请同学们再来做个实验，给实验盘中的圆形铁片和方形铁片加热，通过观察蜡油的变化，分析热传导时的状态和方向，并把它画下来。注意，老师在圆形铁片和方形铁片上都打了个凹痕，做实验时把凹痕作为加热点进行加热。

（1）小组合作，根据刚才的实验画出热传导的路线。

（2）汇报交流：引导学生汇报自己画出的热传导的路线以及这样画的理由。

（3）教师小结：通过画图的方式就将热传导形象地展示在我们面前了。

（设计意图：让学生学会用多种方式记录自己的研究成果，并能够在研究过程中选择最合适的方式展示自己的研究成果，是一种研究态度，也是一种人生态度。）

（五）拓展延伸

师：今天的研究中，我们知道了用一个热源给固体的一端加热热的传递方式，如果用两个热源给同一个物体的不同部位加热（图2），这时热会怎样传递？

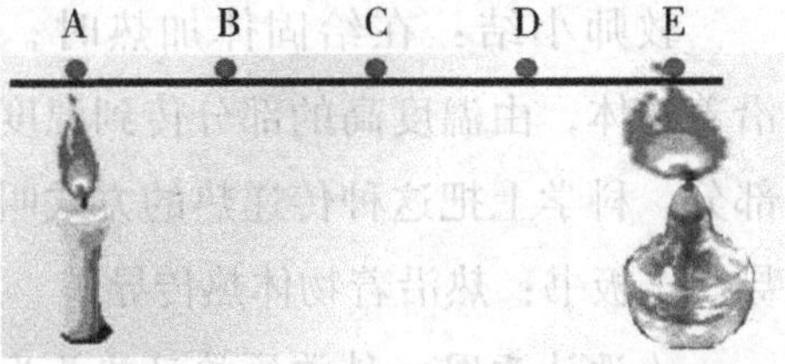

图2 热传导拓展延伸示意图

学生根据本节课自己的学习情况进行分析，说出自己的理由。

师：用什么方法研究呢？

学生交流后总结比较合理的研究方法。

师：刚才大家的思维互动真是一场精彩的头脑风暴啊！那到底是怎么回事呢？你们想不想知道？请同学们下课后合作研究，把你的发现告诉你的小伙伴，也告诉我。

（设计意图：如果每节科学课后，学生们能够围着科学教师讨论一二，能够和小伙伴们继续进行研究，互相交流研究发现，是一件多么令人兴奋的事情。所以我们的课堂必须是精彩的，课堂的结束可以是留有悬念的，能够吊足学生的胃口，让他们对科学说不爱都难。）

“把固体放到水里”教学设计

【教学目标】

（1）知道哪些固体可以沉浮，哪些固体可以溶解，了解固体与水混合及分离在日常生活中的运用。

（2）能够认识固体在水里的沉浮现象、溶解现象，了解固体的沉浮不是由轻重决定的，并能够描述所观察到的现象。

（3）意识到经验并不可靠，整理数据会得到有价值的发现，感受在科学活动中发现问题或现象的乐趣，体验科学技术给人带来的好处。

【教学准备】

1. 学生

（1）泡沫、苹果、橡皮、橡皮泥、木块、粉笔、钢勺、土豆（一个及一小块）、蜡烛（一支及一小截）、食盐、细沙。

（2）玻璃棒两根、烧杯2只、水槽1只。

2. 教师

（1）多媒体课件一份。

（2）学生材料一份。

（3）彩色树枝1份。

【教学过程】（见表2）

表2 教学过程概览

学生探究“脚手架”	教学过程
在猜想时，同学们要学会根据已有的经验进行猜想，做到有根据的猜想，再进行实验，带着一种探个究竟的心情去观察、去证实。	**（一）激趣导入，提出问题** 在森林里，一只狼正在追赶一只小兔子，它们跑啊跑，终于来到一条小河边，小兔灵机一动，抓起旁边的一块大木头跳进河里，慢慢地游向河对岸。狼也紧追不舍，来到河边，便大声喊道：“我这就追上你！”于是，它抱起一块大石头跳进河里。 结果怎么样？你为什么这样认为？木头和石头都是固体，放到水里却是不一样的现象。 这节课，我们就一起研究把固体放到水里。（板书课题） **（二）探究固体在水中的沉浮现象** 1. 认识各种不同的物体在水中的沉浮 （1）猜想。（课件显示）把这些固体放到水里会怎样呢？ 我们先来猜一猜（教师在白板上记下猜想结果）。 苹果有人认为沉，有人认为浮，实际情况究竟怎样呢？我们该怎么办？ 做实验时要注意哪些问题呢？ 指名说说，老师补充。 （2）请同学们将1号盘子里的固体放到水里。仔细观察一下，完成记录表（一）

续 表

学生探究“脚手架”	教学过程
与你想的一致吗？想一想为什么猜对了，你的依据是什么？为什么猜错了，你忽略了什么？	（3）汇报交流。 谁来说说你们小组观察到的结果（教师在白板上记下结果）。 观察到的结果与猜想的结果一样吗？ 猜想和事实往往有一定的出入，科学允许大胆猜想，但科学结论一定要从实验中得出。 2. 探究同一种固体的沉浮与大小没有关系 （1）猜测：通过刚才的实验我们知道，不同的固体放在水里，有的会沉，有的会浮。
想一想这个环节的猜想、老师的实验有什么目的？让你们来理解什么呢？	老师手里有一个土豆，放到水里会？（教师演示放到水里）这里还有一块土豆，放到水里会？（学生猜想，指名回答）一截蜡烛放到水里会？（教师演示放到水里）这里还有一支蜡烛，放到水里会？（学生猜想，指名回答）。同学们出现了不同的意见，究竟是什么情况呢？怎么办？ （2）动手实验：请同学们将2号盘子里的土豆和蜡烛轻轻地放到水里，完成记录表（二）。
在汇报前要做好记录，汇报的时候交代要清楚，表达要恰当。	（3）汇报交流。 通过刚才的实验，我们知道一个土豆和一块土豆，都是土豆，也就是材料相同。什么不同？（重量不同、大小不同）它们都是沉的。 一截蜡烛和一支蜡烛，都是蜡烛，也就是材料相同。什么不同？（重量不同、大小不同）它们都是浮的。 同一种固体，尽管它们的重量不同，但它们的沉浮情况却是相同的。
在这个环节同学们可以搞一个竞赛，看看哪个小组做的橡皮泥形状浮力更大，进而研究下不同形状的浮力大小。	3. 探究同一种固体的沉浮与它们的形状有关系 （1）橡皮泥放到水里是（沉的）。 2号盘子里还有一块同样的橡皮泥，你能想办法让橡皮泥浮在水面上吗？小组讨论一下。 （2）指名说说，教师演示不合理的想法。 动手试一试。（学生动手操作） 展示做得比较好的漂浮的橡皮泥。 （3）汇报交流。 橡皮泥原来是沉的，现在怎么浮起来呢？橡皮泥材料又没变，重量又没变，什么变化了？ 同一种固体，形状不同，在水里的沉浮情况可能就不一样？ （4）拓展。 （课件出示图片）你现在知道为什么一块铁会沉在水底，而一艘用钢铁制成的巨大轮船却能浮在水面上吗？（指名回答）看来固体的沉与浮不但跟材料有关系，还跟它的形状有关系

续表

学生探究“脚手架”	教学过程
在用玻璃棒搅拌时，手持玻璃棒的中上部，不要碰到容器壁和容器底。 搅拌后要静置一会儿再描述看到的现象。 同学们可以尽可能多的想到一些办法，比较一下谁的方法更简单有效。	**（三）探究固体的溶解以及与水的混合与分离** 1. 认识溶解与混合现象 老师手持装有沙子和食盐的透明杯子，这时如果把它们（沙子和食盐）放到水里会是怎样呢？ 把沙子和食盐分别倒进两个烧杯里，先仔细地看一看，你们发现了什么？（都沉下去） 再用玻璃棒搅一搅，继续观察，完成记录表（三）。 盐还能看见吗？（指名回答，教师在白板上记下结果）盐到哪里去了？ 像盐这样的固体放到水里后，看不见了，这种现象叫作溶解。（板书：溶解） 生活中你还见过哪些固体也能像盐一样在水中溶解呢？ 学生举例。 沙子呢？（学生回答，教师在白板上记下结果） 像沙子这样的固体放到水里后，还能看得见，这种现象叫作不溶解。（板书：不溶解） 2. 认识固体的分离方法 通过刚才的观察，我们知道食盐能溶解在水里，但沙子不能溶解在水里，要想把沙子从水中分离出来又该怎么办呢？ （引导学生观察装有沙子的烧杯）看看杯子里的沙子怎么样？ 沙子沉淀在杯底，把水倒掉，沙子就分离出来了。 这样的现象在科学上称为沉淀。（板书：沉淀） 如果有的固体不能完全沉在杯底，比如说刚磨出来的豆浆，怎样将豆渣分离出来呢？（指名回答） 请看（过滤豆浆的视频）。 用过滤网将豆渣分离出来，这种方法叫作过滤。（板书：过滤） 盐溶解在水里了，用沉淀、过滤的方法能分离出来吗？那么怎样才能把盐从水中分离出来呢？（指名回答） 请看（播放《闪闪红星》中蒸发食盐的片段）。 勇敢、机智的潘冬子是怎样躲过敌人的搜查，把食盐送上山的？ 潘冬子先把盐溶解在水里，再把盐水用火加热，使水蒸发掉，从而分离出食盐。这种方法叫作蒸发。（板书：蒸发） 我们吃的食盐有一部分是海盐，就是把海水注入晒盐场，经过太阳照晒，水蒸发了，留下的就是盐。（课件演示） 你现在知道把固体从水中分离出来一般有哪几种方法吗？课件演示三种方法

续 表

学生探究“脚手架”	教学过程
在做彩色树枝时，为了有较好的效果，记得多加一些盐溶解在彩色水里，做好后再起一个富有诗意的名字！	3. 拓展 盐能溶解在水里，又能从水中结晶分离出来，利用这个原理，陈老师制作了这些彩色树枝，（出示彩色树枝实物）好看吗？我用的材料是食盐、水、绘画颜料、小树枝。猜猜看，我是怎么做到的呢？（指名回答），想不想做一做，请看。（课件用图片和录音演示制作彩色树枝的步骤）这一美丽的树枝请同学们课后去完成，制作好了，我们用它来布置我们的教室，好吗？ **（四）全课总结及应用** 今天这节课，你有什么收获？你能利用今天学到的知识来帮助老师解决一个问题吗？老师拿米做饭时，不小心把瓜子壳和食盐洒到米里了，你能想办法让它们很快分出来吗？ 小组讨论，指名回答

“把液体倒进水里”教学设计

【教学目标】

（1）知道液体在水中也有沉浮现象。

（2）知道热水比冷水轻，热水会浮在冷水上。

（3）知道液体混合前后体积和重量的变化。

（4）能够认识液体在水中的沉浮现象和溶解现象。

（5）能用比较的方法认识液体混合前后，体积和重量的变化。

【教学准备】

多媒体课件、烧杯、水槽、带盖的小瓶、天平、量筒、食用油、蜂蜜、冷水、红色的热水、酒精。

【教学过程】（见表1）

表1 教学过程概览

学生探究“脚手架”	教学过程
在把液体倒进水里的时候要注意，动作要轻，要慢慢地让液体沿试管壁流进去，烧杯要略倾斜。 学生用语言描述观察到的现象。	（一）激情导入 师：同学们，老师今天选了几种大家比较熟悉的液体（水、蜂蜜、食用油），你们想不想知道它们分别是什么？请一名善于观察的同学上来辨别一下。 师：你是根据什么来辨别的？ 生：颜色、气味、黏稠度等。 如果将这两种液体分别倒进水里，会发生什么现象？这节课我们就把液体倒进水里，一起来探究液体更多的性质与特点。（板书课题） （二）民主导学 1. 认识不同的液体在水中的沉浮现象 （1）猜想。 师：如果将食用油倒进水里，猜测一下会有什么现象呢？ 引导学生汇报自己的预测情况。 （2）实验。 师：怎样才能知道我们的预测是否正确呢？ 学生做实验。 （生：油浮在水上面。）（板书：浮） 如果将蜂蜜倒进水里呢？生预测，汇报。 师讲实验要求，生演示，其他学生观察。 （3）交流。 （生：蜂蜜沉在水下面。）（板书：沉） （4）小结。 师：实验说明液体与固体一样，有的会浮在水面，有的会沉在水底。 师：现在请同学们观察器皿里的三种液体，它们的顺序是？ 生：蜂蜜—水—油。 师：奇怪吗？刚刚老师是先放——水，再倒——油，最后倒——蜂蜜。但结果怎么会是这样呢（指量杯），你有什么想说的吗？ 生：油比水轻。 师：如果我们把液体倒入的顺序调整一下，先倒蜂蜜，再倒油，最后倒水，结果会有变化吗？ 学生猜

续表

学生探究“脚手架”	教学过程
你们倒的时候要小心，因为器皿是玻璃的，要特别注意安全，要慢慢地让液体沿杯壁流进去，最重要的是要仔细观察，不要忘记填写观察记录表格。在填写观察记录表的时候，要把每一项的内容都填写清楚。	你们想怎么安排倒的顺序，小组讨论、汇报。学生说一种，教师在PPT上记录一种。边操作边说明，一共有6种液体倒入的顺序。 师：请把你们组的倒法和预测的结果用文字或图画的形式记录在表格中。 师：用不同的液体倒入顺序，分别会产生什么结果呢？想不想自己试一试？ 学生实验，教师指导。 （5）汇报交流实验结果，并说明为什么会这样。 （6）小结：在实验中我们发现，由于比重的不同，不管怎样倒，油都会浮在水面，蜂蜜都会沉在水底。 师：看到这么多颜色的液体倒在一起，分成漂亮的层次，你想没想到鸡尾酒呢？酒吧里的鸡尾酒就是利用酒的轻重不同调出来的。
鸡尾酒是由两种或两种以上的酒掺入鲜果汁或果子露以及香料、苦味剂配制而成的，酒味甚佳，非同寻常。各种颜色的酒混合在一起，在阳光下五彩夺目，像雄鸡尾那样美丽，于是人们为它取名鸡尾酒。	师：（举起倒有多种液体的烧杯，现在油浮在水面，蜂蜜沉在水底，变个魔术再猜猜看）现在液体有三层，如何使它变成两层呢？ 学生猜测。 师：搅拌能使蜂蜜溶解在水里。（板书：溶解） 油还浮在水面上（板书：不溶解） 2. 探究热水在冷水里怎样流动 （1）过渡：把液体倒进水里有这么多神奇的现象！那你知道热水倒进冷水里会发生什么现象吗？ （2）学生猜测。 （3）师：究竟会怎样呢？还是让我们亲自动手去验证吧！好！现在我们把红色的热水瓶放入水槽底，然后再拧开瓶盖。
在透明的水槽里倒入冷水，为了让同学们看得更清楚，在小瓶中倒入颜色的热水，把倒入热水的小瓶迅速放进装有冷水的透明容器里，请同学们仔细观察哟！	（4）师：同学们，你们看到了什么现象？ （5）学生回答。（像火山喷发或红色的热水向上流动。） （6）师：为什么会这样呢？ （7）学生回答。（因为红色的热水比冷水轻，所以红色的热水会向上流动。） （8）教师随机小结（水火山的形成是因为热水比冷水轻的缘故）。（板书：热水比冷水轻） 3. 探究液体倒进水里后，体积和重量的变化 过渡：那你有没有想过我们把液体倒进水里后，重量会发生变化
同学们要学会使用测量工具，比如量筒、烧杯等。	吗？体积会发生变化吗？就让我们通过下面的活动来试着对这种现象做出自己的解释吧！ （1）研究重量是否发生变化。 ① 活动。（边说边演示）用天平分别测量染色酒精重量50克，水重量50克，混合后再测量重量

续 表

学生探究“脚手架”	教学过程
称量工具小天平要提前调平衡哟！ 观测量筒时，视线要与量筒内液面的凹面相平，方可读出示数	② 师：前后两次数据比较，你发现了什么？ ③ 学生对比两次数据后进行回答。（把酒精倒进水里后，重量不变。） ④ 教师小结：把液体倒进水里后重量无变化。（板书：重量不变） （2）研究体积是否发生变化。 ① 介绍量筒。同学们这是量液体的量筒，它能准确地量出液体的体积，在读数时我们的视线要与液面在一个水平线上。 ② 活动。（边说边演示）下面我用量筒测量酒精50毫升，水50毫升，再测量混合后的体积。 ③ 师：前后两次数据比较，你又发现了什么？ ④ 学生对比两次数据后进行回答。（把酒精倒进水里后，体积变小。） ⑤ 教师小结：液体倒进水里后体积有变化。（板书：体积变小） **（三）检测导结** 今天我们学习了把液体倒进水里的知识，其实在生活中有很多地方都能用到，只要同学们留心观察身边的事物，就会发现生活中处处都有科学，就会发现更多的科学奥秘

“拆装玩具”课堂实录

【课前活动】

师：我来变个魔术，你们想看吗？

生：想！

师：请同学们看，这是一个铁盖，现在请大家跟我数一、二、三，然后我们一起喊“变”，来“一、二、三，变！”

生：硬币！

师：啊！老师变出硬币了，这些硬币老师送给你，你拿着，拿好了啊！不然它会跑掉的！（再拿来另一个铁盖）和刚才一样，再跟我数一、二、三，然后一起喊“回来”，“一、二、三，回来！”

生：咦！硬币回来了！

师（对刚才拿硬币的学生）：请你把手伸开看看！

生：没有了，我手里的硬币没有了！怎么回事？

师：你觉得是怎么回事？

生：可能是老师拿走了！

师：你们看见我拿走了吗？

生：没有！

师：那是怎么回事？

生：我觉得是刚才的同学给老师打掩护，偷偷给老师了！

师：你们看见了吗？你是我的掩护吗？

生：不是，你们错了！我没有。

生：那到底是怎么回事？

师：想不想知道其中的秘密？

生：当然了！

师：我不说，只要再做一遍，我想聪明的你们一看就会知道了。

（教师再示范一遍）

师：看明白了吗？

生：原来两个里面都有硬币！

生：里面的硬币只有一枚，下面是空的。

师：看来你们都已经弄明白其中的奥密了，其实这只是利用技巧来哄人开心的把戏，只要我们把这些玩具拆开来研究研究，其中的奥密也就很明白地摆在面前了。就让我们把这样的做法带入今天的科学课中来研究我们的科学吧！

（设计意图：兴趣是最好的老师，方法的教育是最科学的教育，在玩中学习一些科学方法是很重要的。这一环节中学生意识到要注意观察，还要多分析，这一点对于学生来说很重要。）

【教学过程】

（一）导入新课

师：大家看这是什么？

生：风铃。

师：请大家再看，（拧动发条使风铃转动）好看吗？

生：好看！

师：这个风铃转动起来像在跳舞，我非常喜欢它，你们的玩具带来了吗？

生：带来了。

师：谁能像我那样把你的玩具介绍给大家呢？

（学生介绍自己的玩具）

生：我的玩具叫不倒翁，它永远不会倒，而且碰到它，还会哈哈大笑。

生：我的机器人不光会走，而且走得很协调，还会说话呢？

……

师：你们的玩具真好，想不想再玩玩你们的玩具？

生：想。

师：好，你们以小组为单位玩玩你们的玩具，边玩边想，看谁发现的问题多。

（设计意图：导入新课就是要激起学生想要研究的兴趣。这一环节中设计了让学生自己介绍自己的玩具，既满足学生要展示自己的欲望，又让所有的学生对彼此的玩具产生了兴趣。）

（二）玩玩具引导学生提出问题

师：你们发现了什么？

生：我想知道飞天仙子为什么能飞那么高？

生：我想知道不倒翁为什么不倒？

师：观察它们的结构你能提出哪些问题？

生：我想知道不倒翁里面有什么？

生：我想如果把飞天仙子的这个杆换成直的，可能就飞不了那么高了。

生：我觉得飞天仙子只要用力就能飞得很高。

师：有了不同的想法，这就需要我们的研究。谁还能提出别的问题？

生：我想知道为什么拍打布娃娃就会唱歌？

生：我想知道篮球模型里面有什么？

生：布娃娃的眼睛亮是怎么回事？

……

（设计意图：提出一个问题比解决一个问题更有价值。让我们的学生从玩具中提出问题，而且是多方面地提出问题。课堂上教师要能抓住关键之处，引导学生从同一事物的多方面提出问题。）

（三）研究玩具

师：你们提出的问题很有研究价值，很值得研究，怎么研究呢？

生：拆开玩具研究。

师：把它们拆开来研究里面的构造和它们各自的功能，发现它们其中的奥秘。在拆的时候你们可能会用到螺丝刀，注意用螺丝刀拧螺丝时，手向着身体方向转是卸开，手向身体外的方向转是拧紧。为了不让玩具的零件丢失，我为你们准备了托盘，你们可以把里面的零件放在托盘里。老师希望你们在研究中要注意安全，爱护玩具，咱们来比一比哪个小组发现的问题多，解决的问题多。

学生进行研究。

（四）交流汇报

师：把你们的发现告诉大家吧！哪个小组先来？其他同学认真听，看谁给他们提的问题最多。如果你们有要补充的也可以站起来说。

生：我们研究的是飞天仙子。我们发现飞天仙子由三个部分构成，杆、一个圆圈、托，杆的形状是螺旋的，圆圈上有三个像螺旋桨一样的板，只要用手一推，圆圈就会飞起来。

生：我来给他补充，我们还发现用手推圆圈的时候，圆圈在杆上已经在转了，我们用力越大，圆圈转得越快，它飞出去的就越高越远。

生：我有个问题，那个托是用来干什么的？

师：你第一个向他们发问，你真是个爱动脑的孩子，我们应该向他学习。

生：这个托是用来推圆圈的，我们用手推它，于是给了它一个力量，圆圈就会借这个力量飞起来。

生：不用这个托不行吗？

生：我们给你演示一下，（生演示）你们看如果不用托的话，推不动它，也就飞不出去了。

生：如果把杆换成直的会怎样？

生：根本不会飞起来。

师（鼓掌）：你们刚才的样子像科学家在辩论，真精彩！我好佩服你们！谁再来？

生：我们研究的是不倒翁。我们发现在不倒翁里面有电池夹、电池、喇叭，这些东西都放在不倒翁里，很重，所以它不会倒。

生：我们小组给他们补充，我们还发现不倒翁的底面是半球形的，球形是不容易倒的，再加上里面有重物所以它不会倒。

生：我们小组还发现装上了电池后，一拍它的屁股就会有笑声，是因为这里面有个板，它和电池、喇叭连在一起，这个板可能录了一些笑的声音，装上电池，有了电就把声音从喇叭里传出来了。

师：这么爱钻研，我看越来越像科学家了。你们刚才发现的这个板叫集成电路板。谁接着来展示？

生：我们组研究的是篮球场模型，我们发现篮球场模型里有很多杆，杆的头上都有凸起的地方，杆和按钮连在一起，杆的下面有一个东西支撑着，只要按按钮，杆的一头就抬起来了，上面放上篮球，就会把篮球弹起来。

生：老师，我明白这个玩具的原理，就好像我们玩过的跷跷板一样，很好玩。

生：我们研究的是布娃娃。我们发现布娃娃的眼睛、喇叭、集成电路板、开关和电池之间用一条线连着，只要碰到开关，就把它们连在了一起，于是眼睛就亮了，也唱歌了。

（**设计意图**：交流是我们现在希望学生们要拥有的一项能力，在这节课中我们看到了学生之间的交流能力。同时也体现了“一英寸宽，一英里深”的理念，学生在交流中能够针对一个问题互相提出不同的观点，并互相回答，形成了浓厚的研讨氛围。）

师：你学的真快，已经认识集成电路板了。好，小组里都已经汇报完了，你们认为哪个小组表现得最棒？

生：我认为2组最棒，他们研究的是飞天仙子，他们不光研究得好，而且回答我们的提问回答得也很好。

生：我同意他的说法。

生：我认为我们小组（篮球场模型小组）研究得很棒，因为我们小组的玩具很复杂，而且还不好研究，但是我们研究出来了，所以我们很棒。

师：好，毛遂自荐，有勇气，而且你们真的很棒！

（学生鼓掌）

师：在短短的时间里，你们发现了很多的问题，而且在交流时能够互相质疑，面对别人的质疑，能够回答得如此好，你们让我敬佩，我为你们的表现而高兴！You are very good！

（设计意图：马克思说："光靠一句赞美的话我就可以活三个月。"由此可见评价对于一个人来说是多么的重要，本节课中教师就重视了多方面的、多元化的评价学生。）

（五）引导学生改装玩具

1. 改装设想

师：玩具给我们带来了无限的乐趣，我们喜欢功能多的、好玩的玩具，你们想不想让你们的玩具变得更好玩？

生：想！

师：那你们就想个办法让它们更好玩吧！

生：我的不倒翁只会笑，我觉得太单调了，我想给它加些别的音乐，让它像八音盒一样。

师：想法不错，老师这儿有一些集成电路板，送给你，祝你成功！我们再来听听其他的想法。

生：我想让飞天仙子飞得更高。

生：我想让不倒翁倒下。

师：这个想法很有创意，你打算怎么做呢？

生：只要把不倒翁里重物的位置改一改就可以了。

师：很会动脑，而且很有信心，我相信你一定成功。

生：我想把我们的不倒翁改成一个会翻跟头的娃娃。

师：你的这个想法很有创意，我也想做，我这儿有一些材料，我们一起完成好吗？

生：好！

师：那现在大家就开始吧！咱们要比比谁改装得花样更多，谁改装得更快！

2. 展示改装作品

师：这个组改装得最快，我们请他们来给大家展示！

生：我们把不倒翁改装成了不倒翁八音盒，你们听它会唱歌（音乐响起）。

生：我觉得比刚才有意思了。

师：刚才地哈哈大笑变成了美妙的音乐，真好。谁再来？

生：我们在飞天仙子的杆上又加了一截，杆变长了，飞得就更高了。（学生展示）我们还把好几个圈都放在这个杆上，用力一推，你们看。（各种颜色的圈向着不同的方向飞去）

生（齐呼）：哇！（并伴有掌声）

师：好漂亮！给它取个名字吧！

生：它叫天女散花。

师：好名字！文采还很好嘛！

生：我们做的是会翻跟头的娃娃。你们看看。（学生展示）

生：真有意思！它应该叫功夫女，一连翻这么多的跟头。

生：我们把不倒翁的重物放在这里，你们看，不倒翁倒了，它在睡觉，我给它取了个名字叫爱睡觉的老爷爷。把重物放在头顶上，你们看它就成了爱运动的爷爷了。

师：真是满堂彩，你们都太棒了！（竖起大拇指）现在你们就交换玩具玩，让别人分享你们的创造成果吧！

（设计意图：这个环节的设计符合了学生的认知规律，在学生玩了、看了、研究了之后，学生将要进行更深层次的研究，如何让我的玩具具有那种特点，这里教师就设计了这样的环节，学生充分发挥自己的才能，将自己的玩具改装得更好玩。）

3. 学生交换玩具玩

（略）

（六）总结

师：今天和你们一起玩了一次玩具，你们把我带回到了小时候，我又一次地感受到了儿时的快乐，谢谢你们！再见！

“摩擦力的秘密”教学设计

【教学目标】

（1）能够从日常生活中发现有关摩擦、摩擦力的现象。

（2）能够做研究摩擦力大小与哪些因素有关的实验。

（3）能够设计增大或减小摩擦力的实验。

【知识与技能】

（1）知道摩擦现象产生的条件，了解什么是摩擦现象。

（2）了解摩擦力的大小既与压力的大小有关，也与物体接触面的光滑程度有关。

（3）知道增大或减小摩擦力的方法。

【情感态度与价值观】

（1）对探究日常生活中的摩擦现象感兴趣。

（2）意识到摩擦力既能给人们带来好处，也存在着负面影响。

【教学重难点】

本课教学重难点在于对摩擦力的理解和摩擦力大小与有关因素关系的实验研究。

【教学过程】

（一）情境导入

师：同学们，中央电视台经济频道有一档栏目，叫作《分秒必争》，你看过吗？

想不想也来体验一下？游戏的名称是“筷乐玻璃球”。游戏规则：本游戏要求选手在30秒内用筷子将玻璃球夹到桌子另一端的小盘中，放入10个即可获胜，谁想来挑战。

师：挑战即将开始：3、2、1开始。

学生进行挑战。

师：停。咱们来听听挑战者的感受。

生：太滑了。

师：筷子遭遇玻璃球，筷子一定也是一脸的无奈，能不能想个办法解决这个难题呢？

学生想办法。

师：老师这儿就有一个这样的东西，你放上试试，准备好了吗？欢迎你再次接受挑战。

让我们一起来见证。祝贺你，请你分析一下这次成功的秘诀。

师：你知道什么叫摩擦力吗？（学生谈论）

（二）感受摩擦力

（1）请同学们双手合起来搓一搓，由慢到快，然后将双手放在桌面上，由后向前推，力度由轻到重。

师：你有什么感受，和大家共同分享好吗？

生：摩擦生热。

（2）感觉有一种阻碍物体运动的力（如果我们手运动的方向是向前，那刚才你感受到的力是向后）。

师：当一个物体在另一个物体表面运动时，在两个物体的接触面上，会产生一种阻碍物体运动的力，这种力叫摩擦力。

和学生共同交流：运动、接触面上、阻碍运动的力。

（3）寻找生活中的摩擦力。

师：生活中，你在哪儿感受过摩擦力？

生：推箱子、擦桌子、走路。

师：什么与什么之间产生的摩擦力？人在游泳时，会不会产生摩擦力呢？飞速疾驰的汽车会产生哪些摩擦力？

师：物体穿过液体或空气时也会产生摩擦力，科学上将它称为阻力。

（三）确立研究主题

师：刚才的游戏中谁与谁之间产生了摩擦力？

生：筷子和玻璃球，布和玻璃球。

师：两次的摩擦力一样大吗？

生：不一样。

师：是啊，摩擦力有大有小，那你认为摩擦力的大小与哪些因素有关系呢？

师：接触面光滑、物体重量、接触面大小、速度。（板书）

现在请小组选择一个因素作为研究主题，并商议应该如果研究。

师：你们选择的是哪一种因素。

师：你们打算怎么研究？

师：突出对比实验控制变量。

师：怎么来比较力的大小呢？

生：用测力计。

师：大家以小组为单位合作研究，将实验数据记录在记录表中。

（四）学生研究汇报交流

（1）学生研究。

（2）汇报交流。

大家研究得很认真，记录得很仔细，我们来交流一下研究成果吧！谁先来？在这个组展示成果时，其他同学应该怎么做？（倾听）如果有不同的意见，等他们说完，可以向他们质疑。

（五）生活中的应用

去年春节，火车一票难求？很多农民工选择骑摩托车回家，而临近春节，全国各地下起了大雪，这给他们带来了难题，路滑不好走，尤其在下坡时，更是举步维艰，你能帮他们想个办法吗？

学生想办法。

（六）研究如何减小物体在水中的阻力

（1）老师这儿还有个小游戏，还想挑战吗？

游戏规则：改变橡皮泥在液体中自由下落的速度，看谁能让橡皮泥下降的速度最快！

（2）学生分组做。

（3）比赛，分析原因。（流线型能够比较有利于减小物体在水中的阻力）

（七）总结

今天，通过研究我们认识了摩擦力，并研究了影响摩擦力大小的因素，希望同学们做个有心人，留心观察生活中的摩擦力，并试图用你所学知识改变它！

“认识固体”教学设计

（第一课时）

【教学目标】

（1）运用多种感官和借助工具进行观察。用语言、文字、图表交流观察结果。

（2）知道固体在颜色、形状、软硬、透明度等方面的性质。

（3）通过研究，提高学生动手操作能力、增强学生小组合作意识，激发学生深入探究、解决问题的能力。

【教学准备】

学生分组实验材料：石头、海绵、玻璃、橡皮、布、沙子、水、醋、面粉、玻璃棒、烧杯、药勺、放大镜。

【教学过程】

表1　教学过程概览

学生探究“脚手架”	教学过程
提醒要求： （1）小组不能争抢，要轻拿轻放。 （2）分好后赶快坐端正。	**（一）实物演示，随机导入** 1. 演示 师：我手上有两个烧杯，这杯是水，它是什么状态？另外一杯是冰，它又是什么状态？谁来说说看。（学生观察汇报） 师：你观察得很仔细，水是液体，冰是固体。 2. 分类 师：老师给每组准备了一些材料，你们能不能把这些物品按照固体和液体来分类，如果在分的过程中有不确定，你可以把它放在一边。

续 表

学生探究“脚手架”	教学过程
小组分工要明确： 分类： 记录： 汇报： 补充：	材料：水、醋、岩石、海绵、布、玻璃、牙膏、沙子。 学生分组把物品分类。小组汇报。 师：谁来说说哪些物品是固体，哪些物品是液体呢？ 师：有的同学认为牙膏是液体，有的同学认为牙膏是固体。到底是怎么一回事呢？老师先不做判断，我再请同学们看老师手里的东西。这是什么？面粉团。捏来捏去的挤出来和牙膏很相似吧，它是怎么做出来的？ 生：面粉和水搅拌的。 师：那我们就一起来做做面团好吗？
注意要不停地搅拌，直到搅不动为止。小组分工，合作好。 怎样保持好卫生呢？	3. 面粉团实验：往水里加面粉 教师巡视指导。 学生小结：我们和面的时候把水里加入一些面粉，成了糊状，面糊是液体和固体的混合；牙膏和面团相似，所以我们说牙膏既不是固体也不是液体，而是液体和固体的混合。 今天我们这节课就要一起来“认识固体”（板书）。 **（二）小组合作，快乐探究** 师：我们的周围有许许多多的固体，你们想不想亲自动手研究固体的性质呢？
方法是探究成功的前提，想一想，在探究水的特点时我们运用了哪些方法？ 提示： （1）用眼睛看________。 （2）用鼻子闻________。 （3）用手摸________。 （4）用耳朵听________。 （5）用嘴尝________。 （6）____________？	师：现在，我们就一起来共同研究剩下这些固体。（岩石、海绵、布、玻璃、沙子）你想用什么方法研究固体的性质呢？比比看哪个小组想到的方法多。 师：运用多种感官观察固体的时候要注意什么？ 生：不能用嘴品尝。 师：大家刚才的想法都非常棒，学会了运用各种感官，还要借用各种工具来观察物体，你想用到哪些工具？（教师准备放大镜、小锤子）请大家在观察的时候一定要注意安全。 师：我们不仅要会观察，还要学会把自己的观察结果记录下来，方便和大家来交流。需要同学填写观察记录，谁来说说你想怎样填写这张表格呢？ 生：根据固体的性质把研究的结果填写在表格当中。
同学们，自己的探究结果要善于记录和总结。请随时记录小组的探究成果。	师：填写表格时，可以用关键字来描述，也可用简单的画来记录。现在同学们就可以分组开始动手研究了。比一比哪个组研究的项目多。 动手研究之前，教师提出几点要求： 学生小组探究，填写活动记录表。 （教师巡视指导，给需要帮助的小组提供建议或工具。）

续 表

学生探究“脚手架”	教学过程
动手前，同学们思考这些问题：这样实验安全吗？怎样做不损坏实验材料？怎样才能不影响其他组的研究？我们小组的分工是否明确合理？怎样让我们的记录更生动、更直观、更准确？	学生汇报交流研究结果。 师：哪个小组愿意把你们组的研究成果来和大家一同分享呢？善于倾听的人才是会学习的人。 记录表放实物投影上，汇报交流。 （1）我们小组根据固体的轻重分类，海绵、布比较轻，石头、玻璃、沙比较重；我们小组还根据颜色分类，把绿颜色的布放一类，沙放一类；白颜色的石头、海绵、玻璃放一类。 （2）我们小组根据透明程度分类，玻璃是透明的分一类，其他固体不透明分一类；我们小组还根据固体是否易碎分类，玻璃易碎分一类，其他固体不易打碎分一类。
交流分享是一件快乐的事情，想想怎样让自己的交流更清晰，更明白？如何倾听别人的发言？怎样给他人提出合理化建议？	（3）我们小组根据用火能否燃烧进行分类，布、海绵会燃烧放一类；石头、沙子、玻璃不易燃烧放一类。 （4）我们还发现玻璃、石头、沙子掉在地上发出声音，而海绵、布掉在地上没有声音。 （5）我们小组发现石头、沙子、玻璃很硬，布、海绵摸起来软软的。 **（三）学以致用，快乐归纳** 固体究竟有什么共同的特征？可以和小组成员一起讨论讨论。 师：现在我们知道了固体的共同特征就是有一定的形状和体积。那么我们用这个标准来检验一下我们开始时解决不了的问题，沙子会流动是固体吗？请大家把袋中的沙子倒出来观察一下，可以借助放大镜。谁来发表一下自己的意见？
知识运用到生活中才有意义，实践是检验对错的标准。用你们的结论去判断物体的状态吧！	学生争论得出：水没有形状，沙子捻在手里小小的、圆圆的，所以水是液体，沙子是固体。水滑滑的，捏不住，水是液体。沙子摸起来硬硬的，是一个个小颗粒，沙子是固体。 师：生活中还有哪些这样的固体？ **（四）课堂延伸，拓展升华** （1）米是什么？沙子是什么？把它们混合之后会有什么变化呢？ 学生猜测。 （2）是不是这样呢？下节课老师和大家一起研究这个问题

“认识液体”教学设计

【教学目标】

（1）知道常见液体在颜色、形状、味道、气味、透明度、轻重、黏稠度、表面张力等方面是不同的。

（2）能够利用感觉器官，观察比较，认识常见液体颜色、味道、气味等特点。

（3）能够用实验的方法观察、分析比较，认识常见液体的轻重、黏稠度等特点。

【教学准备】

水、牛奶、蜂蜜、食用油、滴管、量杯、实验记录卡等。

【教学过程】

表1 教学过程概览

学生探究“脚手架”	教学过程
	（一）谜语导入 同学们，今天老师给大家带来了一个谜语，看哪位同学能最先猜到。用手抓不到，用刀劈不开，做饭洗衣服，我们离不了。 水是什么状态的物体呢？（板书：液体） 液体在我们生活中随处可见，谁来说一下你知道的液体还有哪些？ 今天我们就一起来认识液体。（板书：认识液体） **（二）学习探究**
认识液体可以靠多种感官，注意不认识的液体不能随便用嘴巴尝哟！在闻液体时，用手在容器上方轻轻扇动。	1. 借助感官认识液体的性质 （1）今天老师给大家带来了四种液体，分别装在小烧杯里，但不知道它们是什么液体，你想用什么方法来辨认它们呢？ 同学们利用你们想到的方法进行研究，老师还给大家准备了一张小科学家探究表，大家一边研究这四种液体，一边填写表格

续 表

学生探究“脚手架”	教学过程
想想怎样让自己的交流更清晰，更明白？如何倾听别人的发言？怎样给他人提出合理化建议？	（2）学生活动。 （3）汇报交流。 师：谁来说一下这四种液体分别是什么？它们各有哪些性质呢？ 师：通过刚才的研究你认为液体的共同性质是什么呢？ 师总结：液体的共同性质是没有固定的形状，能够流动。 2. 利用实验认识液体的其他性质 师：认识液体除了用刚才的研究方法，还有许多方法。下面要进行两场比赛，同学们都是裁判，不过你们要研究比赛的方法，使比赛做到公平公正。第一项比赛是液体比重量；第二项比赛是液体赛跑比赛。同学们现在小组讨论比赛的方法，想一想你们还需要哪些比赛材料。 小组先讨论。 课件出示： （1）在做“比较三种液体重量”的比赛时要注意些什么？
同学们要学会使用测量工具，比如量筒、烧杯等。	（2）在做液体流动快慢的比赛时我们应注意什么呢？ 学生讨论、交流： （1）在做“比较三种液体重量”的比赛时要注意些什么？
称量工具小天平要提前调平衡哟！	师：谁能预测一下相同体积的这几种液体的轻重呢？ （2）在做液体流动快慢的比赛时我们应注意什么呢？ 师：你认为哪种液体流得比较快，哪种液体流得比较慢呢？为什么这样认为？
需要倒一样多的液体去比较，怎样才能做到一样多呢？	师：通过研究同学们对比赛有了一个充分的准备，并且对比赛的现象和结果有了一个预测，下面同学们开始实验。注意填写实验报告。
要滴在同一条线上哟！ 还要保证同时出发哟！	学生活动，教师巡视指导。
小组分工要明确： 分类： 记录： 汇报： 补充：	学生汇报发现。 师：同学们刚才研究得很认真，现在谁来汇报一下你们的发现。 （1）哪种液体比较重，有什么发现？ （2）哪种液体流得比较快，说明了什么？ 师：同学们看，这是一张蜡纸，把不同液体滴在蜡纸上，有什么
是一种力把它们紧紧地聚集在一起，这种力就是表面张力。液体都有表面张力，不同的液体表面张力的大小不同。	现象发生。（发现形成小水珠）这说明什么呢？ 3. 小游戏——想挑战吗 师：把五分钱的硬币放在水中，硬币不下沉则挑战成功！ 哪位同学想上来挑战！其他同学可为他们支招！

续表

学生探究“脚手架”	教学过程
	4. 课堂总结 其实研究液体的性质还有很多的方法，要想全面地认识一个事物，就需要用多种多样的方法。希望同学们在以后学习中，充分动脑，利用各种方法去研究科学

“声音的产生”教学设计

【教学目标】

（1）通过收集资料、实验、讨论，探究声音产生的过程，发现“声音是由物体的振动产生的”。

（2）引导学生经历科学探究的过程，能够提出问题并通过思考设计研究方案；采用多种方法，利用教师和自己准备的发声材料验证声音的产生，培养学生的动手能力和实验能力。

（3）学生通过观察、操作、探索、交流等多种形式的活动，获得直观经验，培养学生对科学探究的无穷兴趣，让学生在积极参与合作活动中学会相互配合、相互尊重。

【教学重难点】

学生通过探究活动，理解声音是由物体的振动产生的，培养学生的观察实验能力、分析概括能力和创新能力。

【教学环境】

简易多媒体教学环境。

【信息技术应用思路】

（1）微视频：课前让学生观看后，根据视频中的研究指导，学生自行进行研究并做好记录，以便上课交流。

（2）PPT课件：上课伊始，利用一首古诗引导学生产生问题：声音到底是从哪里来的？

在学生利用课前研究的基础上，引导学生对声音的产生进行更加深入的研究。

【教学过程】

表1　教学过程概览

<table>
<tr><th>教学环节</th><th>教师活动</th><th>学生活动</th><th>信息技术支持（资源、方法、手段等）</th></tr>
<tr><td>（一）古诗引入，生成问题</td><td>（1）请同学们朗读这首诗，说说你对它的理解。
琴诗
苏轼
若言琴上有琴声，放在匣中何不鸣？
若言声在指头上，何不于君指上听？
（2）提问：这是在描述什么呢？
师生交流后小结：声音是从哪里来的？
（3）引入课题：刚才的诗中，诗人在思考的问题是关于什么？今天就一起来研究这个问题。（声音的产生）</td><td>学生朗读苏轼的这首诗，交流对这首诗的理解。
（如果琴上有优美的琴声的话，那么为什么放在匣子里的时候没有声音呢？
如果声音是由手指发出的话，那么为什么不在手指上听呢？）</td><td>PPT展示苏轼的《琴诗》</td></tr>
<tr><td>（二）研究声音的产生</td><td>1. 了解物体发声的方法
（1）师：课前，布置同学们在家里选择一种物体，想办法发出声音。谁先来说一说，你用什么方法让哪种物体发出了声音？
<table><tr><th>研究的物体</th><th>听到的</th><th>看到的</th><th>其他感官的感觉</th></tr><tr><td></td><td></td><td></td><td></td></tr><tr><td></td><td></td><td></td><td></td></tr><tr><td></td><td></td><td></td><td></td></tr></table></td><td>学生交流：
1. 用什么方式让物体发声的？
2. 发声前后有什么不一样？你观察到了什么现象？有什么共同点？</td><td>课前，同学们观看微视频，根据方法指导进行课前研究。上课交流</td></tr>
</table>

续 表

<table>
<tr><th>教学环节</th><th>教师活动</th><th>学生活动</th><th>信息技术支持（资源、方法、手段等）</th></tr>
<tr><td></td><td>（2）教师根据学生交流板书物体的发声方法。（如捏、揉、摩擦、吹……）
（3）教师引导学生小结：大家认为这些物体在发声时都发生了变化。有的物体的变化比较明显，有的变化不是很明显。</td><td>学生以小组为单位介绍。</td><td></td></tr>
<tr><td>（二）研究声音的产生</td><td>2. 放大物体发声时的变化
（1）师：刚才同学们交流了课下探究的内容，大家都发现在物体发出声音时，看到或者感受到物体在动。有些物体的振动好像不是很明显，你们能不能想个办法，把振动放大，看得更清楚。请大家认真研究材料，利用桌上的材料让物体的振动变得更加清楚，并把你看到的它在发声时的变化画下来。
<table><tr><th>发声物体</th><th>放大振动的方法</th><th>现象</th></tr><tr><td></td><td></td><td></td></tr><tr><td></td><td></td><td></td></tr><tr><td></td><td></td><td></td></tr></table>（2）引导学生在交流的过程中，汇报出以下几个方面：①物体是否发声，发声时的变化。②利用哪种材料看清了物体发声时的振动。
（3）学生汇报，教师板书：摆动、晃动……
（4）师生小结：物体在发出声音时都在振动。
（5）理解振动。
（6）小结：声音是由物体振动产生的</td><td>小组内实验，研究让物体发声，利用其他材料放大物体发声时的振动。认真观察物体在发出声音时的变化。
小组交流实验现象。
学生用实验记录解释振动</td><td></td></tr>
</table>

续表

教学环节	教师活动	学生活动	信息技术支持（资源、方法、手段等）
（三）研究物体的振动与声音的大小	（1）教师出示扬声器，将豆粒放在扬声器上，播放音乐，你会看到什么？	学生根据看到的现象，小组讨论其中的原因	
（三）研究物体的振动与声音的大小	 （2）调整声音的大小，观察豆粒的跳动，你会有什么发现？ （3）其他的物体是不是也有这样的特点呢？请你们自己设计实验来研究一下，把发现记录下来	小组内设计实验：观察当改变声音大小时，物体的振动也会发生改变	播放视频，学生观看
（四）怎么让声音停止	师：如果想让声音停下来，应该怎么办呢	学生想办法让声音停下来	
（五）激趣设疑，课后拓展	师：老师这儿有三个节拍器，当把它们分别打开，开始打节拍，大家发现了什么？（节奏不一致） 现在我把它们同时放在一块木板上，木板放在两瓶可乐上，大家再来听。 师：你产生新的问题了吗？ 请大家课下和同学们一起研究	学生根据现象回答。 对比两次的声音，交流。 学生根据现象提出问题	
（六）板书设计	声音的产生 捏 吹 揉 摩擦 …… 振动 → 声音		

“声音的产生”实验记录单

物体的发声方法实验记录单

研究的物体	听到的	看到的	其他感官的感觉

声音产生原因实验记录单

发声物体	发声时的变化（画下过程）	改变声音的大小时，物体的变化
我的结论		

自主学习任务单：

“声音的产生”学案

学校：________ 班级：________ 姓名：________

一、生活探究

周末早上，“讨厌”的闹铃又响了。小明想睡会懒觉，你能让声音变小或者关掉吗？请说明你的理由。

这些物体在发声时，
有什么共同现象？
你可以这样思考：闹铃的
声音是怎么产生的？怎么
才能让声音停止？

二、课前探究

阅读教材，仿照课本实验做如下探究性实验。

让身边的物体发出声音

物体名称	发声方法	发声前的状态	发声时的状态
食品保鲜袋	揉		
手			

请你边观察边思考：

（1）你是用什么方式让物体发出声音的？

（2）物体发声前后有什么不同？

（3）发声时，有什么共同点？

按照以下方法进行探究，仔细观察现象，思考你刚刚的推测是否正确。

探寻声音产生的原因

发声物体	发声方法	现象	我的结论
直尺	一只手压住尺子，另一只手弹拨		
皮筋	把皮筋套在空盒子上，拨动橡皮筋		
饮料瓶	对着瓶口吹气		
喉咙	手放在喉咙处，发出声音		

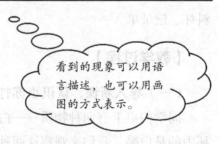

看到的现象可以用语言描述，也可以用画图的方式表示。

“白醋和小苏打”教学设计

【教学目标】

（1）通过观察小苏打和白醋放在一起的现象，知道小苏打遇到白醋会产生气泡，白醋遇到小苏打也会产生气泡。

（2）观察加入等量的小苏打与白醋产生的现象，对气泡的变化做出合理的解释。

（3）通过交流，认识到小苏打遇到白醋产生的气泡是一种其他、无色透明的液体，并不是原来的白醋，而是一种新的物质。

（4）经历科学探究的过程，产生进一步探究物质变化的兴趣。

【教学重难点】

观察加入等量的小苏打与白醋产生的现象，对气泡的变化做出合理的解释，并通过交流，认识到小苏打遇到白醋产生的气泡是一种其他、无色透明的液体，并不是原来的白醋，而是一种新的物质。

【教学准备】

小苏打、白醋、水、小苏打溶液、药匙、试管（小烧杯）、彩色卡纸、塑料杯、记录单。

【教学过程】

（一）导入新课，认识小苏打和白醋的特点

同学们桌上有两种物质——白醋和小苏打，卡纸上的是小苏打，透明塑料杯中的是白醋。我们来观察这两种物质，注意不能用品尝的方法，如果要闻液体的气味用扇闻的方法。一分钟观察，开始。

汇报交流观察发现：

师：小苏打和白醋分别有什么特点？

引导学生说出白醋：酸、无色透明液体；小苏打：固体、没有味道。

（二）探究小苏打和白醋混合后的变化

1. 观察小苏打倒入白醋后的变化

师：如果把这两种物质放在一起会怎么样呢？大家在小组内试一试，把卡纸折一折，把小苏打倒入白醋中，发现现象后，立刻停下来。

学生活动。

交流：我们发现白醋冒泡了。

引导学生说出是气体，可以类比到雪碧、可乐饮料或者泡腾片等。

教师总结：我们可以给它们再增加一个特点，即小苏打遇到白醋就会产生气泡。

2. 学会利用这一特点辨别液体

师：我这里有两杯透明的液体，一杯是水，一杯是白醋，不能闻，也不能尝，你能辨别出它们吗？

学生想办法，加入小苏打，引导学生把话说完整，比如，在里面分别加小苏打，如果冒泡，它就是白醋。

师操作，白醋中加入小苏打，出现了气泡。水中加入小苏打，溶解后，没有变化。小苏打去哪里了？

生：溶解到水里去了。

师：你们的意思是小苏打仍然是小苏打，是吧？怎么能证明里面仍然有小苏打，没有变成新的物质呢？

生：再往杯子中加入白醋，如果冒气泡，就说明是小苏打溶液。

教师操作，学生观察并判断。

师：这说明刚才把小苏打放入水中，并没有产生新的物质，只是什么发生了改变？

生：形态。

（板书：小苏打+水→形态改变，没有产生新的物质）

师：看来只要小苏打和白醋在一起就会产生气泡。那么这杯液体中还有白醋吗？你有办法知道吗？

生：再加入小苏打。

师：如果？

生：如果再冒泡就说明还有白醋。

师：要不要来试试？

师：请大家注意听，我给每组一小杯小苏打，每次往白醋中加入一药匙，轻轻晃动杯子，认真观察，等杯中不再冒气泡时，再放入第二匙，共放三次。接下来再往里加白醋，方法跟刚刚一样，也是分别放三次。做实验时，要一边观察一边记录，请同学们认真查看记录单。

学生活动并做记录。

汇报交流：

（1）加入小苏打，第一次气泡多，气味比较浓；第二次气泡少，酸味很淡了；最后一次气泡很少，基本没有，酸味也基本没有了。

（2）加入白醋，第一次气泡多，气味比较浓；第二次气泡少，酸味很淡了；最后一次气泡很少，基本没有，酸味也基本没有了。

（3）最后的液体还是白醋吗？为什么？是一种新的物质。（板书：新的物质）

总结：通过刚才的研究，我们发现，小苏打跟不同的物质混合产生的现象是不同的。谁来总结一下。

学生复述。

师：像这种产生新物质的变化，叫作化学变化。而没有产生新物质的变化叫作物理变化。（出示幻灯片）请同学们自己读一读，看能不能理解。

（三）应用练习

以小组为单位讨论以下现象属于哪种变化，并说明理由。

（1）生鸡蛋变成熟鸡蛋。

（2）面粉和成面团。

（3）面粉做成馒头。

（4）钢水变成钢锭。

（5）树叶颜色的变化。

（四）拓展延伸

老师收到学生给我的一封信，可是打开后却是一张白纸，很纳闷。你能帮我找到信的内容吗？

看老师的绝妙办法。点燃蜡烛，字迹出现。解密：这些字是用柠檬汁写的。科学就是这么神奇，请同学们课下也去试试看，感受一下这神奇科学给我们带来的乐趣。

“折形状”教学设计

【教学目标】

1. 知识与技能

（1）知道复杂形状是由简单形状构成，认识一些简单形状。

（2）知道改变物体形状，承受力大小也会改变。

（3）了解一些不易变形物体的承受力。

（4）知道改变形状，以增大承受力的方法应用很广泛。

2. 过程与方法

（1）能够识别复杂形状由哪些基本形状构成。

（2）能够将自然界的生物形状与人使用的物品进行形状比较。

（3）能够开展实验，探究物体形状与承受力大小之间的关系。

3. 情感态度与价值观

（1）欣赏自然界生物奇妙的形状和结构，感叹它给人们带来的启示。

（2）体验与人合作完成任务的乐趣。

（3）意识到科学技术在解决生产、生活问题中的作用。

【教学重难点】

（1）探究物体形状和承受力大小的关系。

（2）使蛋壳的切口尽量平直。

【教学过程】

第一部分

（1）同学们，这节课我们一起来学习第二单元的第一课“折形状”（板书课题）。

（2）课前，同学们已经通过观看微视频了解了构成物体的基本形状以及纸的承受力的相关知识。现在，请大家先在小组内交流一下，稍后请各小组进行展示。注意，在交流的过程中你们不仅要交流自己的学习成果，还要确定展示时的分工，谁来操作、谁来解说、谁来画图。大家听明白了吗？

给大家5分钟的时间，现在开始交流。

（3）时间到！我们按照任务单上的顺序进行展示。在展示的过程中其他同学一定要认真听、仔细看。

第一个问题：构成物体的基本形状有哪些？哪个小组先来？

构成物体的基本形状有锥，包括圆锥和棱锥；台，包括圆台和棱台；柱，包括圆柱和棱柱，以及球这四种，而且这些形状又可以被切成一半或更小些，用来组成其他形状。

其他同学有没有要补充的？好，他们的分工非常明确，介绍得也很全面。我们掌声鼓励一下，感谢他们带来的精彩展示。

（4）通过他们的展示，我们知道了构成物体的基本形状有锥、台、柱和球。我们生活中很多的物品和建筑都是这些形状的组合，接下来我们看几张图片，一起来判断一下，它们是由哪些形状构成的。

好的，看来同学们对构成物体的基本形状这个知识点已经掌握得很不错了。

第二部分

（1）大家看图中这四座建筑，它们在形状上有什么共同点？

都是柱形的。

那么，设计成这样有什么好处呢？谁来说说看！

可以承受更大的力。

（2）我们再回到这张图，大家看这两种柱形又有哪些不同点呢？

横截面的形状不同，一个是圆形的，另一个是四边形的。

你们觉得这两种柱形它们的承受力一样吗？（不一样）

既然不一样，那么哪一种纸筒承受力大呢？我们通过一个模拟实验来检验一下！

（3）这个实验怎么做呢？我们把A4纸折成横截面是圆形和四边形的纸

筒，然后把书本放在纸筒的上面，检测它可以承载多少本书。那么，除了这两种形状之外我们还能把纸筒的横截面做成什么形状呢？

三角形、正方形、五边形、六边形等。

第三部分

（1）我们这次只选择四种横截面的形状来进行研究，分别是圆、六边形、四边形和三角形。接下来请各个小组分别制作这四种形状的纸筒。

为了保证后续实验的公平性，你们做的纸筒高度必须一致，上下两边要平，用双面胶带把缝隙粘牢固，不可以凸起或留缝。组长可以分下工，每个人做一种。给大家五分钟的时间，开始制作。

（2）时间到，请把你们制作的纸筒放在桌子的中间。

下面我们就实际操作一下，看看到底哪种纸筒承受力强。在开始实验之前大家想一想，做这个实验我们应该注意些什么呢？

总结一下。

（3）最先完成实验的四个小组的代表请把你们的测试结果写在大屏幕上，并思考一下通过这个实验我们可以得出什么结论。

（4）下面我们就开始动手操作。

（5）哪个小组可以来展示下？通过这个实验你们得出了什么结论？

把薄的材料用不同的方式折叠或弯曲，可以提高材料的承受力。折叠或弯曲的形状不同，其承受力也是不同的。

圆柱形纸筒承受力最大，棱柱横截面边的数量越多承受力越大。

谢谢你们，总结得非常棒。

（6）大家思考，为什么圆柱形的纸筒承受力最大呢？

谁能试着分析一下？

圆柱形纸筒承受力最大，因为它没有角，任何加在上面的重量都会均匀地分散开来。所以圆筒的每一点承受力并不大，整体能承受很大的力。

（7）最后是一个小拓展，大家看下面这些物体，想一想为什么要这样设计。

同学们，学习科学就应该善于发现问题，积极探究问题。相信随着学习的不断深入，你会学到更多的知识，也能够解决更多生活中的问题。这节课就上到这里，下课！

【教学反思】

本课以把纸折成不同形状为例，研究它们的承受力，引导学生发现形状与材料的承受力有关。从而向学生渗透浅显的材料科学知识，为学生解释生活中的各种现象和为本单元以后几课的学习打下基础。同时通过本课的学习，初步训练学生能对常见事物的本质属性进行抽象概括，并形成科学概念的能力。

本课的教学重点是：探究物体形状和承受力大小之间的关系。我的教学是从如何解决一张纸承受科学书入手，调动学生学习的积极性。教师先给学生提供一些形状，让学生用图画纸折出三角形、方形、圆柱形等形状的纸筒，先预测在竖立的纸筒上可以放多少本书，再实测，让学生自主地进行观察、实验、探究分析、归纳总结，从而发现折成不同形状的纸筒，承受力的大小也不同，从中体会物体形状和承受力的关系，使学生养成科学的理性思维习惯，掌握自主学习以及协作学习的方法。接着指导学生进一步观察身边的各种各样的物体，明白哪些地方应用了前面所学的科学道理，引导学生把课堂的学习与社会实际结合起来，使学生大开眼界，从而培养他们爱科学、学科学的兴趣，以及关心他人、关心社会的意识。

教学中还利用看似普通的蛋壳试验，让学生发现它们的承受力非常大，简直令人难以置信，进一步体会物体形状和承受力的关系。

总之，通过本节课的教学使我再次强烈地感受到了科学课的魅力，它与我们的生活密切相连，看似平凡，却常常给人以惊喜。

生命科学

“关节”教学设计

【教学目标】

1. 科学知识目标

（1）认识关节，知道肩关节、肘关节、腕关节、髋关节、膝关节、踝关节六大关节的名称。

（2）了解所在位置及其作用。

（3）了解关节的运动方式。

（4）了解关节的卫生保健知识。

2. 探究能力目标

能根据关节的运动画出关节的运动路线。

3. 情感态度与价值观目标

能积极参与探究关节的活动，愿意与小组同学共同合作探究，乐于用所获得的关节知识进行自我保健。

【教学重难点】

认识关节的运动方式。

【教学准备】

即时贴、关节名称卡片、课件。

【教学过程】

（一）引导学生通过活动身体，寻找关节

1. 谈话提问，导入新课

同学们，我们知道生命在于运动，运动可以让我们的身体更灵活，还可以提高我们的身体素质。你们喜欢哪些运动项目呢，谁来说一说？

学生汇报，交流自己喜欢的运动项目。

2. 运动展示，观察关节

（1）运动展示，提出观察重点。一名学生到台前来展示运动项目，其他学生观察该同学身体的哪些部位能够自由地屈伸或旋转。

表演完毕，学生把手中的即时贴贴在该同学能够自由屈伸或旋转的部位。

（2）分析总结，形成初步认识。分析即时贴贴在了哪些部位。

师生共同交流，根据生活经验引出关节名称。

（二）认识关节

1. 摸一摸，认识活动关节的结构

（1）提出活动要求：摸一摸这些部位，思考一下这些部位在结构上有什么特点。

学生交流。

小结：骨与骨相连接的地方叫作关节。

（2）认识更多的关节。指出关节的位置并说出关节名称。

（3）认识固定关节。出示头骨图片提问：这里有关节吗？

小结：像这样不能活动的关节叫作固定关节。

2. 看一看，感知褶皱的作用

（1）观察分析关节处的褶皱。引导学生仔细观察关节处的皮肤与其他部位的皮肤有什么不同。

（引导学生发现，很多关节的皮肤上面有褶皱）

（2）体验活动，感受褶皱使关节屈伸更自如。

思考：为什么会有些褶皱呢？

体验活动：把指关节的褶皱拉平，然后再试着动一动指关节。

学生汇报，交流感受。

小结：褶皱便于关节的屈伸。

3. 画一画关节运动路线

（1）师生合作，画一画肘关节的运动路线。

活动一下肘关节，看看它是怎么运动的。

教师和学生一起画出肘关节的运动路线。

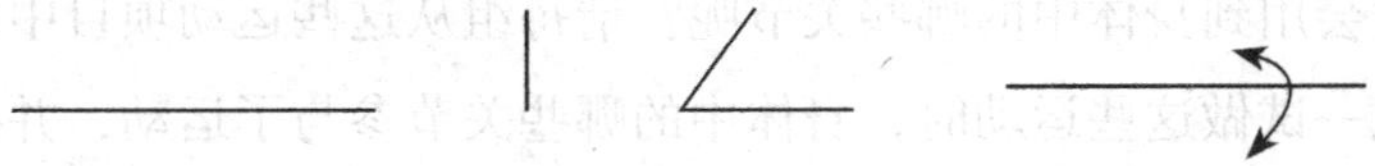

（2）小组活动，选择一处关节将它们的运动路线画下来。

（3）汇报交流，认识关节的运动方式。

① 以小组为单位汇报关节的运动路线。

肩关节的运动路线：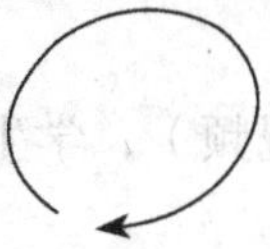

肩关节能做圆周运动。

膝关节的运动路线：

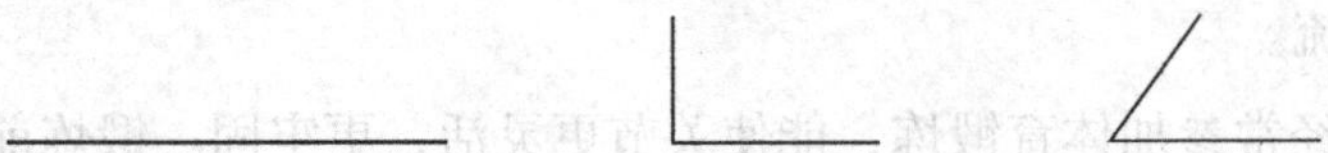

指关节在做屈伸运动。

肘关节的运动路线：肘关节既能做屈伸运动又能做旋转运动。

② 分析这些关节的运动路线你发现了什么？

学生汇报交流。

小结：关节的运动方式不同，有些关节的运动很相似。

③ 出示肩关节、髋关节、腕关节、踝关节的结构图：仔细观察这四幅图，

你们会发现什么？

学生交流。

小结：相连接的骨，一端是窝状，另一端是球状，才能做圆周运动。

（三）关节的作用及保护

1. 关节的作用

（1）提问：关节有什么作用？

学生交流。

（2）活动体验，认识关节的作用。

运动时会用到身体中的哪些关节呢？请每组从这些运动项目中选择一项进行研究，试一试做这些运动时，身体中的哪些关节参与了运动，并把结果记录下来。

小组合作研究，汇报交流。

小结：看上去很简单的动作，却有那么多关节参与，正是由于多个关节协调合作，我们才能够完成各种各样的动作。

2. 保护关节

播放两段视频（播放关节炎、脱臼的视频），学生观看。

（1）通过看这两段视频你了解到什么？

（2）你还知道哪些关节受伤的现象吗？这样的情况下，人会有什么感受？

师生交流。

（3）我们应当怎么保护关节呢？

师生交流。

小结：经常参加体育锻炼，能使关节更灵活，更牢固。锻炼前要做准备活动，做好必要的防护，锻炼时不要用力过猛。

下课。

板书设计：

"关节"教学设计

肩关节
髋关节
腕关节
骨与骨相连接　踝关节
肘关节
指关节
膝关节

学生观察实验记录单设计：

表1　关节运动路线

关节名称	运动路线

请每组选择一种关节进行研究，用简单线条表现关节的运动路线。

关节的运动作用：

请你在相应关节的下面打"√"。

表2　参与运动的关节

运动项目	参与运动的关节					
	肩关节	肘关节	腕关节	髋关节	膝关节	踝关节

附：

我这样教"关节"

"关节"一课是青岛版科学三年级教科书中的内容，本课旨在让学生通过活动认识身体中的六大关节，并能够熟记关节的名称；了解关节的运动方式及作用，并学会保护关节。学生对于“关节”一词非常熟悉，但是对于关节的了解却很少，加之所涉及的部分教学内容并不直观，所以在落实目标的过程中部分环节颇费周折。

在研究课的过程中，最初我的想法是让学生通过活动来认识关节、了解关节的特点；通过活动，分析关节的运动方式，猜想关节的连接方式；最后通过活动感受关节的作用，并引导学生知道如何保护关节。试教一次后，我明显地感到课堂内容设置过多、难度偏高，尤其是关节运动方式、关节连接方式一部分，学生理解起来有困难。深入研究本课内容后，我发现关节有以下显著特点：关节是骨与骨相连接的部位；像肘关节、指关节、膝关节等关节周围的皮肤有明显的特点——关节外侧有褶皱；关节处的结构决定了它的运动方式，如肩关节、髋关节，球窝状的结构决定了肩关节可以做圆周运动，这是典型的“结构与功能”的案例。

结合学生情况，我将教学内容进行了调整：①引导学生认识关节的特点：骨与骨相连接、关节处有褶皱；②关节的运动方式；③关节的作用及其保护。了解关节的运动方式是重点，同时也是本节课的难点，所以在教学时我将这一内容分解为两个部分：指关节、膝关节、肘关节等处的褶皱便于关节的屈伸；肩关节、髋关节等处的结构决定了其运动的路线。调整之后我进行了多次试教，在反复磨课之后确定了本节课的教学思路。

下面，就本节课的教学设计谈一谈我的做法。

一、摸一摸，感知关节是骨与骨相连接的部位，让学生通过感性认识，自主得出结论

“老师，我发现这里有骨头。”

我顺势引导：“是一块骨头吗？”

“不是，我认为应该是两块骨头相连接的。”

“我不同意他的观点，我认为有些地方应该有多块的情况！”

于是我顺着学生的思路，出示了腕关节的图片，让学生了解骨与骨相连接的含义。

二、看一看，观察关节处的皮肤

引导学生对自己司空见惯的事物进行深入的观察和思考，发现关节外侧的皮肤有褶皱，并通过体验活动感受褶皱的作用。

“我发现肘关节的外侧皮肤有褶皱，伸开时，出现了褶皱；弯曲时，褶皱被拉平了。”

“我发现膝关节处也有同样的现象。”

“我有新的发现，在指关节的内侧有些折痕，和外侧不同的是，弯曲时，褶皱出现了；伸开时，折痕被拉平了。”

接下来再引导学生们用手拉住指关节处的褶皱，并试着弯曲指关节，感受关节处的褶皱利于屈伸。

三、画一画关节的运动路线

用简单的线条画出关节的运动，清晰直观地将关节的运动方式展现出来。在感性认识的基础上形成科学的认识，将比较抽象的运动方式，通过画运动路线这种感性的方式展现出来，在画的过程中，了解关节的运动方式。通过分析关节的运动路线，知道不同的关节运动方式是不同的，但有些关节的运动方式是相似的，如肩关节、髋关节都做圆周运动。

关节的运动方式与其结构是分不开的，正是因为有球窝状的结构，肩关节才会做圆周运动，所以此时出示肩关节、髋关节、踝关节、腕关节的结构图，学生通过观察、比较图片，交流发现：

“我发现肩关节和髋关节的结构很相似，一端是球状的，另一端是窝状的，而其他两个关节则不是。”

“我不同意她的观点，我认为这四处关节的结构都很相似，腕关节和踝关节处的骨也有和肩关节、髋关节相似的地方：它们一端是球状，一端是窝状的结构。”

通过这两位学生的辩论，学生们对这一内容有了更清晰的认识：这些关节的骨与骨的连接处，一端是窝状，一端是球状，正是由于这种结构，它们才能够做圆周运动。

四、运动一下，感受关节的作用，增强保护关节的意识

要谈保护关节，首先考虑为什么要保护关节，所以要请学生充分体验关节的作用，感受到人的运动离不开关节，如果关节受到损伤会带来很大的痛苦，意识到关节的重要，才会产生保护关节的意识。

《小学科学课程标准》（2017年版）中指出：让学生用自己擅长的方式表

达探究结果，进行交流，并参与评议，知道对别人研究的结论提出质疑也是科学探究的一部分。本节课中我尽量让学生充分利用自己最擅长的方式来表达自己的研究结果，并能够对别人的研究结论提出质疑，比如，在认识关节是骨与骨相连接的部位时，关于“两块骨和多块骨之争”；在了解关节内容结构时，针对肩关节、髋关节、腕关节和踝关节的结构进行辩论，在一次次的辩论中，我看到了学生们的那股认真劲，俨然就是一个个小科学家！

科学探究能力的形成依赖于学生的学习和探究活动，必须紧密结合科学知识的学习，通过动手动脑、亲自实践，在感知、体验的基础上内化形成，而不能简单地通过讲授教给学生。将抽象的内容让学生通过活动，通过摸、看、画等感性体验，形成比较科学的认识，在此过程中学生乐于探究、善于探究，能够在活动中获取更多的科学知识，提高科学探究的能力，显然，这不是简单的知识罗列所能比拟的。

“食物的消化”教学设计

【教学目标】

（1）认识人体主要的消化器官，了解食物的消化过程。

（2）引导学生经历问题—猜想—资料获取知识的学习过程。

（3）学会用科学指导生活，认识到良好生活习惯的重要性。

【教学重难点】

（1）学生经历自助获取关于人体的消化器官及其功能的科学知识的学习过程。

（2）通过观察、推理、整理、归纳等科学方法等来表述自己的观点。

【教学准备】

消化系统图、人体轮廓图、微视频。

【教学过程】

（一）推理食物在人体内会经过的消化器官

问题情境，调动已有的经验。

我们每天都会吃食物，你有没有想过，吃进去的食物，会经过人体的哪些器官呢？

（1）学生自由发言。

（2）提供人体的轮廓图，学生小组合作画出自己的想法。

（3）小组汇报，整理归纳学生的猜想。

（二）微视频展示消化器官的名称特点及简要功能

刚才大家已经对小馒头在人体内的旅行进行了有理有据的推理，现在让我们一起来看看食物在人体中到底经过了哪些器官？

（1）图片出示消化器官。

（2）动画视频展示食物消化的过程。

（3）食物的消化器官的名称、特点以及简要功能。

（三）交流整理学生对消化器官的认识

（略）

（四）整理学生关于保护消化器官的方法，形成良好的生活习惯

（1）出示不良饮食行为习惯的图片，反思自己的生活习惯是否科学。

（2）你知道哪些良好的饮食习惯？

（五）课后练习

制作消化器官图片，和同学或家长一起玩“一一对应”或者对号入座、排序的游戏。

表1 “食物的消化”微课程资源

年级	苏教版科学四年级上册第4单元第3课“食物的消化”
微课程名称	认识人体的消化器官
所用教材的出版社	江苏教育出版社
一、课程目标（不超过100字）	
（1）通过观看微视频认识人体的消化器官。 （2）简单了解消化器官的功能。	

续表

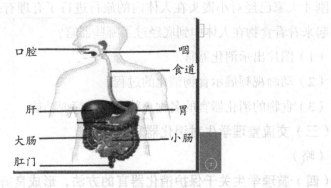

二、课程内容（字数不限）
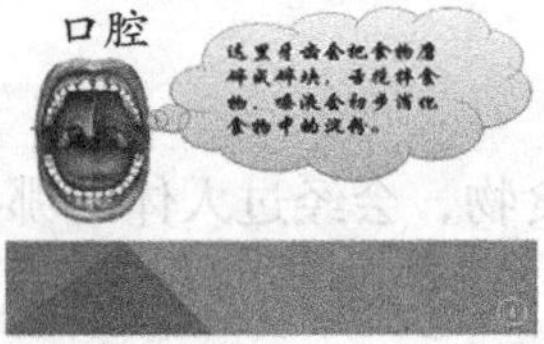   教学过程： 1. 情境导入 刚才大家已经对小馒头在人体内的旅行进行了有理有据的推理，现在让我们一起来看看食物在人体中到底经过了哪些器官？ （1）图片出示消化器官。 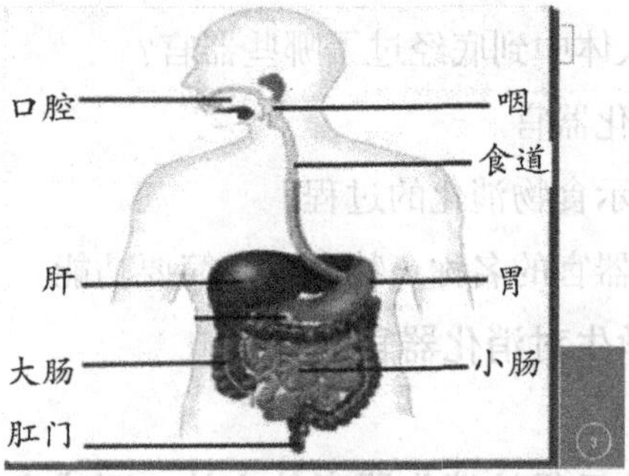 （2）动画视频展示食物消化的过程。 **设计意图：**课上从生活中最常见的现象入手，让学生试着用科学思考的方式推理食物在人体内的“旅行”路线图，然后利用这一段话，总结刚才的研究，并带入下面暗箱揭秘活动。 2. 视频展示消化器官的名称特点及简要功能    **设计意图：** （1）形式的选择：学生已经通过刚才的推理对人体的消化器官有了初步的印象，现在我们要做的是利用最简洁、最直观的语言、形式告诉学生事实的真相到底是什么。 （2）内容的确定：内容的确定是对苏教版教材所展示的内容稍加补充，以便让学生对消化器官的特点及功能有更清晰的认识和了解。

续 表

3. 总结 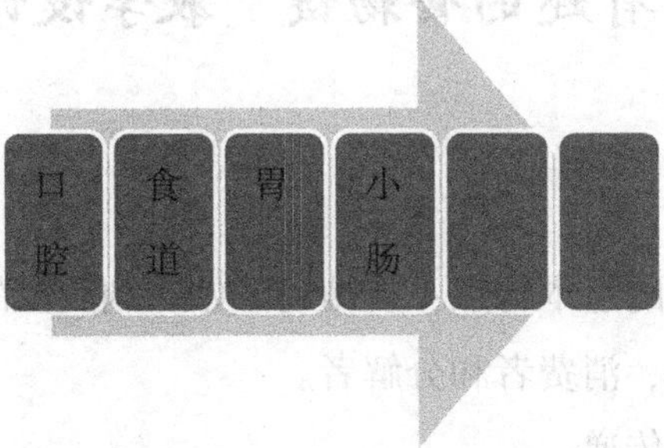 **设计意图：**这个环节的设计旨在让学生学会知识的整理。
三、课程实施（不超过500字）
本微视频适用于课中讲解或活动、课后辅导两个部分。 课中讲解或活动：课堂上针对食物经过消化器官的推理后，观看微视频，对照刚才的推理进行学习。在推理后，利用微视频将暗箱揭开，这样可以将比较抽象的知识变为直观的图片、动画，简洁的语言，容易识记和理解。利用最简单、最直观的形式将人体的消化器官的名称以及特点和基本功能展现在学生面前。这个视频可以作为资源让学生在课下反复观看，以便补充上课没有完全理解的地方。 课后辅导：为了使学生对人体的消化器官的认识更加牢固和完整，在微视频的结尾引导学生在课下制作器官卡片，利用卡片进行"一一对应"游戏或排序游戏，通过这些游戏，将人体的消化器官的名称以及食物在人体内消化的顺序进行反复练习，既有趣，又起到巩固知识的作用。
四、微课程评价（字数不限）
（1）动画视频展示食物消化的过程：这个部分是让学生对人体的消化器官有整体的认识，简单了解食物在人体中要经过哪些器官。 （2）视频展示消化器官的名称特点及简要功能：在课上作为教学流程中的一个环节进行观看，课下作为资源补充学习，了解人体内的消化器官的名称、基本特点和简要的功能。 （3）课下活动：通过制作消化器官卡片，进一步巩固人体的消化器官名称以及特点、功能和食物在人体内的消化过程。

“有趣的食物链”教学设计

【教学目标】

（1）知道食物链的基本特点：从植物开始，到凶猛的肉食动物结束。

（2）认识生产者、消费者和分解者。

（3）渗透能量的传递。

（4）认识食物网，并感受保持生态平衡的重要性。

【教学重难点】

（1）认识食物网，并感受保持生态平衡的重要性。

（2）在认识食物关系的同时，渗透能量的传递。

【教学准备】

多媒体课件、不同生态环境中的生物图。

【教学过程】

（一）导入新课

（1）成语导入，认识食物链。

同学们听过“螳螂捕蝉，黄雀在后”这个成语吗？这里面包含了哪些生物？它们之间存在什么关系？

学生说，教师板书：螳螂、蝉、黄雀。

教师引导学生补充，补充一条完整的食物关系。

提问：看黑板上的我们刚刚找到的这些，你能发现什么？

引导学生发现其中的吃与被吃的关系。

（2）小结：科学上把这种生物之间的吃与被吃的食物关系叫作食物链。

（3）如果我们用箭头来表示这种关系的话，那么箭头的方向应该是指向谁的？

学生说理由。

师：在科学上表示吃与被吃关系的定义为（画）箭头指向吃的一方。我们一般这样说：树被蝉吃，谁接着往下说。

（4）练习写食物链，小组内讨论交流，学生说，教师写，然后补充完整。

（二）认识食物网

（1）提问：这几条食物链之间会不会发生食物联系？学生说，教师连线。

（2）引导学生发现最顶端的生物的结果。

（3）你看现在黑板上的这张图纵横交错，像什么？（食物网）

（4）小组合作，探究食物链、食物网的特点。

现在请同学们仔细观察这张食物网，从上往下看，从下往上看，你能发现什么？

学生以小组为单位到讲台前来交流。

（三）大自然的生态系统中存在的食物网

（1）交流：刚刚我们通过周围的生物了解了有趣的食物链，许多生物之间错综复杂的食物关系组成了一张食物网，你知道我们身边还有哪些不同的生态系统吗？

引导学生说出：沙漠、湖泊、草原、海洋。

（2）出示要求：这些不同的生态系统中，生物之间的食物关系又会是怎样的呢？请同学们根据老师发给大家的生物群落中的部分生物做这样一张食物网，看哪个小组完成得最快，把完成的食物网粘在黑板上。

做完后展示。

（3）师：如果××消失了？会出现什么情况？

生讨论交流。

（4）教师小结：一个生态系统中的食物关系越是复杂，就越相对稳固，它自身有着修复功能。那是不是说，它可有可无，我们就可以任凭它消失呢？

（5）学生交流后小结：每一种生命都有存在的意义，我们应该珍惜每一个生命，不因它弱小而忽视它。

板书设计（图1）：

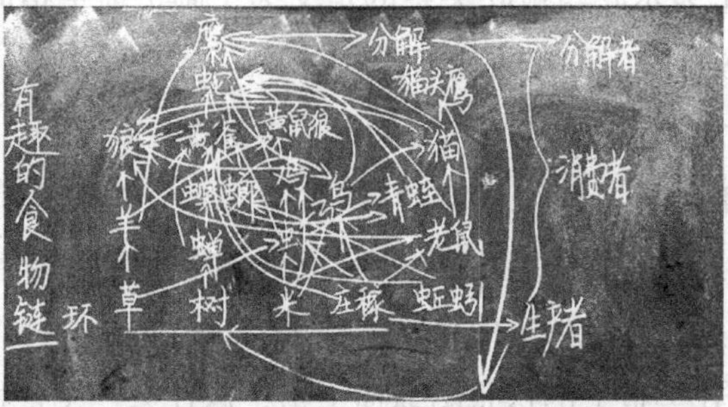

图1 “有趣的食物链”板书设计图

“不用种子也能繁殖吗”教学设计

【科学教育理论指导】

科学探究是科学学习的中心环节。科学探究不仅可以使学生体验到探究的乐趣，获得自信，形成正确的思维方式，而且可以使他们识别什么是科学，什么不是科学。

科学探究涉及提出问题、猜想结果、制订计划、观察、实验、收集证据、进行解释、表达与交流等活动，还涉及对科学探究的认识。科学探究能力的形成依赖于学生的学习和探究活动，必须紧密结合科学知识的学习，通过动手动脑、亲自实践，在感知、体验的基础上，内化形成，不能简单地通过讲授教给学生。小学科学教学对科学探究能力的要求不能过高，必须符合小学生的年龄和认知特点，由扶到放，进行培养。

【生命科学领域教学内容与教学方法梳理】

生命科学是自然科学中的一门基础学科，它以生命为研究对象，以培养全体学生的生命科学素养为主旨，教育学生热爱生命、珍惜生命，热爱自然，形成与自然和谐统一的思想和可持续发展等观念。本课属于苏教版科学五年级下册第三单元“它们是怎样延续后代的”，其教学目标是知道植物除了用种子繁殖后代以外，还可以用营养器官（根、茎、叶等）进行繁殖。本课以有结构性的植物材料为切入点，通过猜想、假设、观察、探究等方法，让学生既动手又动脑，加深对营养繁殖的了解，具体获知营养繁殖的概念、优点。课程实施以基于知识储备的观察思考为重点，综合运用了探究发现、信息收集、小组讨论、视频补充等多种教学方法完成教学目标。现结合生命科学领域教学的特点，主要进行探究发现板块的一些方法梳理。

1. 探究解疑

对探究活动中不能直接感知的内容，根据部分可感知的外部情况，以间接方式推断出来。

开课的导入引导学生，通过自然界不用种子繁殖的植物让学生猜想它们可能是用什么繁殖的，在猜想的基础上提供第二组结构性材料，通过对比，寻找联系，来获得信息推断，验证猜想；在了解植物的繁殖方式时，进行合理的推测，达到探究目标。

2. 观察归纳法

对植物繁殖方式进行直接的观察与描述。

【学情分析】

五年级的学生对植物的繁殖有一定的了解，但是由于现在的孩子生活条件优越，对生活中常见的各种植物的繁殖不是很了解，尤其是对营养繁殖更加陌生。例如，草莓、香蕉、竹子它们是怎样繁殖后代的？学生并不清楚，因此这节课的探究活动对学生来说是很有趣的。

【教学目标】

（1）通过观察植物，猜想植物是用什么器官繁殖的并进行验证，深化学生对营养繁殖的理解。

（2）通过理解营养繁殖，探讨营养繁殖的优点。

（3）拓宽视野，知道多种营养繁殖的实例及采用细胞培育新个体。

【教学重难点】

（1）通过研究结构性材料，学生了解植物是用什么营养器官繁殖的。

（2）通过多种营养繁殖的实例，理解营养繁殖的优点。

（3）通过观察材料学生自主探究植物的营养繁殖方式，理解营养繁殖的过程，并知道如何繁殖出新个体。

【教学准备】

多媒体课件、菊花、荆棵、滴水观音、盾叶海棠、燕子掌、落叶生根、宝石花、碧玉、迎春花、竹子、土豆、冬青（植物准备两组，一组为个体，另一组有新个体产生）。

【教学过程】

（一）课前谈话

观察是科学学习中的一项重要技能。上课前老师邀请大家来玩一个观察游戏，考验一下大家的观察力，好不好？给大家45秒钟的时间请同学们发现两幅图中的不同之处，看哪个小组最先找全。开始！

在这节课中，老师希望大家擦亮双眼，认真观察，相信你会有很多收获。

（二）导入新课

（设计意图：意在让学生建立知识联系，提出问题，确立研究方向，引入新课。）

下面老师将要播放一段视频，请大家认真观看。（播放视频）

视频中介绍了植物的哪种繁殖方式？（板书：种子繁殖）对，植物可以用种子培育出新个体，这就是种子的繁殖。那不用种子能不能繁殖呢？这节课就让我们共同研究这个问题。（板书：不用种子能繁殖吗？）

（三）探究植物营养繁殖方式

师：同学们，在生活中你知道有哪些不用种子也能繁殖的植物？

师：同学们知道的真不少，看来大家真是生活中的有心人。

师：今天老师为大家带来了一些不用种子也能繁殖的植物。植物名称贴在了花盆的外侧，请同学们仔细观察并猜测它们是用什么繁殖的？

师：同学们观察得很认真，请各小组说说你们的猜想。

一组汇报：

师追问：你为什么这样猜测？能说一下理由吗？

生1：土豆是用小眼里的芽繁殖出来的，我发现土豆上的小眼里长出了小芽。

师：你观察到小芽是从土豆的哪里生长出来的吗？

生1：小芽是在芽眼部位生长出来的。

师：土豆是植物的哪一部分呢？

生1：土豆属于地下茎。

师：现在你认为土豆是利用什么来繁殖的呢？

生2：竹子是用根繁殖出来的，因为竹子会从根部生出新竹子。

师：看来你的猜想是有依据的。

生3：我们猜测冬青用茎来繁殖的。

师：还有吗？继续。

生4：迎春可能也用茎来繁殖的！

师：为什么这么说？凭感觉吗？

二组汇报：

生：我们认为它们都可以用叶来繁殖后代。

师：你发现了什么？

生：宝石花我们家里有，能在叶上长出一株新植物。

三组汇报：

生：盾叶海棠和荆棵我没有见过，不清楚。滴水观音可能是靠根来繁殖吧！

生：我看到过小的植株从滴水观音的根部繁殖出来。

师：盾叶海棠是一种木质类海棠。荆棵是多生长于山坡上的一种木本植物。

（3）刚才同学们表达出了猜想，但又不能确定自己的猜想是否正确，下面老师再给大家一组材料，小组同学仔细观察，并与上组材料进行对比，找到联系，完善好观察记录单。

（第二组材料有新植株产生，让学生观察找到它们之间的联系，验证猜想。）

一、二组：有芽眼的土豆生长出的植株和没有芽眼的土豆生长情况，竹子底下的茎部长出新的植株，压条后的迎春花，扦插的冬青。

三、四组：落叶生根的新幼苗、宝石花的新幼苗、燕子掌的肉质叶。

五、六组：盾叶海棠、荆棵树根生出的新植株、滴水观音的新幼苗。

教师巡回指导。（谁来汇报，谁展示给大家看。）

学生汇报发现。（教师追问：新的个体生长在哪个部位，根生长在哪个部位。）

一、二组学生汇报：

生1：我们小组发现有芽眼的土豆长出了新苗，新苗上有根、有藤、有叶。而没有芽眼的土豆并没有发芽。

师：没有芽眼的土豆长时间埋在土里会怎样?

生1：只有有芽眼的地方能长出新的植株，而没有芽眼的土豆不会长出新苗，甚至腐烂。

师：是的，所以菜农会选择有芽眼的土豆来繁殖。

生2：我们在竹子的底部发现了类似竹茎的部分，我们认为竹子是用茎来繁殖后代的。

师：新竹生长的部位与竹茎结构相同，这是个重要的发现。

生3：我们把压条的迎春花拨出来，发现已经长了很多的根。所以我们认为迎春花是用茎来繁殖的。

师：你的汇报很有条理，谢谢你。我们对他们组的发现鼓励一下。

师：压条法繁殖多利用于木本植物，由于在生根过程中仍然从母体获得充足的养分，成活率极高，因此在繁殖果树和观赏树木时被广泛采用。凡是扦插不易生根的植物，都可用此种方法繁殖。有些树木较高，枝条不便弯下，可以采用空中压条的方式来进行繁殖。（看大屏幕）把土搬上去，包扎在去皮的枝条部分。

生4：我们还发现冬青的茎上长出了很多的根，所以我们认为它们可以用茎来繁殖。

师：这种繁殖方法叫作扦插。扦插剪枝时斜45度剪，这样吸收水分的面积会更大，更容易成活。

三、四组学生汇报：

生1：我们通过观察发现，碧玉可以用叶来繁殖。落叶生根这种植物会在叶的边缘长出小的幼苗，有根有叶，会长成新的落叶生根，它是靠叶来繁殖的。

生2：宝石花的叶在底部长出了小宝石花，我还观察到了它的根和小叶，我认为会长成一株新的宝石花，它也是靠叶来繁殖的。

师：你们注意到宝石花的新个体生长在什么位置?（学生：叶的底部）如

果竖插在土里行不行？（学生：不行）对了！这样是容易烂掉的。

生3：我们发现燕子掌是用叶来繁殖的。

师：通过观察，燕子掌可以横放在土面上，也可以插在土里繁殖。

同学们，你们观察到用叶繁殖的植物的叶子有什么特点呢？这样的结构对于繁殖有什么好处？

生：叶子比较厚，给新株提供水分和营养。

五、六组学生汇报：

生1：我们在荆棵的根部发现顺次长出三株荆棵，我们知道了它是用根来繁殖的。

生2：我们在滴水观音的根部发现了小芽，还有一棵小苗，我们认为它是用根来繁殖的。

生3：我们也在盾叶海棠的根部发现了小苗，我们认为它也是用根来繁殖的。

生4：我们将菊花从土里拔了出来，注意到它们是用根来繁殖后代的。

师：你们的观察结果完全正确，恭喜你们。

师：吊兰是大家比较熟悉的植物，下面我们来看一株吊兰的繁殖过程。（观看视频）

我们如果将迎春的新个体从母体中分离出来，应该怎样做？从哪里剪？谁来剪？剪下来就算繁殖成功了吗？（请一位学生完成繁殖）

师：通过前面的观察研究我们知道了植物也可以利用根、茎、叶进行繁殖，根、茎、叶是植物的营养器官，利用营养器官进行繁殖叫作营养繁殖。

（四）开阔视野

师：在我们的生活中还有许许多多营养繁殖的植物，让我们看一段视频继续了解。

（观看视频）

（五）营养繁殖的好处

师：同学们，营养繁殖是人们在长期的生产生活中不断实践总结出来的，你们认为营养繁殖有什么优势呢？（观看课件）

课件1：种子繁殖与营养繁殖的生长速度哪个快？

生：营养繁殖比种子繁殖要长得快。

师：是呀，要比种子繁殖快得多。

课件2：用种子繁殖的月季花与扦插的月季花进行比较，有什么不同？

生：种子繁殖的月季花，花朵小、花瓣少、植株矮小、叶不茂盛。扦插的月季花，花朵大、花瓣多、植株高、叶子茂盛。

师：营养繁殖可以更好地保留母体优良的基因，不像种子繁殖常常会产生变异。

课件补充：营养繁殖还可以增强植物的抗寒性、抗旱性和抗病虫害的能力。

（六）拓展应用

（1）古人的一些成语或诗句中也介绍了植物的繁殖方式。

“春种一粒粟，秋收万颗籽”“无心插柳柳成荫”“雨后春笋”“斩草除根”“落叶生根”。

（2）科学家还发明了更为先进的克隆技术，用一个细胞就可以繁殖后代，让我们来了解一下。

师：现在正值春暖花开、万物复苏的季节，课下请同学们利用营养繁殖的方式来培育出新个体，好好管理，让新生命茁壮成长。这节课能与大家一起研究科学很高兴，谢谢大家，同学们再见。

【设计特色简述】

（1）结构性材料的准备是课堂教学中的一大特色，通过两组材料的观察、对比，寻找它们之间的联系，推断植物的繁殖方式。

（2）不用种子也能繁殖的设计以观察探究为主，从学生错误的经验出发，经历一个认知、纠正的过程，通过教学的设计让学生懂得如何观察，如何发现，如何表达。

（3）课堂的设计充分体现质疑—探究—验证—拓展—升华的教学思路。

（4）拓宽学生视野，把生活化的科学植入课堂，从生活中来到生活中去，体会生活处处皆科学的理念。

（5）课堂评价及时、恰当，起到激励、总结、提升的评价效果。

板书设计（图1）：

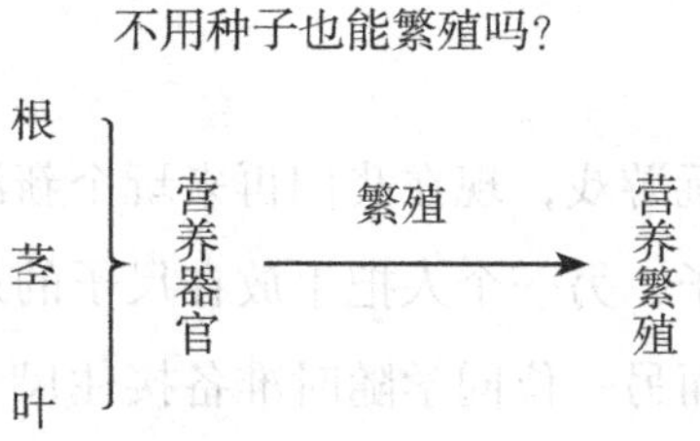

图1 “不用种子也能繁殖吗”板书设计图

“脑与神经”教学设计

【教学目标】

1. 知识与能力

（1）让学生了解大脑和神经，知道它们之间的关系。

（2）能够用所学的知识解释生活中的一些动作。

2. 过程与方法

在研究的过程中通过学习脑和神经的知识培养学生的想象能力。

3. 情感态度与价值观

让学生感受到残疾人在交流上的困难，体会残疾人的不容易，从而激发他们的爱心。

【教学准备】

1. 教师准备

纯牛奶、酸牛奶、优酸乳饮料、杏仁露、矿泉水、塑料碗、玻璃碗、铁碗、木头碗、啤酒瓶、饮料瓶、面具、挂图、《感恩的心》音乐。

2. 学生准备

尺子。

【教学过程】

课前活动：玩尺子。

师：大家都很喜欢玩游戏，现在我们再来玩个新游戏——玩尺子，两个人合作，一人竖直拿好尺子，另一个人把手放在尺子的最下端，拿尺子的同学松开手让尺子自然下落，而另一位同学随时准备接住尺子，当接住尺子时记下当时的刻度。

两位同学合作做游戏。

谈感受。

（设计意图：在课前活动中设计这活动，一是为了活跃课堂气氛，二是因为这堂课的主题就是让学生认识脑与神经，而这个游戏就是在测反应能力，算是个课前的探究思想准备。）

活动一：巧用感官

1. 辨认液体

（1）教师出示一杯液体让学生猜，并引导学生说出理由。

（2）让学生猜桌上的水杯中的液体分别是什么，并告诉学生这些液体都是安全可以品尝的，让学生把自己的想法记录在表格中。

（3）学生采用多种方法辨别杯中液体。

（4）汇报交流。

2. 猜猜它是谁

（1）教师说明游戏规则：请四位学生到前面来，带好面具，听声音猜出物体的名字。

（2）师生合作玩游戏。

（3）谈感受。

（设计意图：这个环节设计了让学生利用身体的各种感官去分辨这些液体，在设计这些液体时，我增加了难度，尽量让学生能够调动自己的多种感官来参与活动，从而让学生初步感受人在认识事物的过程中，会用到这些感官，为后面认识脑与神经打下基础。）

活动二：认识脑与神经

（1）玩打手游戏。

（2）在交流中认识大脑与神经，并了解它们之间的关系。

（3）出示打蚊子时的图片，让学生试着解释在打蚊子的过程中，信息是怎么传递的。

（4）教师不经意做出一个动作让学生解释。

（设计意图：这个环节是本节课的重点，这里利用打手游戏，在玩中感受到脑与神经的关系，并引导学生对生活中的一些动作做出科学的解释。）

活动三：科学地保护器官

（1）认识当人体的某些器官受到损害时，人的生活就会受到影响。

（2）师生共同讨论应该怎样保护感觉器官。

（设计意图：在了解了身体中的各个器官对我们的重要性后，引导学生谈谈应该怎样保护器官，比如，科学用脑、科学地保护眼睛等，关键在于培养学生正确的态度。）

活动四：了解盲人和聋人是怎么交流的

（1）引导学生说出生活中见到的盲人和聋人交流的方式。

（2）教师根据学生所说的进行小结。

我们的社会给予残疾人很多的帮助，他们也怀着一颗感恩的心，现在就让我们一起聆听这首《感恩的心》，老师学了部分手语，你们可以跟着我一起做。

师生共同欣赏音乐《感恩的心》。

（设计意图：我们身边有很多的盲人和聋人，他们是怎样交流的，他们在生活中会遇到很多的困难和不便，在这个环节中让学生尽可能地体会到这一点，然后激发孩子们的爱心，最后播放歌曲《感恩的心》，让学生在歌声中和我一起做手语表演，再次让学生感受那种氛围。）

“我是怎样出生的”教学设计（一）

【学情分析】

五年级的学生已经有了一定的认知能力，他们对人出生的问题并不陌生，但也存在着一些好奇和疑惑。在学习了“动物怎样繁殖后代”一课后，学生很自然地联想到人是如何繁殖后代的。本课从指导学生开展调查活动入手，引导学生了解胎儿发育的大致过程，感受母亲怀孕时的重负和行动的不便，进而体会到母亲生育儿女和父母养育儿女的艰辛，从而升华到珍爱自己的生命，孝敬自己的父母。

【教学目标】

1. 过程与方法

（1）会收集对自己研究的问题有用的材料。

（2）能选用自己擅长的方式表述自己调查的结果。

2. 知识与技能

（1）了解人出生前后的一般情况。

（2）了解胎儿在妈妈肚子里是如何生活的。

（3）知道繁殖是生命的共同特征。

3. 情感态度与价值观

（1）体会到父母对自己的爱护，懂得应该孝敬父母。

（2）认识到生命来之不易，要珍爱自己的生命，远离一切伤害生命的行为。

【教学准备】

小米粒、鸡蛋、塑料小碗、托盘。

【教学过程】

（一）导入新课

昨天，针对“我是怎样出生的”这个内容，我们设计了几个问题，让大家选择其中的3个问题进行调查、研究，我知道大家收集了资料，询问了家长，了解了很多相关的信息，现在我们就来交流一下吧。

（二）小组内交流

师：现在请同学们小组内交流，然后每个小组推荐一名同学和大家交流。

找一名学生到台前来介绍。

师提要求：在同学们到前面来介绍的时候，请大家闭上眼睛，认真听，并试着想象画面。

学生交流。

（三）师生共同交流

1. 受精

（1）师：我们之所以能够来到这个世界上，是因为来自爸爸的精子和来自妈妈的卵子，让我们一起看看这段视频。（播放视频：受精卵的形成）

师：5亿颗精子齐头并进，它们有个共同的目标，那就是与卵子结合，形成一个新的生命，带着这一神圣的使命，它们出发了，虽然这段距离只有25厘米，但是它们却要奋力游10多个小时，而最终却只有一颗精子有此殊荣，与卵子结合，你们认为是一颗什么样的精子和妈妈的卵子结合呢？

（2）学生谈看法。

（3）播放视频。

教师小结：在5亿个精子中，一颗最聪明、最优秀的精子与妈妈的卵子结合，形成了一个新生命，这就是我们。同学们，你有什么想说的？

（4）引导学生感受“我们就是最优秀的，同时我们要珍爱自己的生命。”

（5）引导学生感受受精卵的大小。

师：你知道精子和卵子结合后形成了什么吗？

生：受精卵。

师：你知道受精卵多大吗？

学生猜。

师：受精卵不足0.1毫米。请同学们看盘子中的小米粒，这一粒小米大约是1毫米，那么也就是说，这一粒小米相当于1000颗受精卵。

生：太小了。

师：我们都是从那么小的单细胞开始发育的。

师：受精卵最后要在哪里住下来呢？

生：子宫。

师：是的。子宫在妈妈的腹部，随着胎儿的长大，子宫不断扩张，这里是孩子最温暖、最舒服的家。

师：胎儿在妈妈的子宫里生活时，周围还有些什么呢？

生：羊水、胎盘、脐带……（教师及时板书）

2. 羊水

师：小宝宝在妈妈肚子里是怎样生活的？

生：小宝宝生活在羊水中。

师：关于羊水，你知道些什么？

学生交流。

师：早期的羊水是母亲的血浆渗透到羊膜腔中，随着胎儿越来越大，这种渗透作用就越来越弱，羊水的主要来源就是胎儿排出的尿，羊水并不是一潭死水，它是流动的，不断地产生，不断地被吸收，通过胎儿的吞咽进行循环，或者通过母体排出体外。

师：羊水有什么作用呢？

学生谈看法。

师：让我们一起来体验一下，待会请大家将鸡蛋打开，倒入杯中，如果说，蛋黄相当于胎儿的话，那么蛋清相当于什么？请你模仿胎儿在妈妈肚子里可能会遇到的情境，边做边观察胎儿。

学生做体验。

师：请说一说你们模仿了哪一个情境，发现了什么？

学生介绍。

师：这说明羊水具有什么作用？

生：具有保护的作用。

师：是的，如果没有羊水的话，会怎么样呢？

生：如果没有羊水的话，宝宝在里面会很危险……

师：同学们说得真好，羊水具有保护、防震的作用。

3. 胎盘

师：我想问你一个问题，现在你遇到不喜欢的食物会怎么办？是不是推给妈妈？你知道吗，其实你在胎儿的时候也是这样！

师：胎儿在子宫里吃什么呢？这些营养物质来自哪里？

生：妈妈。

师：那是什么将妈妈血液中的营养吸收，送给宝宝的呢？

生：胎盘、脐带。

师：那就让我们一起来看看吧！

（播放胎盘的视频）

师：你看，打小你就是这样调皮。

4. 脐带

师：胎儿通过胎盘吸取妈妈身上的营养、氧气、水分等，这些东西通过什么进入胎儿身体内呢？

生：脐带。

师：脐带在哪个位置呢？

生：我认为应该是在婴儿的肚脐和妈妈的胎盘连接的地方。

师：脐带的一头连在宝宝的肚脐上，另一头呢？

生：另一头连在妈妈的胎盘上，这样营养就可以通过脐带传递给宝宝了。

师：是的，当宝宝离开妈妈的身体时，医生就会将脐带剪断，然后在一端打个结，就成了你现在的肚脐。

生：那胎盘呢？

师：它完成了自己的使命，会在胎儿被分娩出来后的十几分钟内，由于母亲的下一次宫缩，将胎盘分娩出来。

5. 孩子的不断成长

师：受精卵逐渐发育成胚胎，然后到两个月的时候变成人的样子，叫作胎儿，胎儿逐渐长大，接下来会发生什么变化呢？让我们来看看生命在接下来的岁月里会创造什么奇迹？

（播放视频）

师：你知道了什么？

生：这段时间里胎儿会长得很快。

……

师：通过刚才的交流，我们知道宝宝在妈妈肚子里的发育过程，现在让我们一起来整理一下，最初是爸爸的精子和妈妈的卵子结合形成了受精卵，然后发育为胚胎，两个月后，发育成人的样子，我们把它叫作胎儿，接下来，胎儿要在妈妈的子宫里生活9个多月的时间，然后通过产道离开妈妈，成为一个独立的人。（板书：受精卵、胚胎、胎儿）

6. 出生

师：小宝宝在妈妈肚子里要待多长时间呢？

生：10个月的时间。

师：你知道你是怎么从妈妈肚子里出来的嘛？（肚脐眼、打喷嚏……）你是怎样出生的？

生：顺产。

师：你能介绍一下顺产吗？

学生介绍。

师：在妈妈的下腹有一个通道叫作产道，自然分娩的宝宝都是通过产道出生的，这里是孩子从妈妈的肚子走向大自然的通道。

生：我是剖宫产出生的。

师：能说说为什么当时妈妈选择剖宫产吗？

生：我妈妈的剖宫产。

师：同学们说的这些情况如果是自然分娩的话，真的是很危险。在以前，医学技术还不是很发达的时候，人们没有办法去解决这些困难，经常会出现宝宝死在妈妈肚子里，或者妈妈因为难产、大出血丢掉性命的情况。现在不一样了，科技发达了，剖宫产替我们解决了以前我们不能解决的问题，使得现在的分娩变得安全、轻松多了。

老师这儿还有一个小宝宝出生的全过程，让我们一起见证这个小宝宝的出生。（播放视频）

师：看到这里，你想说什么？

生：……

（四）感恩父母，升华感情

师：就这样，伴随着妈妈撕心裂肺的疼痛，我们来到这个世界上，这一天是我们的生日，每到这一天，我们都会庆祝，庆祝这一天一个新生命的到来，庆祝这个新的生命给家人带来的欢乐。同学们，你有没有想过，在分娩的过程中，妈妈是冒着生命危险生下我们，有句民谣是这样唱的：十月怀胎在娘身，娘奔死来儿奔生。娇儿平安落下地，为娘九死又一生。所以说我们的生日即是妈妈的受难日，孩子们，在妈妈给你过生日的时候，你是否也应该为你的妈妈做些什么？

生：给妈妈一个拥抱。

……

师：你想对妈妈说些什么？

生：……

"我是怎样出生的"教学设计（二）

【教学目标】

1. 过程与方法

（1）会收集对自己研究的问题有用的材料。

（2）能选用自己擅长的方式表述自己调查的结果。

2. 知识与技能

（1）了解人出生前后的一般情况。

（2）知道繁殖是生命的共同特征。

3. 情感态度与价值观

（1）体会到父母对自己的爱护，懂得应该孝敬父母。

（2）认识到生命来之不易，要珍爱自己的生命，远离一切伤害生命的行为。

【教学重难点】

了解人出生前后的一般情况。

【教学准备】

小米粒、鸡蛋、塑料小碗、托盘。

【教学过程】

（一）导入新课

播放视频。

师：这是四维彩超下宝宝在妈妈肚子中的样子，可爱吗？每个人都经历过这个过程。今天就让我们一起来探讨“我是怎样出生的”这个话题。

（二）交流课前收集资料

（1）小组内交流。

师：之前，针对“我是怎样出生的”这一内容，我们设计了几个问题，大家课前一定要进行资料的收集。你是通过哪些途径来收集信息的？你的资料包括了哪些方面的内容？

师：看来同学们之前收集了很多资料，并进行了初步的筛选，现在要把资料进行整理和分享。现在请同学们以小组为单位进行整理，小组内根据下发的资料汇总卡选择3个问题进行整理。请大家注意，资料汇总卡中，有个“汇报要点”一项，大家就根据收集的资料，有选择地找出合适的关键词，便于交流、汇报就可以了！整理迅速和有条理的小组都可以获得奖励。

（2）小组合作整理资料。

（3）展示自己的资料。

尽量引导学生理出：受精卵→胚胎→胎儿→出生的整个过程。

适时讲解：受精卵（大小）；胎儿生长环境：羊水、胎盘、脐带。

（三）了解胎儿的生长发育过程

（1）从一个受精卵到一个健康的小宝宝出生，是一件多么神奇的事情！你有要知道的问题吗？

学生提问。

（2）师：我们按照胎儿生长发育的过程分为胚胎时期、胎儿（2个月到4个月）、胎儿（5个月到7个月）、胎儿（8个月以后）、出生几个部分，除此以外，还可以加上对某些器官的生长发育，大家利用老师给你们提供的资料进行整理、研究，了解这一阶段或者这一器官的生长发育过程，并制作一张在这个时期小宝宝的名片。这次仍然要比一比哪个小组最先完成资料整理，同时还要评比哪个小组整理的资料最清晰。

（3）小组内根据资料进行筛选、制作。

（4）展示制作的阶段名片。

（5）教师适当补充。

（四）谈收获

鼓励学生制作一个自己的子宫日记。

附：

“我是怎样出生的”说课稿

这是五年级下册第三单元的一课，属于资料整理课。选择上这节课的初衷是这样的，范主任执教了一节实验课，我又听说石横的史老师也要执教“国旗是怎么升上去的”，也属于实验课，所以为了给大家展示更多的课型，我选择了这节课。

面对这样的课题，我们需要给予孩子什么？这个问题是我上课之前考虑的重点，毋庸置疑，我们给予孩子方法的指导，教给孩子如何收集、整理、分析资料……所以关于这节课我是这样设计的：课前，发给学生预习单，预习单中首先告知学生的是应该怎么获取以下信息的途径，同时精心设计了8个问题，意在让学生将收集的资料进行初步的整合，将我们需要的、有用的资料，抄写在下面，这是整理资料的第一步。课上，第一件事就是和小组同学分享、交流自己收集的资料，接下来，在小组内选择3个问题，共同整理。这个过程中，我教给了学生一个方法，记录汇报要点，其实就是让学生从中提炼关键词，这对于学生梳理知识的重点非常重要。通过小组汇报，我们也可以看出，学生对于这种方法已经有了初步的认识和掌握。接下来的任务就是给学生一部分资料，学生学会从中提取关键词，并将其结合，做成一份海报。这是一件非常复杂的事，将任务发下去后，很多学生有些茫然，面对这些资料，学生们仍然使用了他们原有的思维模式——抄写。于是我深入一个小组，和他们一起阅读内容，确定胎儿的生长变化关键词，找出相应的图片，粘贴、备注，最后做成了宝宝四个月时的生长发育海报。当我们把这张海报展示给学生们时，很多小组才豁然开朗。我想接下来的小组在做海报时，一定能很轻松地做好。

整个教学过程中，还渗透了团队的协作，尤其是最后一个环节中的海报制作，如果小组能够做到分工合理，制作其实很简单。

“我们的呼吸”教学设计

【教学目标】

（1）认识人体呼吸器官，了解肺是进行气体交换的重要器官。

（2）利用各种方法测量肺活量。

（3）意识到保护肺等呼吸器官的重要性，吸烟有害健康，能逐步养成保护呼吸器官的良好习惯。

【教学重难点】

重点：认识人体呼吸器官，肺是进行气体交换的重要器官。

难点：了解肺呼吸的工作原理。

【教学准备】

学生分组材料：气球、塑料袋、人体轮廓图（吹塑板）、记号笔。

教师材料：肺呼吸模型、简易肺活量计、水盆、电子肺活量计、吹嘴、磁扣、肺活量统计表。

【课前活动】

师：老师这里有个盒子，我把它放在桌子的一角，把手拿开盒子会怎样？

生：会掉下来。

教师松手，盒子掉下。

师：现在我把盒子转一转，松开手盒子会怎样？

生：还会掉下来。

教师再松开手，盒子掉下来。

师：再转一下盒子，这样放呢？

生：还会掉下来。

教师再松开手，盒子没有掉下来。

师：为什么这样放盒子没有掉下来呢？

生：那个角重，里面可能有东西。

师：可能是什么呢？

生：可能是石块。

生：……

师：同学们的想象力真丰富，老师这里还有一个盒子和一个石块，你能做一个这样的盒子吗？

学生上台制作并演示效果。

师：你真聪明！刚才他做的这个就叫模型。在科学探究中，对于看不到且无法打开的我们可以借助模型来研究。准备好了吗？好，上课！

【教学过程】

（一）导入新课

师：咱班的同学，个个精神抖擞、红光满面，一看身体素质就不错。老师想通过一个活动来测测大家的身体素质，咱们来做个憋气的活动，好不好？（学生：好）老师讲一下规则，首先深吸一口气，然后屏住呼吸，看谁憋的时间长。注意，听口令，同时开始，如果憋不住了就停下来坐好。明白吗？（学生：明白）好，全体起立，深吸一口气，开始！

（学生体验活动）

师：倒计时5、4、3、2、1。好，都停下来坐下吧。当我们憋不住的时候需要干什么？

生：呼吸。

师：刚才坚持到最后的这些同学，他们的呼吸系统比较发达，具有良好的身体素质，具备了当一名运动员的潜质。这节课我们就一起来研究我们的呼吸。（板书：我们的呼吸）

（二）认识呼吸器官

1. 认识呼吸器官

（1）问题引出。

师：我们每时每刻都在呼吸，怎样才算是呼吸一次？

生：我认为吸一口气然后再呼出来。

师：是的。现在请同学们做一次深呼吸，伸出双手，放在胸前，一起来，用力吸气、呼气。你身体的哪个部分发生了变化，有什么变化？

生：吸气的时候胸部会胀起来。

生：呼气的时候又瘪了回去。

师：为什么会有这样的变化？

生：吸气的时候这里面进入了空气，所以胀了起来。

生：呼气的时候气体被呼出去了，所以瘪了回去。

师：刚才我们吸入的气体是从哪个部位进入人体的，又经过哪些器官，最后到了哪里呢？现在请小组合作在人体轮廓图中画出空气进入人体经过的器官，并标注出这些器官的名称。（在课件上出示要求，在黑板上贴出大轮廓图）

材料领回后，小组内先讨论再画，好，组长来领材料。

（2）小组活动。学生活动，教师每小组逐一指导。

例如：吸气的时候，先从哪里进入了人体？这个器官叫什么？（鼻子）从鼻子进来然后又进入了哪里？（可能说脖子，告诉学生这里叫咽喉。可能说是气管，让学生指指自己的气管在什么部位，进而明确还要经过咽喉这两个器官）到达气管后再到了哪里？（会说到了肺里。这时引导学生：你知道肺在我们胸腔的什么位置吗？进而明确肺在胸腔的左右两侧，气管要想将空气送到左右两侧的肺中，会有一个什么样的分配呢？明确会在这里有个分叉，使气体到达左右两侧的肺中。你知道这个分叉是什么吗？进而告诉学生叫支气管。）

（3）小组汇报。小组活动完成后，将每个小组画的图在墙上或黑板上一一贴出来。

师：完成的小组请把你们画的交到老师这里来。请同学们看，你认为哪个小组画得更合理？

生：××组。

师：大家都动了脑筋，都有自己的想法，我们来看这个小组画的。

师：好，请这个小组的同学给大家介绍一下。在他介绍的时候，其他同学认真倾听，如果有不同的意见等他们介绍完，你们再来补充，好吗？（学生：好）

学生介绍。

师：有不同的意见吗？

学生质疑。

（出现肝，问：气体经过肝吗？不会）

（出现心脏，问：心脏是干什么的？你是这样理解的呀，在后面血液循环系统的学习中，我们会了解心脏的）

教师适当引导学生补充完整呼吸系统，同时讲解下面的知识。

① 了解气管、咽、喉。

师：刚刚大家都画了一个长长的通道（指着画的管子部位）（贴气管），这里分别是咽部、喉部和气管（贴咽喉）。（板书：气管、咽、喉）其实在这个部位还有另外一根管子，它也和咽喉、口腔连着，你知道这个管子是什么器官吗？

生：应该是食道。

师：是的，你懂得可真多。那你知道食道和谁相连吗？

生：下面连接着胃。

师：它属于人体的另一个系统——消化系统。气管和食管都和咽部、口腔相连，在咽部的上端有一块会厌软骨，吃东西时，它会自动闭合，阻止食物进入气管。所以我们吃饭的时候不会被呛着就是这个原因。

② 肺、支气管和肺泡。

师：吸入的气体最后到了哪里？

生：肺里。

师：有的同学将肺画在了胸腔的一侧，有的画在了中间，还有的画在了两侧。老师告诉大家，肺在我们胸腔的左右两侧（贴肺）。（板书：肺）

师：气管和肺是怎样连在一起的？这里有个支气管，（板书：支气管）支气管到了肺里以后又分出了许多细支气管，气体就是通过支气管来到了肺里的。气体来到肺里以后一部分气体进入了血液里供人体使用，血管中的二氧化碳则排到了肺中，氧气和二氧化碳在肺中完成了气体交换，所以我们呼吸就是为了给身体提供所需的氧气。

③口腔和鼻子。

师：空气是从哪个器官进入人体的呢？刚才有的同学提到了嘴，还有的提到了鼻子。嘴和鼻子都能呼吸吗？（学生：能）是的，它们都和咽部相连。（板书：鼻子、嘴）

通过分别用口、鼻反复三次呼吸，感受两种呼吸方式的不同。

教师小结：我们发现用鼻子呼吸比用嘴呼吸舒服，这是因为我们的鼻腔能够将冷的空气进行处理，给它加温、加湿，而且鼻腔内的鼻毛、鼻黏膜还能阻挡空气中的细菌，这样吸进去就会感觉比较舒服了。

师：在正常情况下我们都是用鼻子来呼吸的，只有在迫不得已的情况下才用嘴来辅助呼吸，用嘴呼吸很不舒服，所以嘴不属于呼吸器官，它属于消化器官。（划去：嘴）

2. 吸气与呼气路线

师：（出示课件呼吸器官图）同学们提到的鼻、咽、喉、气管、支气管、肺这些器官就是我们的呼吸器官。（板书：呼吸器官）

师：谁再来说说空气是沿着怎样的路线到达肺里的？

生：空气进入鼻腔、咽、喉、气管、支气管，最后到达肺。

师：来看大屏幕（课件演示空气进入路线）。

师：肺里的空气是沿着怎样的路线呼出去的呢？

生：从肺里到支气管、气管、喉、咽，最后从鼻腔呼出。

师：一起来看（用课件演示空气呼出路线）。

（三）研究横膈膜的作用

师：在我们呼吸的时候，肺会吸气变大，呼气变小。为什么会有这样的变化？你知道吗？（学生：不知道）

师：想知道吗？可是徐老师又不能把人体解剖开让大家看，怎么办？在科学上有一种研究方法就是用模型来演示。（出示肺呼吸模型）

师：老师做了一个肺呼吸的模型，同学们看，你认为模型的每个部分分别模拟的是人体的什么器官呢？

生：瓶子模拟的是身体。

生：里面的Y形管模拟的是气管和支气管。

生：两个气球模拟的是肺。

师：你们说吸气的时候肺会怎样？（学生：变大或鼓起来）胸腔会怎样？（学生：变大）

师：呼气的时候肺会怎样？（学生：变小）胸腔会怎样？（学生：变小）是谁给了肺一种力量让它变大变小呢？

生：……

师：在人体胸腔的下端有一个器官叫横膈膜。它的一张一弛能够帮助肺吸入和呼出气体。在这个模型中，谁模拟横膈膜呢？

生：我认为是下面那个薄膜。

师：思考一下。横膈膜向哪动，胸腔会变大，肺就会吸入气体？（学生：向下动）横膈膜向哪动，胸腔会变小，肺就会呼出气体？（学生：向上动）

学生猜完教师演示。

师：老师给大家演示一下，请同学们认真观察，这个时候：

横膈膜向下动，胸腔怎样？（学生：变大）这时说明肺内……（学生：吸入气体）。

横膈膜向上动，胸腔怎样？（学生：变小）这时说明肺内的气体……（学生：呼出去了）。

师：是的，随着横膈膜的张弛运动，我们的肺内就会吸入和呼出气体。

（四）学会测量肺活量

1. 认识肺活量概念

师：现在轻松一下，我们来个小比赛。我们请一位男生代表和一位女生代表到台前来，其他的同学也别闲着，别忘了给我们的代表加油啊。

比赛内容是一口气吹气球，规则是：一次用力吸气后，向气球内尽力呼气，比比看谁吹的气球大，明白吗？（学生：明白）准备好了吗，听口令，开始。

师：谁吹得大？

师：（举起胜利者的手）恭喜你获得了比赛的胜利。

师：这位同学吹的气球大，说明他呼出的气体……（学生：多）。

师：向刚才这样一次用力吸气后，再尽力呼出的气体总量就是肺活量，肺活量的单位是毫升。

通过刚才的对比，你认为他们俩谁的肺活量更大些？

生：……

师：输了也没关系，等你把肺活量增大了也可能会把他赢了。

2. 小组测肺活量

师：我看大家都跃跃欲试了，想不想测测你的肺活量？用什么方法来试试看？

生：方便袋、气球。

师：我为大家准备了不同的材料，按照大屏幕上的要求来试着测量自己的肺活量。找一个同学读一下。

大屏幕出示：

（1）将塑料袋内或气球内的气体排空。

（2）一次用力吸气后，尽力向塑料袋内或气球内呼气。呼完马上把口封住。

（3）做完后，和小组的同学比一比谁的肺活量大。

（4）比完后，接着排空塑料袋内或气球内的气体，赶紧整理好材料并坐好。

师：你读得真流利！做的时候听老师的口令，咱们一起来，还要比比看哪个小组做得最快，整理得最好，最有秩序。明白要求了吗？（学生：明白了）好，材料就在我们的桌洞里面，小组长把材料分给每个同学，准备好了吗？好，预备，开始。

师：好，吹完后马上卡住。小组内比较谁的肺活量更大一些。

师：完成的小组赶紧坐好，你们小组谁的肺活量最大？

生（气球小组）：他的大一些。

生（保鲜袋小组）：×××的大一些。

师：什么大一些？

生：肺活量。

师：大多少知道吗？（学生：不知道）你的肺活量知道吗？

生：不知道。

师：你觉得利用这两种材料测量肺活量还有什么不足？

生：它们都没有刻度，不知道是多少。

生：用保鲜袋很容易漏气，口太大。

生：吹气球还很费力。

师：要想准确地测出肺活量的大小，在这些材料上可以做怎样的改进呢？

生：标上刻度。

师：光有刻度行吗？还得有什么？

生：还得有单位。

师：怎么改进呢？

生：可以将口改小些。

师：同学们的建议都很好！看来要想测出较为准确的肺活量，我们的材料必须标有明确的刻度和单位。

3. 使用排水法简易肺活量计

师：这是一个简易肺活量计，它的上面标有单位和刻度，每一小格表示100毫升。它是利用排水法来测量肺活量的，首先向桶内注满水，再倒置放在装有部分水的水盆中，记下水位刻度，将塑料软管的一端放在瓶口的正下方，接着用力吸一口气后，对着吹嘴尽力吹气，一部分水会被排出，吹完后取出软管记下此时的水位刻度，两次的刻度差就是你的肺活量。

现在找两个同学来测一下。

师：看一下现在水位的刻度是多少？

生：……

师：现在的刻度是多少？你来给大家说一说你的肺活量是多少。

师：你来测一测，为了讲卫生，老师给你换个吹嘴。

师：看一下现在水位的刻度是多少？

生：……

师：现在的刻度是多少？你来给大家说一说你的肺活量是多少。

师：这个仪器虽然标有刻度，也能测出肺活量的多少，但操作起来不是很方便，需要有人帮忙。

4. 认识电子肺活量测量计

师：还有一种更方便、更快捷的测量肺活量的仪器叫“电子肺活量计”。测量时，只要一次用力吸气后，向吹嘴里面尽力呼气就行了，这个仪器上就能够显示出我们的肺活量。想不想知道老师的肺活量是多少？（老师来测试）注意看老师是怎么做的。

师：我请一个刚刚发言很积极的女同学来试试看。

学生测，并将测得的数据用磁扣粘在黑板上图表中相应的区间。

师：最后再请一个男同学测测看。

师：同学们想一下，如果我们班男生都来测的话，他们的肺活量大约在哪个区间？女生的肺活量在哪个区间？

学生说。

师：老师曾经做过一次实验，我们这个年龄的同学肺活量一般在1200毫升到1800毫升，有的同学可能比这个数值大。肺活量大意味着呼吸系统功能好，能为身体提供更多的氧气。

5. 肺活量的大小与什么因素有关系

师：有的人肺活量大，有的人肺活量小，那你认为肺活量的大小可能和哪些因素有关？

生：跟年龄的大小、性别有关。

师：还可能跟什么因素有关？

生：我感觉可能和这个肺的大小有关系。

师：也就是跟他本身的遗传有关，是吧？年龄大小，老师年龄比你们大，那是的。跟性别有关，跟肺有关，还可能跟什么有关？

生：还有跟平时的锻炼。

师：跟运动有关。

师：再给大家看一个数据：一般成年女子，肺活量是2500～3000毫升，成年男子是3500～4000毫升。

这几位认识吗？（出示图片：刘翔、李娜、孙杨、菲尔普斯）

师：知道他们的肺活量吗？

生：不知道。

教师出示结果：

刘翔：5780毫升；李娜：6800毫升；孙杨：7000毫升；菲尔普斯：10000毫升。

师：他们的肺活量怎么样？（生：很大）

师：他们的肺活量比一般成年人的要大，有的还大很多，为什么？

生：他们都是运动员，跟他们的运动有关系。

师：看来肺活量的大小跟运动也是有密切关系的。

师：如果我们经常加强运动的话，久而久之，我们的肺活量也会增大的。

（五）呼吸器官的保护

师：每时每刻都需要呼吸，所以呼吸对于我们来说是非常重要的。下面请同学们结合平时的生活经验，说说如何保护好自己的呼吸器官。（板书：保护）

师：谁能说一说，怎样做才能保护好我们的呼吸器官呢？

生：注意呼吸卫生，如不随地吐痰，扫地前先洒水，用湿布擦黑板，这样可以保持空气的清洁，预防肺结核等传染病。

生：坚持锻炼身体，以增加肺活量，预防感冒和气管炎。

生：不要吸烟。烟不仅刺激气管，使气管发炎，还能使人得肺癌。

生：吸烟有害健康，现在我知道了，真的是这样，吸烟还会危害生命。

生：应该全面戒烟。

师（出示雾霾天气图片）：现在雾霾天气特别多，在这样的天气出行，你应该怎样保护自己的呼吸器官？

生：……

师：是的，就让我们一起行动起来吧，去创造更加舒适的环境，让我们的呼吸器官更加健康。

师：那今天这节课，我们就上到这里。下课。同学们再见！

"呼吸和呼吸器官"教学设计

【课前活动】

教师出示一铁质盒子：我这里有个盒子，里面放了一种东西。你们来猜猜是什么？

生：我认为可能是茶叶。

师：说说你的依据（理由）。

生：因为这个盒子上面写着茶呢。

师：真是认真观察的孩子，通过外部信息来进行判断，有时候也很准确。怎么能知道里面有什么？

生：打开看看。

师：打开看看，这种方法最直接，但是如果不打开，还可以用什么方法来判断？

生：请老师晃一晃。

师：好，我现在就晃晃它，请同学们仔细听。（晃）你认为里面是什么？请说说你的理由。

师：再听，里面的物体是什么形状的呢？

师：你们推断的到底对不对呢，要想真正知道，我们必须把盒子打开。现在就是真相大白的时刻。瞪大眼睛，认真看，是什么？

师：孩子们，科学探究就是这么简单，根据听到的、看到的做出合理的推想和判断，我看，大家都具备了做一名科学家的潜质。这节课上，我们就来比一比，看谁的表现更加精彩。上课！

【教学过程】

（一）导入新课

师：我想问一下，同学们喜欢跳绳吗？咱们班里谁跳绳最棒？推选两名同学到台前来比一比谁跳的多，大家来做裁判。预备，30秒计时开始！（鼓掌）

你们发现这两名同学跳绳结束后，有什么变化？

生：呼吸变急促了；脸红红的；心跳肯定更快了……（你有过这样的体验吗？）

师：你们两个说说，你们的身体发生了什么变化？

师：课前，让同学们针对运动前后的呼吸次数做了统计，跳起来后会怎样呢？谁能说说，你发现了什么？再过一会儿，呼吸又会发生什么变化？

师：是的，看来，呼吸次数与运动有着密切的关系。

（二）认识呼吸器官

1. 感受呼吸，认识呼吸器官

（1）谈话：怎样才算是呼吸一次呢？

引导学生通过观察、感受，发现身体的哪个部位发生了变化，有什么变化？由此认识肺。

（2）提问：请同学思考一下，嘴和鼻子都能呼吸吗？

分别用口和鼻子呼吸，体验两种呼吸方式的不同，知道鼻子是呼吸器官，口是用来辅助呼吸的。

2. 用呼吸器官图片进行排序

同学们，桌上摆放着切割好的呼吸器官的图片，请同学们根据你们的理解将它们按顺序进行拼贴，并认真观察这些器官的样子，思考一下这些器官为什么是这样呢？

交流：请大家看旁边小黑板，谁来介绍一下？

学生介绍呼吸器官的名称，其他同学补充：气管、支气管、肺、肺泡。

引导学生介绍各部分的样子。

气管：长长的管子，便于气体的流动、传送。

支气管：像树枝，分支特别多。

肺泡：小气球，特别多，可以容纳很多气体。

教师补充：在鼻腔和气管之间还有一段距离，这里叫作咽喉。请你也指一指。

教师小结：同学们观察得真细致，分析得也特别有道理。我们一起来看看科学家们制作的视频。（播放视频：肺与呼吸系统）请你认真观看，看你又会有什么新的收获。

现在我们再来看看，大家刚才拼的呼吸器官正确吗？每个小组找一名同学来纠正。

学生交流。

（三）研究横膈膜的作用

师：肺不停地扩张、收缩，我们就能呼吸，肺为什么会有这样的变化？你知道吗？（生：不知道）

师：想知道吗？可是尹老师又不能把人体解剖开让大家看，怎么办？在科学上有一种研究方法就是用模型来演示。（出示肺呼吸模型）

师：老师做了一个肺呼吸的模型，同学们看，你认为模型的每个部分分别模拟的是人体的什么器官呢？

生：瓶子模拟的是胸腔。

生：里面的Y形管模拟的是气管和支气管。

生：两个气球模拟的是肺。

师：你们说吸气的时候肺会怎样？（学生：变大或鼓起来）胸腔会怎样？（学生：变大）

师：呼气的时候肺会怎样？（学生：变小）胸腔会怎样？（学生：变小）是谁给了肺一种力量让它变大变小呢？请同学们以小组为单位研究一下这个模型，观察什么情况下，气球内部会充满气；什么情况下，气球内部的气会被挤出。

生：拉动气球……松开气球……

师：那么这个橡胶皮模拟的是什么部位，应该在身体的哪个位置？（学生指）

在人体胸腔的下端有一个器官叫横膈膜。它的一张一弛能够帮助肺吸入和呼出气体。

横膈膜向下动，肺怎样了？（学生：变大了）这时说明肺内……（学生：吸入气体）。横膈膜向上动，肺怎样了？（学生：变小了）这时说明肺内的气体……（学生：呼出去了）。

（四）学习海姆立克急救法

师：请大家看，从鼻腔到横膈膜的部分是一个通道，而且只有一个出口，如果在这个（　　）发生了什么？（　　）这意味着什么？（　　）你想到了生活中的什么现象？

生：边吃饭边说话，有的时候被呛着过；喝着水，笑了，容易呛到……

师：据不完全统计，我国每年因为异物堵塞引起意外窒息而亡的孩子有近3000人，这是多么可怕的数字呀！

师：就像这样，遇到这种情况怎么办？哪位同学能把泡沫移开？

生：用手拿出来。

师：我们能不能把手伸到呼吸道里把东西取出来？

生：不能。

生：拉动下面的气球试试。

教师操作，学生观察：生活中，我们不能把横膈肌拉一下呀，怎么办呢？谁有办法？

学生回答。

师：医学上有一种急救法叫作海姆立克急救法，你们听说过吗？谁能来帮个忙？施救者站在被救者身后，两手臂从身后绕过伸到肚脐与肋骨中间的地方，一手握成拳，另一手包住拳头，然后快速有力地像内上方冲击，直至将异物排出。

师：同学们学会了吗？据统计，利用海姆立克急救法至少已经成功救治10万人。希望同学们课下练习一下这种急救方法，希望大家能够在别人的生命遇到危险时，帮助别人脱险。

（五）吸气与呼气路线

师：我们来梳理一下人体的呼吸器官，鼻、咽喉、气管、支气管、肺这些器官就是我们的呼吸器官。（板书：呼吸器官）

师：空气是沿着怎样的路线到达肺里的？

生：空气进入鼻腔、咽、喉、气管、支气管，最后到达肺。

师：来看大屏幕，（课件演示空气进入路线）请你用手指一指。

师：肺里的空气是沿着怎样的路线呼出去的呢？

生：从肺里到支气管、气管、喉、咽，最后从鼻腔呼出。

师：一起来看（用课件演示空气呼出路线）。

师：呼出去的这口气还是吸进来的那口气吗？

生：应该不是了，会发生变化吗？

师：会有什么变化呢？

生：不知道。

（六）研究吸进和呼出空气的成分不同

师：科学家也从人吸进和呼出的空气成分研究了人的呼吸，请同学们看这个对照表，比较一下，人们吸进去的空气和呼出去的空气成分发生了什么变化？能说明什么问题呢？

生：吸进去的氮气是78%，呼出去的还是78%，这说明人体不需要氮气。

生：吸进去的氧气多，呼出去的氧气少，这说明人需要氧气。

师：需要氧气做什么呢？

生：运动、吃饭、学习都需要。

师：做大量运动时，需要的氧气就会……

生：越多。

生：二氧化碳增多了。

师：怎么会增多呢，这些二氧化碳从哪里来？

生：我认为这是空气中的氧气跟身体中的一些物质结合了。

师：这是因为氧气进入身体后，与血管中的碳结合了，变成了二氧化碳。

生：水蒸气也增多了。应该是氧气与什么结合了，变成了水蒸气。

师：是的，与氢结合，变成了水蒸气。

师：你们的发现与科学家一样。尹老师还有一个珍贵的礼物要送给大家，想知道是什么吗？（出示塑料袋）

师：这个袋子里面装的是什么？

生：空气。

师：这是一袋新鲜的空气，我们用它来做一次体验活动，首先用鼻夹夹住鼻子，把这根吸管插入袋子中，先捏住，防止空气跑出来，然后打开吸管，反复呼吸这个袋里的空气，仔细体会，你有什么感受？（从什么时候感觉憋得难受的？）

生：刚开始还是很好的，后来觉得空气……

师：谁能解释一下，这是为什么呢？

生：里面的氧气因为呼吸的原因，逐渐减少，而呼出气体中的二氧化碳多了，这样反复多次后，袋子里的氧气越来越少，二氧化碳越来越多，所以空气就不新鲜了。

师：呼吸了不新鲜的空气，会怎样呢？

生：呼吸了不新鲜的空气，我们的呼吸器官肯定会受到伤害。

师：孩子们，如果这是地球上仅剩的属于你自己的最后一袋新鲜的空气，你会怎么想，你想说些什么？

生：老师我知道有一句话说：如果人们不珍惜水，那么地球上的最后一滴水就是人的眼泪。

如果人们不保护空气，那么地球上的最后一口气，就是人类的叹息。（鼓掌）

师：说得真好，多么发人深省！让我们为天更蓝，水更绿，空气更清新而努力，下课！

科学探究指导课

“建立模型”教学设计

【教学目标】

（1）通过回忆之前的学习知道什么是模型，了解模型的种类与作用。

（2）能够利用所学知识解释科学探究中的思想和发现，并通过建立模型的方式来解释自己的思想和发现。

【教学重难点】

建立简单的模型来解释自己的思想和发现。

【教学准备】

圆片（红黄）、两个小球、一个暗箱、A4纸、瓦楞纸、纸筒、方形积木等。

【课前活动】

师：这里有七张小凳子，请三位女同学、三位男同学分别坐在两边的凳子上，中间空一张凳子，游戏规则像下跳棋，只能平着移动一步，或者隔着一个人跳一步。需要跳多少步，三位女同学和三位男同学才能交换原来的位置。

同学们有好多想法，在桌面上的信封里有两种不同颜色的圆片各3个，用它们代替三个女生和三个男生，大家分组实验，动手试一试，看最少几步能够完成。

学生交流做法。

师：有哪个小组能够用15步完成？你们在电脑上用动画课件演示给大家看。

孩子们如果换成分别是4人呢，最少会是多少步呢？5个人呢？是不是不好弄了？

有人对这个游戏进行了计算、分析，得出了一个数学公式，步数=人数的平方+人数×2，用字母表示就是步数=N^2+2N，试着算算4个人的话，需要多少步呢？

教师小结：你看有了公式，计算就变得简单有效了。

【教学过程】

（一）实物导入，认识模型

1. 出示各种教具模型

出示各种教具模型，并在此基础上回顾我们使用过哪些模型。

2. 认识模型的种类

师：所以在科学研究的过程中，为了解释科学现象，进行科学研究，人们运用了多种模型来解释。你知道哪些模型呢？

学生举例科学学习中、生活中见过的模型。师随机板书：实物。

师：在科学学习中你是如何记录或如何向别人解释你的发现的？

生：记录表、统计图、动画、画图……

师：刚刚说的这些都属于模型。它们分别是图表、动画，除此以外，我们在数学课上学过的公式也是模型。

3. 认识模型的作用

A出示地球仪：这是什么？属于模型吗？人们为什么要建立这个模型呢？

生：因为地球太大了，难以直接观察。

出示细胞，这是学生根据放大后的细胞图片建立的细胞模型。为什么要建立这样的模型？

细胞太小了，也不便于观察，制作成模型就比较容易观察了。

B出示人体内脏器官模型：这是模型吗？属于什么模型？

最初研究人体内脏的人是怎么研究的？（解剖尸体）但是不是所有的人都需要通过这种方式来研究呢？所以科学家们通过解剖尸体，了解了人体的内脏结构，制作了这样的模型，就方便了我们的研究。（事物内部构造复杂）

C出示月相成因动画。（像这种事物之间存在复杂的联系的也需要用模型来解释。）

D出示航模、船模、宇宙飞船模型、建筑模型等。像这样为了能够直接观察事物、内部构造、发展变化，以及之间的关系，把某些物体放大或缩小的复制品叫作模型。

（二）建立模型，解释现象

这个板块的重点有两个方面：一是根据对某一现象的观察，建立物体内部构造的模型；二是学会根据已有的结论或发现制作模型，或是在制作模型的过程中验证我们的发现是否正确。

在前面的科学学习中，你获得过哪些发现或结论？你想怎样以模型的形式来解释你的思想和发现？

（1）教师出示一个密封的纸盒子：这是一个纸盒子，在纸盒的上端和下端分别有三个孔，请大家认真看，现在我把乒乓球放入第一个孔中，你发现了什么？再看（放入第二个孔、第三个孔），你发现了什么？

（2）请你详细地说出你看到的现象。（要求学生说清楚）

（3）你认为可能是怎么回事，能不能试着解释一下？（里面应该是什么样的结构呢？）

（4）你能用画图的方式来补充表达吗？现在请同学以小组为单位，把你们认为合理的结构图画在发给你们的纸上，咱们来比比看哪个小队合作效率最高，完成得最快，画得更合理。

（5）画完后展示，让学生边看图，边解释。

（6）要想知道大家想的对不对，还有什么办法？打开看看，跟刚刚的图进行比对。

教师小结：用画图的方式把纸盒内的构造画下来，这是一种怎样的模型呢？这种我们称为图画模型。

（7）演示暗盒，学生试着解释。

师：我这里还有一个暗盒，有没有兴趣来挑战下？请大家看好了，这个盒子跟刚才那个差不多，也是上下分别有三个孔，不过，这次我准备了三个球，一会儿，我让这三个球同时进入三个孔中，请大家认真观察下面的三个孔，并说一说你看到了什么。

教师演示，学生认真看。

学生介绍看到的现象：三个球从孔里出来的时间不同。

（8）教师引导学生对暗盒内的结构进行推想。

师：你们认为可能是什么原因呢？

学生说自己的看法。

小组内简单讨论。

教师总结学生的意见：

A. 通道一定不同。

B. 通道内的面不同，慢的可能摩擦力比较大。

C. 也有可能坡度不同。

师：大家对暗盒里的通道及其结构有了一定的想法，现在请大家先在小组内讨论设计，将你们对内部结构的想法画在A4纸上。

画完后学生介绍。

（9）组内合作制作后展示。

师：大家的这些想法合理吗？怎么才能知道呢？（学生：打开看看）如果不打开，还可以怎么做？

学生交流（按照自己的想法做一个试试看）。

① 制作模型：按照大家的想法进行简单的制作，我给大家准备了一些制作所需的材料。我们来比一比看哪个小组的设计更合理，更迅速。

② 小组合作制作并展示。

师：我们利用模型解释了我们的发现和想法，这就是建立模型。

师：我们通过建立模型的方法，检验了刚才我们所画的模型到底是不是正确的，通过检验，看着图纸，再看看结果，你发现了什么？

引导学生说出：一种现象可能出现多种解释，形成一种现象的原因可能有多种，道理能够解释通，并能够通过建立模型验证解释，就都是合理的。

教师小结：刚才我们（指画的图）只做了模型，并通过建立模型的方式，对模型进行了检验，通过检验我们确定了正确的事物模型。这就是一种建模的过程。

结束语：有了模型，我们能够更轻松地向别人展示自己的研究成果，并通过模型，更多地了解世界，了解宇宙。希望同学们课下做有心人，更多、更好地利用、制作模型。

技术与工程

“修理玩具”说课稿

【教材分析】

“修理玩具”是青岛版小学科学二年级上册第五单元第2课，属于技术工程领域的内容。本课借助学生经常遇到的问题，引发需求，激发学生修理玩具的动力，接下来，引导学生认识常见工具，了解常见工具的功能，并学会选择恰当的工具，最后使用工具来修理玩具，通过比比谁的手更巧的活动，对学生的学习进行评价。在选用工具、练习使用工具的过程中，培养学生的动手能力，并在最后的相互评价中，养成善于向他人学习、借鉴的优良品质。

1. 问题与需求

从学生的生活经验入手，提出需要修理玩具的需求，引发对工具的认识。

设计目的：借助学生经常遇到的问题，引发需求，激起学生修理玩具的动力，从而引发学生学习与使用更多常见工具的欲望。用疑问句引发学生的思考，让学生意识到修理玩具时，既应该选用合适的工具，也要学会使用工具，激发学生进一步认识工具、学习工具的使用方法的动力，为引出下一环节的探究活动做铺垫。

2. 探究实践

这一环节分为三部分：

第一部分是认识几种常用工具。教科书呈现了一个工具箱，里面有钳子、锤子、活口扳手、可更换刀头的螺丝刀及各种型号的螺丝刀头等，同时借用卡通泡泡语“我还知道……”，提示学生可以补充介绍其他的工具，目的是让学生通过观察及列举实例的方法，互相介绍、列举、认识多种常用工具，并知道部分常用工具的名称。

第二部分是了解几种常用工具的功能。“了解”降低了认识工具的难度，只需要掌握某些工具的常用功能及基本使用方法即可。

教科书通过卡通人物的泡泡语及几种常用工具的特写图，展示了各工具的功能。泡泡语“用扳手可以……”配合活口扳手的图示，展示了活口扳手的使用方法；泡泡语“我发现这种锤子……”使用了锤子各部位功能的特写图：锤头与被砸物体的接触面部位带有花纹，防止打滑；锤子顶端带有凹槽且具有磁性；锤子头可以钉钉子；锤子的羊角部位可以用来起出钉子；锤子的半角部位可以撬开结实的盖子。目的是引导学生通过细致的观察与体验，了解其主要功能、主要用途，并学会基本的使用方法，感悟到人们会根据需要对工具不断改进与发明。

最后，通过卡通泡泡语“其他工具……”将学生对工具的认识拓展开来。对各种常见工具进行认识并掌握其使用方法。

警示语“使用工具时，需要得到家长或教师的指导”强调了使用工具要注意安全。

本活动设计中，隐含着两个探究目标：一是先对常用工具进行观察，发现其构造特点，设想其功能；二是在教师的指导下对常用工具进行尝试性操作，在实践中发现其用途，学习正确的使用方法。

第三部分是会恰当选用工具。教科书呈现了组图：中间是装有各种工具的工具箱，周围摆放了一圈钉子或螺丝、螺帽，意在让学生通过观察发现两者之间的关系，使用时能够选择出合适的工具。让学生通过此活动努力达成对常用工具的功能、用途熟悉并能够熟练使用的目标。通过选择工具的活动进一步加深对工具功能、用途的了解，为在生活中更好地使用工具奠定基础。

3. 评价与创新

使用工具来修理玩具吧。

“比比谁的手最巧”提示学生修理物品时有一定的技巧，注意方法和技巧才能将玩具修理得更好。

本活动主要有三个目的：一是通过修理玩具练习工具的使用；二是完成修理玩具的任务；三是培养学生的动手实践能力，并在其过程中感知到自己可以完成一些事情，获得成功的愉悦感，增强学生的自信心。

【学生分析】

二年级的学生经过一年的科学学习，已经掌握了一定的科学学习的方法，并对科学保有极大的兴趣。玩具是孩子们生活中最有趣的玩伴之一，玩具出现故障也是孩子们常常经历的事情，对于修理玩具也有一定的经验，但是由于年龄比较小，对于如何使用工具，如何选用工具，还是比较困难的。

【教学目标】

（1）认识身边的常用工具，了解其功能；能使用工具对玩具进行简单维修。

（2）指导学生利用多种感官观察常用工具的外部形态特征，并从体验活动中感知各种工具的使用方法。

（3）能通过观察了解常见工具的特征；指导学生能根据需要选择合适的工具；愿意倾听、分享他人的信息；乐于表达、讲述自己在使用工具时的想法。

（4）感知工具给人类生活带来的便利；了解人类可以利用工具让生活环境不断得到改善。

【教学过程】

（一）导入新课

上课伊始，首先利用生活中常见的场景，比如遥控汽车的电池没有电，需要更换电池，应该怎么办等来导入新课。

或者课前录制视频，玩具箱里有一堆玩具，其中有的钉子掉落，有的螺丝松散，有的部件已掉下来，并与学生进行谈话：生活中，你有没有遇到过类似的事情？以此引发学生修理玩具的欲望。

接下来引导学生交流遇到这种事情时，一般都会怎么办，调动学生的已有知识经验，掌握学生已有的科学前概念，对接下来的教学起到一定的指导作用。

也可以以小组为单位，让学生对需要修理的玩具进行观察，说一说哪里出现了问题，应该怎么修理？通过讨论提出可能需要的工具，引发想要修理的欲望，顺势导入新课。

（二）教学活动

活动一：工具箱里有哪些工具？它们能帮助我们做什么？

承接上面的活动，学生已经提到了各种各样的工具，教师适时展示工具箱，先让学生介绍自己认识的工具，引导学生说出这种工具的名称、特点和基本用途。利用一种工具作为方法指导，学生知道应该怎么观察、描述和介绍工具后，引导学生小组合作，观察、描述工具箱内的工具，并将发现整理在记录单上。小组合作观察完后，再进行全班交流展示，每组选一种工具做重点介绍，学生不认识的，教师再进行讲解。这个环节中，先是利用一种工具的介绍作为方法引领，让学生知道应该如何观察、描述工具，进而进行小组合作，使教学过程能够做到有收有放，收放自如。

活动二：了解工具的使用方法

在小组开展观察活动之前，先针对某一种常用工具引领学生认真观察，如先出示扳手、羊角锤，观察扳手和羊角锤的构造，了解这种工具的特点。指导学生细致体会某一种工具的各项功能，引导学生发现同一种工具的不同用途，体现对工具的灵活使用。

观察扳手时，可以由熟知扳手的学生进行演示性示范，教师予以纠正，使其规范。

观察锤子时，为学生准备教科书中展示的羊角锤和大家日常生活中常用的锤子，观察构造并进行比较，然后教师再通过课件展现各式各样的锤子。通过比较，认识到锤子种类繁多，用途与功能也不完全一样。发现最早的锤子一般只有砸东西的功能，为了让工具使用起来更方便、更省力，人们不断对工具进行改进，逐渐有了磁性锤以及各种功能锤。

在进行本探究活动之前，教师首先要提醒学生注意安全，强调使用工具要在教师或家长的指导下进行，让学生明确，安全使用工具不仅包括保护自己不受伤害，也要保证不让他人受到伤害。

本活动以学生自主探究为主，引导学生通过观察、体验、相互交流，发现各种工具的功能及使用方法，培养学生的观察能力及动手实践能力。

活动三：使用下列钉子或螺丝，各选用什么工具合适呢？

教师可以先出示一个表格，表格中设计了很多不同的任务或者活动，比如，拧螺丝、剪纸、剪铜线等，让学生以小组为单位观察在完成这些任务时需要哪些工具，尤其是拧螺丝，可先让学生观察螺丝的结构，然后再选择哪种工具更适合。为了检测学生们选择工具的判断能力，教师也可以随机抽取某一种钉子或螺丝，以问答或抢答的方式让学生说出自己的想法，通过全班同学的评议，加强对各种工具的认识。

在充分地了解了这些工具的用途后，教师可创设一个场景：教室前门的锁出现了松动现象，让学生先考虑该如何修理，用什么工具，然后让学生现场操作，起到示范作用，使学生达到既知道如何修，也知道用什么工具来修。让每一位学生都能够根据情况选择恰当的修理工具。

【评价与创新】

要求学生开展“修理玩具”的活动。

先以小组为单位进行讨论，针对本组带来的需要修理的玩具，口头设计一个修理计划，待大家意见统一之后，再进行分工，确定每个人的工作任务。对一些比较难修理的玩具，可以请求同学或老师的帮助。整个修理玩具的过程中，首先要保证使用工具的安全；其次，教师要巡回指导，及时发现问题、解决问题，及时调控，保障学生们在轻松、愉悦的气氛中友好合作完成任务。

修理活动完毕后开展评价活动，可以让学生提出几个评价意向，如玩具修理后的美观程度；采用的修理方法；在使用工具时的熟练程度；与同学之间的合作等。评价中以激励为主，对发现的问题也要精准提出来，指出努力的方向。（见表1）

表1　教学评价表

学习项目	表现优良	已能做到	继续努力
1. 认识身边的常用工具，了解其功能；能使用工具对玩具进行简单维修			
2. 指导学生利用多种感官观察常用工具的外部形态特征，并从体验活动中感知各种工具的使用方法			
3. 能根据需要选择合适的工具；愿意倾听、分享他人的信息；乐于表达、讲述自己在使用工具时的想法			
4. 感知工具给人类生活带来的便利；了解人类可以利用工具让生活环境不断得到改善			

关于制定的以上评价项目，可以分散到每一个教学环节中，通过活动的参与、观察是否细致、方法是否灵活等来对学生进行评价。利用每一个小环节的评价与小结，来进一步促进下一个环节的开展，最后一个环节“评价与创新”属于技术工程课的一个重要环节，是针对学生本节课的学习成果进行的评估，不仅仅评估对知识、方法的掌握，还要评估学生在本次合作探究或活动中是否积极参与等，对学生来说是一个很好的促进和激励。

【教学反思】

（1）二年级的学生在实际操作的过程中，可能会出现方法上的不灵活或者操作的不熟练，建议教师在讲解时需要特别强调使用方法，尤其是一些细节问题，课堂上讲解后，立即让学生试一试，同时进行实际操作的工具不要贪多。

（2）安全问题：虽然工具箱中的工具不多，也大多很简单，但是在小组内进行操作时，难免会出现争抢或者一些危险动作。建议教师在上课时，除了进行安全教育之外，还需要对学生进行细致的分工，这样，一人操作时，其他人都有具体的任务，才不会慌乱，也不会出现问题。

（3）技术问题：有些玩具比较复杂，比如遥控汽车的遥控器坏了，里面的电子元件等修理起来很麻烦，不适合二年级的学生来完成，像这样的情况，教师要及时告知学生，可以让学生回家和爸妈一起，或者下课后和老师一起进行修理。

【教学资源】

1. 科学阅读——绘本阅读

《我的爸爸是超人》《我会修玩具》。

2. 视频资料

巧用工具。

“我的削笔刀”教学设计（一）

【教学目标】

1. 科学知识

了解生活中的科技产品，体会科技产品给人们带来的便利、快捷和舒适。

2. 科学探究

在教师的指导下，能用语言初步描述对科技产品体验后的感受。

3. 科学态度

乐于表达自己在体验活动中的感受；愿意倾听、分享他人的信息。

4. 科学技术环境与社会

了解生活中常见的科技产品及其给人类生活带来的便利。

【教学准备】

铅笔、铅笔刀、卷笔刀、手摇转笔刀、有关科技产品的图片及视频资料、教学课件。

【教学过程】

大家好，我是六年级的老师，大家可以叫我李老师。李老师今天要给大家上一节科学课，早就听说我们一年级（1）班是一个非常优秀的班级，看到你们，老师非常高兴。

你们的心情怎么样？你们喜欢科学课吗？为什么喜欢？

太棒啦，老师期待你们在这堂课上的精彩表现。准备好了吗？

（一）问题与猜测

（1）同学们都非常聪明。今天李老师给大家带来了一个谜语，相信一定也难不倒你们。我们一起来读一读吧。

你知道谜底是什么吗？（学生：铅笔）

铅笔是我们学习中最常用的文具，能写字也能画画，它还有一个最重要的优点，那就是如果我们写错字的话，可以用它的小伙伴橡皮擦掉，非常的方便。

可是，大家有没有遇到这样的情况，如果在使用中铅笔芯不小心断了，我们该怎么办呢？削铅笔。

（2）你会用哪种削笔的工具削铅笔呢？

（3）课件出示铅笔刀、卷笔刀、手摇转笔刀三种削笔工具的图片，请学生自由选择并说出理由。

（4）总结：通过同学们的回答，大家一致认为要选择安全性高、方便操作、削笔速度快的削笔工具。

（5）到底哪种削笔刀更好用呢？一起动手试试吧！

设计意图：让学生选择削笔刀时，要根据自己的生活经验进行有依据的猜测并说出选择的理由。

（二）探究与实践

活动一：使用铅笔刀削铅笔

教师示范铅笔刀的正确使用方法。小刀面斜着对着铅笔形成15度的角，然后平稳地从后往前推刀背，用力要均匀，方向要稳定好，尽量保持倾斜的角度不变，不要用力太大、太小或者用力不均，否则削的铅笔凹凸不平。

课件出示注意事项：注意安全使用铅笔刀；注意保持教室卫生。可在桌面铺一张纸用来收集铅笔屑。

学生组内使用铅笔刀削铅笔，教师巡视指导。

设计意图：鼓励学生学习使用铅笔刀削铅笔，培养学生的动手操作能力。活动结束后，注意清洁整理桌面，有利于培养学生良好的卫生习惯。

活动二：使用卷笔刀和手摇转笔刀削铅笔

（1）学生组内使用卷笔刀和手摇转笔刀削铅笔。

（2）根据使用感受，在相应表格内画三角，一个三角代表差，两个三角代表一般，三个三角代表好。（见表1）

表1　两种转笔刀对比表

	安全性	便利性	削笔速度	……
卷笔刀				
手摇转笔刀				

活动三：说说我们的感受

（1）在三种削笔工具中选出你认为最安全、最实用的工具，并说明理由。

（2）学生组内讨论并汇报，教师评价总结。

（3）出示电动削笔刀，请学生上台使用，对比前三种削笔刀说出使用感受。

（4）总结：不同时期的削笔刀都是科技产品，它们的不断更新给我们的生活带来方便、快捷。

（三）拓展与创新

（1）你还知道生活中有哪些常见的科技产品？

（2）火车也是一种科技产品。出示蒸汽火车与动车的视频。它们的发展给人们生活带来了哪些变化？

（3）画出两种你知道的科技产品，以其中一种产品为例说一说它的发展变化给生活带来了什么？

（4）小组讨论并汇报。

（5）总结：科技产品的不断发展，改善着人们的生活，给人们带来了便利、快捷和舒适。

设计意图：拓宽学生的认知领域，从而对科技产品有更深入的理解。（见图1）

希望同学们将来也能够创造出更加有用的科技产品，让我们的生活更加便利、快捷和舒适，大家有没有信心？祝你成功！

这节课就上到这里，下课。

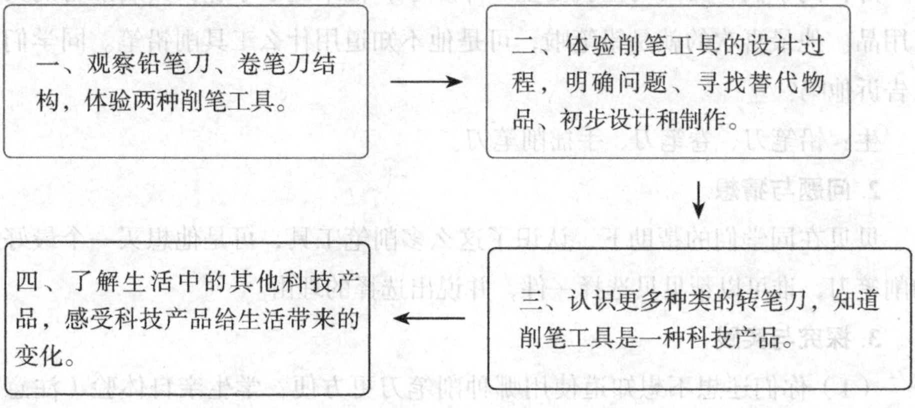

图1 “我的削笔刀”教学设计流程图

“我的削笔刀”教学设计（二）

【教学目标】

（1）认识常见的几种削笔刀，并了解其用途。

（2）初步知道削笔刀的发展过程，感悟制造刀具的材料和工艺已经并将继续不断发展。

【教学重难点】

（1）教学重点：知道选用合适的削笔刀更能提高削铅笔的效率。

（2）教学难点：理解技术的发展使制造工具所用的材料和工艺都得到了不断的发展。

【教学准备】

小刀、简易削笔刀、手摇削笔刀、电动削笔刀、气球、新铅笔等。

【教学过程】

1. 情境导入

师：同学们，贝贝马上就要上一年级了，他来到了小鹿文具店准备购买学习用品。他最喜欢的就是铅笔啦，可是他不知道用什么工具削铅笔。同学们可以告诉他吗？

生：铅笔刀、卷笔刀、手摇削笔刀。

2. 问题与猜想

贝贝在同学们的帮助下，认识了这么多削笔工具，可是他想买一个最好用的削笔刀，谁可以帮贝贝选择一件，并说出选择的理由。

3. 探究与实践

（1）你们还想不想知道使用哪种削笔刀更方便？学生亲自体验（注意安全）。

（2）在自己动手实践后，让学生按照削铅笔从慢到快的顺序排一排，说一说原因。

（3）展示交流：使用哪种削笔刀更方便？为什么？

（使用转笔刀既省时、省力，又安全。）

在评选出手摇转笔刀后，教师展示电动转笔刀的使用并现场演示，激发学生对科技产品的浓厚探究兴趣。

（4）你还观察到学习用品中有哪些科技产品？

引导学生找出身边的铅笔盒、橡皮、计数器，然后在讲台上向大家展示自己含有科技含量的学习用品，说一说它们的优势。

（5）动手做一做。

利用气球、卷笔刀、牙刷、橡皮等用品，小组合作制作科技学习用品。如何将简单的削笔刀改装成更高级的削笔刀？（用气球套在铅笔刀上使用，干净。）

4. 拓展与创新

（1）科技产品给生活带来哪些变化？举例说明。（计算器、交通工具等）

（2）教师小结。

板书设计（图1）：

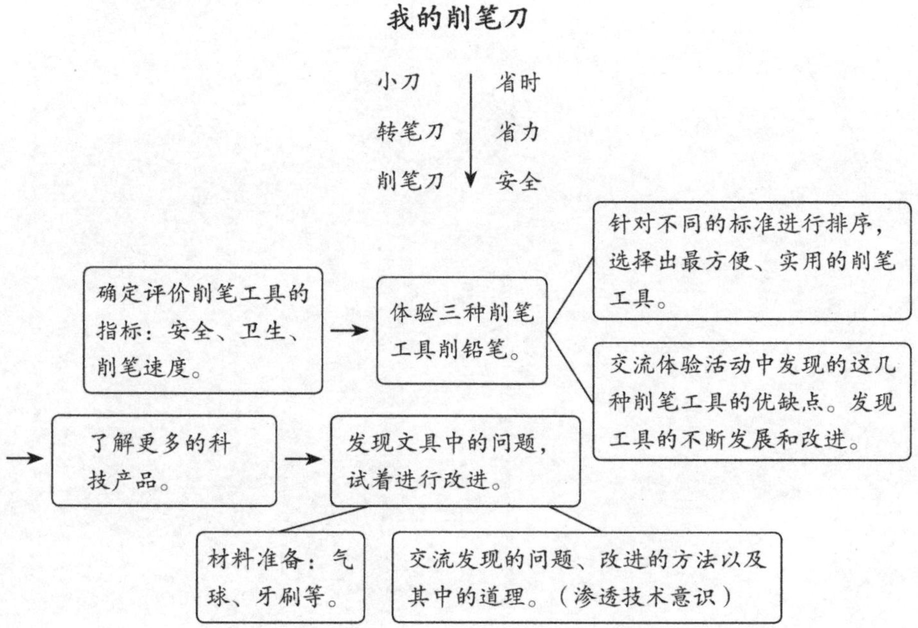

图1 “我的削笔刀”板书设计图

（2）在自己动手实践后，让学生按照削铅笔从慢到快的顺序排一排，说说原因。

（3）展示交流：使用哪种削笔刀更方便？为什么？

（使用转笔刀既省时、省力，又安全。）

在评选出手摇转笔刀后，教师展示电动转笔刀的使用并现场演示，激发学生对科技产品的浓厚探究兴趣。

（4）你还观察到学习用品中有哪些科技产品？

引导学生找出身边的铅笔盒、橡皮、计数器，然后在讲台上向大家展示自己含有科技含量的学习用品，说一说它们的优势。

（5）动手做一做。

利用铅笔、卷笔刀、牙刷、橡皮等用品，小组合作制作科技学习用品。如何将简单的削笔刀改装成更高效的削笔刀？（用汽车接在转笔刀上使用，节省。）

4. 拓展与创新

（1）科技产品给生活带来哪些变化？举例说明。（计算器、交通工具等）

（2）教师小结。

板书设计（图1）：

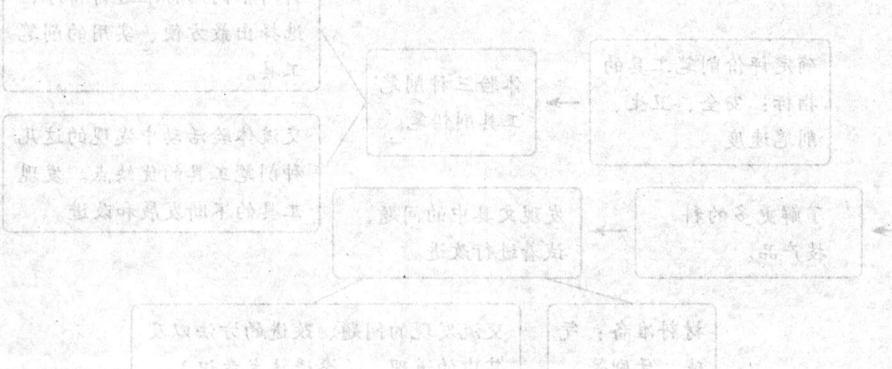

图1 《我的削笔刀》板书设计图

第三章

观课议课

感悟·思

——大比武听课总结

历时7天的第三届教学大比武小学科学课堂教学评比活动落下了帷幕。这次课堂教学评比活动充分展示了全市课堂教学改革的成果，讲课教师以导学案为教学手段，引导学生课前自学，课堂上利用小组合作学习的形式展示交流课前学习成果，利用小组大展示突破本节课的教学重点，并充分结合了市教研室关于科学课中体现“学生探究脚手架”“思维导图”的要求。45位教师呈现了45节各有特色的课堂。无论是经验丰富的骨干教师，还是朝气蓬勃的年轻教师，都以自己的特色诠释着科学课堂教学的精彩，真可谓“八仙过海，各显神通”。置身于课堂中，倾听着教师们一堂堂精心准备的课，我亲身领略到教师们对教学的饱满热情，体会着他们对小组合作的关注……教师们在向学生传授知识和技能的同时，也向我们传递了很多信息。现在就我听课时的感受分析如下。

一、亮点展示

（一）充分展现了教学改革成果，导学案设计、小组合作教学等方面水平显著提高

肥城市课堂教学改革旨在打造高效课堂，导学案为课堂教学的总抓手，利用有效的课堂组织形式，使学生充分参与课堂，解决课堂精力流失率，提高高效学习率。导学案是学生的学习路线图和方向盘，所以导学案的设计尤为重要。这次课堂教学评比活动中，教师们都采用了导学案的形式，每位教师设计的导学案都各具特色，都注重了对学生课前学习、课堂中小组合作的指导，也体现了课堂中的几个转变。

1. 从教学目标到学习目标的转变

这次讲课教师准备的导学案中都将“教学目标”改成了“学习目标”。虽然只是定语的变化，但却是本质的改变——教师教学意识的转变：主体变成了学生。比如“测量”一课，一位教师将学习目标定位为：

（1）能用量筒进行定量观察、采集数据，并做简单记录。

（2）从生活实例中，感悟用工具测量的精确性、必要性以及实际生活中需要精确测量的意义。

（3）通过测量一片树叶的面积，列举生活中的事例，了解模糊测量的方法。

由原来的教师讲什么，如何讲，变成了学生如何学，由侧重学会转变为学生会学。

2. 课堂组织形式的转变

科学课一直以来都是采用小组合作的形式，教师们运用起来还是很得心应手的。每个小组就是一个小团队，分工、合作，有条不紊，使教学活动稳步推进。有些小组的发言有理有据，使课堂更加精彩。

（二）学生探究思维导图的使用

为学生的学习、探究设计了思维导图，一步步引导学生学会思考，学会探究，学会分析、解决问题。让学生掌握思考问题的方法和技能是教育的最终目的。这次的课堂评比活动中，大家的导学案中都设计了思维导图，呈现方式多种多样，有问题式：采用什么方法？需要什么工具？怎么进行具体的操作？可能需要哪些方面的帮助？成员如何分工？如何相互合作？需要做哪些记录？有结论式，有温馨提示式……这些“脚手架”的出示给了学生正确的引导，知道了小组合作时应该怎么分工，实验过程中需要注意哪些内容……这样通过长期训练一定会对学生的科学素养养成有很大的推进作用。还有的教师在学案中也做了渗透，让学生在家自学时，也能得到教师的指导和引领。从这里也可以看出很多教师在这些方面下了番功夫。

（三）思维导图的展示易于学生对所学知识在知识网络的定位

制作、使用思维导图是市教研室主要抓的一项内容，从听课的情况看，45位教师都能将思维导图应用于课堂上，有的是在课始，先出示本节课要学的内容，然后沿着这一知识点，向前找到连接点，向后介绍要学习的内容，让学生从总体上了解本节课在这一阶段或者在整个小学阶段的位置，了解了重要性，学生才有的放矢。有的教师将思维导图放在课末，以结课的形式，由本节课的知识点发散开来贯穿前后的知识点。

二、问题与建议

1. 教师科学知识、科学素养亟须提高

很多教师都觉得科学教师就像本百科全书。虽然有些夸张，但从这句话中，我们不难体会到作为一名科学教师，需要掌握较多的科学知识，具有较高的科学素养。当然我们不可能将所有的知识收入囊中，但是科学教师应该在遇到问题、困难时有打破砂锅问到底的精神。尤其是教学中的困惑更要弄明白，再去和学生进行交流。这次讲课中就出现了很多知识性的错误，比如讲述“认识岩石”“认识矿物的性质”这一部分内容时关于“煤”的归类，很多教师心中都没有一个正确的答案，所以我们传递给学生的信息就是错误的。还有“能源”一课，有的教师给学生的很多信息都是错误的，“核能是现在很优质的能源”“核电站的核能是核聚变还是核裂变？”“火车、飞机的动力是什么？”这些问题的给予太过于仓促且没有经过深思熟虑，不禁让大家担忧。

建议：科学教师加强学习，提高自身科学素养。

给予学生的知识首先要确保正确性。这就要求教师在授课前认真翻看教科书，查阅较为权威的书籍、网页，将疑惑在课前尽可能地解决，给予学生正确的回答或者正确的解决问题的方法。

在面对有争议或者不确定的问题时，我们需要多方面收集资料，而且要学会甄别资料的正确性、可信度，再决定是否使用。这一点桃园镇的张老师就做了详细的研究，他告诉学生：煤属于岩石——有机岩。

2. 对“用教材教，而不是教教材”理念的理解出现了偏颇

“用教材教，而不是教教材”这一理念大家时常提起，可是现在有很多教师对这一理念的理解出现了偏颇。很多教师在设计课时，几乎不用教材中的内容，自己设计活动，由于对教科书研读不够，理解就出现了偏颇，活动设计脱离了学习目标，有的活动设计甚至失去了科学课的特点。比如“交流”一课，有的教师设计了“家里来了客人怎么做？和同学发生了矛盾怎么做？……”，有的教师设计了“零花钱怎么花”进行教学；“调查”一课中采用“五一出行的调查”等这样的活动已经不属于科学范畴。

建议大家将教材作为教学的根本，深挖教材，利用好教材中的设计。

反观教材，教材内容的选择和设计都是经过专家们的多次推敲、分析，是经过教材编写委员会审核通过的，其内容的选择、活动的设计等都很经典，很有效，很具科学性。所以教材应该成为教学的根本，教学的目标是教会学生学会知识及获取知识的能力和方法。而教材是实现这一目标的载体，所以我们首先要做的是将教材吃透，将教材中的内容融会贯通，成为自己课堂的一部分。当然如果可以对教材进行创造性使用，让课堂更加丰富多彩，是我们期待并乐意看到的，但是要杜绝完全摒弃教材。

3. 小组合作、评价流于形式，课堂驾驭能力较为薄弱

这次讲课中都采用了小组合作、小组评价的教学形式，但是有的课堂中，小组合作探究参与程度不够；汇报交流时，只有少数学生在倾听，教师讲解时也是如此。但面对这些，有些教师置若罔闻，自顾自地讲；有些教师表现出了急躁，但是也束手无策。其实这时候我们应该思考：学生为什么不听？为什么不和大家一起合作？……我想这里的原因有环节设计得不合理；有评价的不及时；有对学生关注度不够；有引导的不到位……

小组评价不够灵活，有的是加分，回答对一道题加1分；有的是画星，标准不是很统一，容易引起学生的意见……评价没有起到应有的作用，以上的种种问题容易导致课堂的乱。

建议：课堂中注意及时与学生交流，尽量引导学生科学规范实验、讨论、交流……这一点白庄矿的李老师就做得非常好，整节课李老师始终注意引导学生语言要科学、规范。小组讨论开始了，学生们尤其是后几个小组的个别学生出现了游离于讨论以外的情况，还有一个组的学生几乎不讨论，李老师深入小组一一进行指导，在她的指导下，小组开始讨论，效果很好。如果我们每一节课都对学生进行这样的指导，我们的课堂一定十分精彩！

充分利用各种评价方法对小组进行评价，调控课堂，激发学生对科学课的兴趣。评价的形式要灵活多样：语言激励、星级评价……关键是时机得当，方式的灵活多元，旨在激发学生对科学学习的兴趣。

教学语言需要锤炼。

这里的教学语言包括两个方面：一是教师的教学语言；二是学生的语言。

教学中，教师多是组织者、倾听者、提示者、质疑者，所以我们的语言要尽量简练，面对科学的问题一定要准确。作为提示者、质疑者，我们还用“你的依据是什么？”“你认为是怎么回事？”“这说明什么？”作为质疑，我们除了引导学生提出质疑，挑起学生的“争端”之外，还可以提出自己的疑问“还有别的可能吗？”“你还能怎样解释这个现象？”教师的语言对学生来说是个榜样，是个正确的引导。以后遇到这样的情况，学生也会这样进行提示、质疑。

除此以外，我们还要时刻注意引导学生的语言尽量科学、规范。比如猜想时，可以让学生用“我觉得……”“我认为……”；表达交流时，“通过观察，我们发现……”“通过分析实验数据，我们小组认为……”“我们不同意××小组的说法，我们认为……”。

4. 学生探究“脚手架”形同虚设

纵观所有的课，感觉探究“脚手架”的使用仍待进一步研究，有些教师的导学案中也设计了探究“脚手架”，由于对“脚手架”的理解不够，在整堂课中并没有出现，“脚手架”成了摆设，没有作用于学生，让人觉得有些遗憾。

科学素养之路，路漫漫其修远兮，吾辈上下求索之！

用数字建构模型　用模型建构概念

——青岛版“太阳家族”课堂实录赏析

一、教材分析

本课是本册教材中“宇宙”教学单元的第一课，也是一节科学讨论课。重点指导学生认识太阳系。让学生通过各种相关资料的交流、模型的构建等活动，比较深入地认识和了解太阳系，知道太阳系的组成及八大行星的排列顺序，初步了解八大行星的主要特点。

二、教学目标

（1）初步建立“大宇宙”的概念，了解太阳家族的构成。

（2）通过阅读、观察、讨论等方式探究太阳家族成员的特点。

（3）能制作简易的科学模型——太阳家族模型。

（4）知道八大行星的排列顺序，初步认识八大行星的特点。

（5）喜欢大胆想象，愿意合作交流，保持与发展想要了解世界、乐于探究与发现周围事物奥秘的欲望。

三、教学过程

根据对教材、教学对象和教学目标的分析，授课教师采取以下的教学过程：自主阅读—合作探究—自主展示—问题阅读—拓展延伸。

四、教学设计思路

本次教学授课教师想呈现的是一节原生态的课堂，让学生在快乐、和谐的氛围中学习，掌握科学的学习方法，会查阅、整理从书刊及其他途径获得的科学信息，能用自己擅长的方式展示研究过程和成果，并进行交流。

在《小学科学课程标准》（2017年版）理念的指导下，根据本课的知识结构和科学研究过程的一般规律，并结合小学生的实际情况，通过交流资料、观察文本图片等形式，激发学生的探究欲望，使学生初步建立“大宇宙”的概念，了解太阳家族的构成；然后通过阅读、观察、讨论、交流等方式，进一步探究太阳家族中成员的一些特征及其运动规律，培养学生的空间想象能力和对信息的获取、阅读、研究的能力；再通过设疑、研讨、动手制作等活动，进一步了解八大行星的排列顺序及主要特点，激发学生探索太阳系的兴趣，培养学生仔细观察、积极探究、合作交流的科学品质。

五、重难点的突破

如何让学生认识太阳系是这节课的重点，以往的授课方式是先让学生总体感知太阳系，然后再认识太阳系各成员。为了更符合“建立模型”这一科学探究技能的要求，授课教师反其道而行之，让学生从零开始，一点一点地收集数据，认识太阳系的主要成员；然后把行星按体积“从大到小”及离太阳“从近到远”两条主线排序，并根据排序构建行星在太阳系中的轨道平面图；接着出示太阳系动态模型，让学生对太阳系有了整体感知；最后，出示太阳系之旅的视频，将太阳系各成员的立体影像呈现在学生面前。这样，从无到有，从点到线，从线到面，从面到体，让学生在思维上构建了太阳系，更符合建构思想。

六、课堂实录

（一）情境导入，生成问题

师：（出示图片、科普系列讲座的宣传海报）这是胡老师为青少年宫做太阳系讲座时，广告公司做的宣传海报，这份海报有个问题，里面有自相矛盾的地方，你看出来了吗？

生：（仔细寻找）一开始是八大行星，后面成了九大行星。

设计意图：让学生尽可能多的发言，以便了解学生的前概念，同时为学生了解太阳系的知识做好铺垫，使学生感受到太阳系有很多知识需要我们去认识和学习。

师：太阳系里到底是八大行星，还是九大行星呢？你知道吗？请操作员打开你电脑里的第一个网页（冥王星为何被“降级”）。

学生查找资料。

师：谁来交流一下，说说太阳系里到底是八大行星，还是九大行星呢？

生：八大行星，冥王星被降级了。

师：为什么冥王星被降级了？

生：不符合新的行星定义。

师：新的行星定义是什么？请打开第二个网页（冥王星退位后向何处去），寻找新的行星定义。

设计意图：让学生利用网络的方便和快捷，收集整理资料帮助自己学习，形成自己的认识，有助于培养学生收集、检索信息的能力。

（二）收集信息，交流共享

师：谁来交流一下你找到的新的行星定义。

生：（1）位于绕太阳公转的轨道上。

（2）有足够大的质量来克服固体应力以达到流体静力平衡的形状（近于球形）。

（3）已经清空了其轨道附近的区域。

师：那冥王星呢？

学生交流。

师：可以简单总结为绕日运行；近球形状；轨道清空。轨道清空是指有自己的固定的轨道。就如赛跑一样，你在第二道跑结果跑到第一道里去了，当然要被裁判罚下。这么说，太阳系里的其他行星都符合新的行星定义，那么，对于其他行星你了解多少？

学生自由说。

师：你是怎么知道的？

生：看书、查资料、看电视。

师：今天我们就通过方便快捷而又学识渊博的网络来了解八大行星。谁来说说，都是哪八大行星？

学生互相补充说全。

师：好的，八大行星如果每个小组都研究的话会比较费时，我们可以怎么做，用最短的时间分享最多的知识？

生：分组研究。

师：分工合作，效率更大。每个小组研究两颗行星，现在商量一下，你们小组研究哪两颗行星？一组：______；二组：______；三组：______；四组：______。

好的，听清楚要求：一人收集资料，一人记录，一人交流，另一人帮忙。小组长分好工。好的，拿出第一张记录单。看大屏幕的要求。（出示研究任务）行星的直径大小、行星到太阳的距离、行星的主要特点，打开网站（人类探索太阳系八大行星），按研究任务开始分工合作吧。

学生查找资料，分工合作，教师巡视指导。

设计意图：利用记录表引领学生对信息进行加工，形成自己的认识，通过对行星的辨认，提取和巩固学生对行星的认识，使得后面的描述有的放矢。利用网站提供的图片，让行星的显示立体化，使学生认识星球更加形象生动。

师：已经查找完资料的小组请坐好，以便提醒老师你已经完成。

师：要做到精确的交流，老师有个别致的方法，今天，老师就用一个软件来让大家在天上找到这八颗行星。

教师打开虚拟天文馆，开始让学生交流。

设计意图：天文教育是我国科学教育中重要的一环，很多学生对天文知识很感兴趣，这款软件不仅能够在桌面上渲染出一片真实立体的星空，让我们就像站在天文望远镜前面一样，欣赏宇宙的广袤无垠，还能够根据我们设置的时间和地点，计算天空中行星和恒星的位置，向我们展示某一时刻某一地点的美妙天象。

师：看这张图，你看到哪颗行星了？

生：没有呀。

师：没有吗？好好看看。

生：地球。

师：谁来交流你对地球的了解。

学生交流。

师：现在，我们在宇宙中寻找，看看能找到谁？

教师依次寻找其他行星。

天王星：有圈光环，转轴很特殊。

海王星：有大黑斑。

水星：暗夜精灵。

木星：最大的行星，大红斑可以装下至少两个地球。

金星：启明星。

火星：红色行星。

土星：卫星最多，23颗。

设计意图：这一环节的教学进行了个性化设置，将观察地点切换为太阳系全览点，寻找到太阳，还调整了时间流逝速率，缩短时间，观看到行星围绕太阳公转的动态画面，探究行星公转周期的规律。

这样的情境能极大地激发学生学习的热情，通过对这些天体的各个特征进行细致的观察和记录，能够对星体获取深刻的感官认识，锻炼学生的观察能力；再通过对比查阅资料，辨认出该天体的名称，能够深化学习印象，使学生获得极大的学习成就感。

师：谁知道这八颗行星在太阳系里是怎样排列的？

学生自己说。

师：看这张图，我这样做行吗？（教师随便拖一颗行星，放到任意轨道）

生：不行。

师：为什么？我们要了解哪些信息呢？

设计意图：要想正确排序，必须知道八大行星在太阳系的相对位置、距离，只有用相应的数据才能排出正确的位置。定量研究理论知识的支撑才能进行很好的定性描述。

（三）整理信息，生成排序

教师出示八大行星数据（表1），让学生排序。

表1　八大行星数据

行星名称	地球	水星	天王星	海王星	金星	土星	火星	木星
直径（地球为1）	1	0.38	4.01	3.88	0.95	9.45	0.53	11.21
与太阳的距离（地球为1）	1	0.39	19.18	30.13	0.72	9.58	1.52	5.21

师：按下面的顺序排序（表2、表3）。（屏幕出示）

表2　八大行星按直径大小排序

大	→					小

表3　八大行星按离太阳远近排序

近	→					远

学生填写，交流。教师出示填写内容。

设计意图：通过形象的数字比较，学生能很容易地比较出星体的大小，再加上地球的直径为1，更能凸显其他星体的大小，同时也在学生的头脑中留下深刻的印象，很有学习的成就感。

师：如果现在让你构建太阳系八大行星的模型，你打算考虑哪些方面？

生：八大行星的大小，离太阳的远近。

（四）应用信息，建立模型

师：打开电脑桌面上的小游戏，根据刚才的排序来构建太阳系的八大行星。开始吧。

学生排序，师巡视并让学生到台前现场操作。

师：这个顺序能记住吗？谁来说说你是怎么记住的？

学生自由说自己的方法。

师：很好。老师这儿有幅画，里面藏着玄机，不知道你能不能读懂？（出示图画）

学生观察，并说自己的想法。

师：这幅图可以让我们很好地记住八大行星。

（由上到下，由近及远观察）

学生自由记忆。

师：地球在哪儿？

学生说。

师：黑锅底。一起来挑战一下。

学生齐说。

师：怎么样，终生难忘吧。

设计意图：精准的数字信息、形象的图片图像，就如定量与定性的完美结合让学生对八大行星的认识更加深刻。

师：庞大的太阳系，除了八大行星之外还有哪些物体？

学生说。

师：再次打开网站（人类探索太阳系八大行星），查找一下，还有哪些星体？

学生操作查找，师巡视指导。

师：每个小组交流一种，其他小组注意倾听。

学生交流，师出示图片逐个生成。

矮行星：冥王星。目前知道的。

行星的卫星。

小天体：彗星、流行体、星际物质等。

师：让我们通过太阳系动态模型，来加深一下印象。

教师演示动态效果。

师：谁能用自己的话来说说太阳系的组成。

学生说。

师：这节课，我们通过搜索资料、加工整理资料、应用资料，建构出了太阳系。

教师小结。[出示：太阳系由恒星太阳、围绕太阳运转的行星、矮行星、小天体（彗星、小行星、流星体、星际物质）及围绕行星运转的卫星组成。]

设计意图：再次借助网络了解和认识太阳系的其他成员，由一个点转入另一个点，点与点之间存在空间的位置、数字的距离，形象直观。

师：让我们走近真正的宇宙，近距离地了解一下神秘的太阳系。

教师视频演示太阳系的各个成员。边演示，边和学生回顾知识。

设计意图：点点成面，用数字和图像完美演绎了形象直观的太阳系。

（五）激趣设疑，拓展延伸

师：今天的天文知识有趣吗？要想探究无穷的宇宙，必须学好数学。天文学和数学有着千丝万缕的联系。（教师出示提丢斯数列，见表4）

表4 提丢斯数列

0	3	6	12	24	48	96
4	7	10	16	28	52	100
0.4	0.7	1	1.6	2.8	5.2	10
0.39	0.72	1	1.52		5.21	9.58
水星	金星	地球	火星		木星	土星

师：看这个数列，你有什么想说的？

学生自由说。

师：惊人的相似呀。

这组数据说明了各行星到太阳的距离是遵循一定的数学规律的，既然遵循一定规律，在2.8个天文单位这个地方，应该有什么呀？

生：一颗行星。

师：于是，人们找呀找呀，终于找到了，想知道吗？

生：想。

师：好。这是著名的提丢斯数列，课下同学们可以查一下资料，研究一下，看看这个数列2.8天文单位是什么行星？看看天文学家找到了什么？

师：下课！

设计意图：提丢斯数列的抛出，是本课结尾的一个亮点，不仅吸引了学生，还震撼了所有的评委和听课教师，谁也没想到胡老师对天文知识的研究居然是如此之深，这就是课堂教学的艺术，这就是教师的魅力。

这个亮点还将本课的知识再次以数字的形式呈现在学生面前，即以定量的方式结合定性的描述，给我们展示了神奇宇宙的无限魅力，要想揭开她的神秘面纱，必须学好数学。再一次向大家证实数学的魅力。

以前教学“太阳家族”一课时，多采用看图片资料、阅读文字资料、视频补充等方法获取信息。虽然学生能利用这些信息了解太阳系的概貌，但只是停留在书本上，并不直观立体，学生的认知与教学目标之间存在不小的差距。本次教学结合学生的特征，利用网络和虚拟天文馆的优势，利用精准的数字让学生建构模型，帮助学生建立了科学概念。

科学课讲究让学生亲历探究的过程，更强调让学生经历探究中的思维训练，教师要引领学生用科学、严谨的思维来更好地驱动、发展他们的动作技能，促使学生的探究技能综合提高。

本课先以“利用模型建构概念”为指导思想，组织学生通过虚拟天文馆，初步建立太阳系概念，将学生收集到的信息具体化、形象化、立体化。又以“用数字建构模型”为指导思想，组织学生利用相关的网站了解认识太阳系各大行星的特征，用数字的形式呈现，使他们感受了太阳系的庞大。而后又与地球进行比较、排序，正确认识了八大行星的位置。

本课充分挖掘学生的前认知（八大行星是什么样的？），再利用现有的虚拟天文馆在学生的头脑中建立立体的、运动的个体行星模型。通过课上观看学生的表现可见，在学生们的头脑中，八颗行星的模型已经建立起来了。通过对行星直径、距离的比较分析，等比例地认识行星大小，考虑行星的远近，帮助学生建立起了太阳系的模型。

别有洞天的“太阳家族”

听完胡老师的这节“太阳家族”，我感触良多。课堂中很多闪光点让我眼前一亮，倍感佩服，同时也在不断反思自己的课堂教学，课堂上该给予学生什么？怎么给？这些问题也是我在课堂中致力研究的。我想胡老师课堂中的一些做法是值得我思考和学习的。

一、清晰的目标、合理的方式让学生学得轻松

课堂上利用先进的计算机教学，设置了局域网，将八大行星的内容放在了一个网站上，让学生登录网站轻松找到想要的资料。选择局域网络进行教学，适合本节课的教学内容，因为这节课的教学目标不是让学生学会收集资料，而是让学生在大量资料面前，学会选择、整理和使用资料，而且某种程度上来讲，学会选择、整理和使用收集来的资料，比收集资料复杂且重要得多。胡老师在网站上放了很多有关八大行星的资料。学生可以根据自己研究的星球选择适合自己的资料，并根据教师的要求整理自己所需的资料。用时较短，学习效果也很明显。

二、巧用数据说话

以往讲授“八大行星”时，我们常常采用的方法是出示八大行星的图片或者视频资料，然后学生了解并记住它们之间的大体位置，在资料中也会出现从这个星球到太阳之间的距离，但是由于数值太大，学生不容易记住，并且不容易比较，这样就造成了数据的形同虚设，根本不能给学生留有深刻的印象。而胡老师在课堂上引入了“天文单位”，即从地球到太阳之间的距离，然后再将其他行星到太阳的距离换算成天文单位，数据变小了，容易比较了。将数据汇总在一起，八大行星是怎样排列的，就显而易见了。

课的最后，胡老师出示了提丢斯数列，首先将一组简单的数据展现在学生们面前，0、3、6、12、24、48、96、192，引导学生找出数据的规律：将每个数加上4，再除以10，得到另一组数据。数据出现后，从学生们的眼神中可以看到他们的诧异，这组数据和各个行星同太阳的平均距离（天文单位）基本相似。进而发现其中离太阳2.8天文单位的位置没有星体，于是引导学生课下收集资料研究。这里可能会有什么呢？这种对数据进行合理分析，找到数据之间的相互联系，在其间寻求新发现的思路是学生们所需要的，也是我们的课堂所应该给予的。

观“运动与呼吸”所思

虽然不知道张老师执教的是哪个版本的教材，但是就课题而言，我认为本节课张老师对教材进行了大胆的改变，将教学的重点改成了肺活量，这样一来目标就单一了，内容也集中了。

一、教具的使用凸显了科学技术与科学研究的相互关系

在完成教学任务的过程中，张老师设计了三个阶段，步步推进，先是用保鲜袋测量肺活量，在测量中引导学生自己发现问题，在与学生的交流中，一步步指导学生改进实验的仪器，防止漏气的吸管。方便测量的刻度、实验数据准确的小细节指导，让学生感受到实验过程中实验仪器的精确度是很重要的。所以在实验前，我们要认真推敲，在实验中，遇到困难后，再对实验仪器进行分析，寻找缺点，进而改进，在逐步完善中不断使实验的数据更精确。最后演示电子测量仪的使用，在使用这个仪器后，学生意识到使用仪器测量的数据更为精确。

从普通保鲜袋到有刻度的保鲜袋，其中有了技术的渗透，再加上最后科学仪器的引入，更凸显了科学技术与科学研究的相互关系。这个看似简单的活动，其背后的东西一定会对学生的科学学习产生影响。

张老师的这种做法就是定量观察，定量观察的点就是测量肺活量，看我们想办法怎样才能更精确地测量出人体的肺活量。值得一提的还有，张老师在定量测量后的统计与分析，一目了然。（见表1）

表1　学生肺活量测量记录表

肺活量（ml）	男生	女生
3001 ~ 3500		

续表

肺活量（ml）	男生	女生
2501～3000	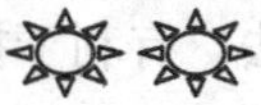	
2001～2500	......	
1501～2000	......	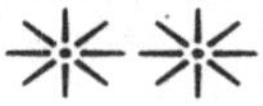......
1000～1500		

二、有舍才有得

这里的“舍”指的是目标突出和教学时间的划分，张老师设计课的初衷就将课的重点定位于学会测量人体的肺活量，并了解肺活量的大小与什么有关系。从本节课教学时间的划分就可以看出来，张老师用了大约12分钟的时间和学生一起探讨人体的呼吸器官，引导学生认识人体的呼吸器官。接下来用了32分钟的时间和学生共同研究如何测量人体的肺活量以及肺活量的大小与哪些因素有关。

再仔细分析张老师在32分钟内都做了些什么，一是和学生共同研究如何测量人体的肺活量；二是肺活量的大小与哪些因素有关。这32分钟，张老师将其中的28分钟放在了肺活量的测量上（图1）。

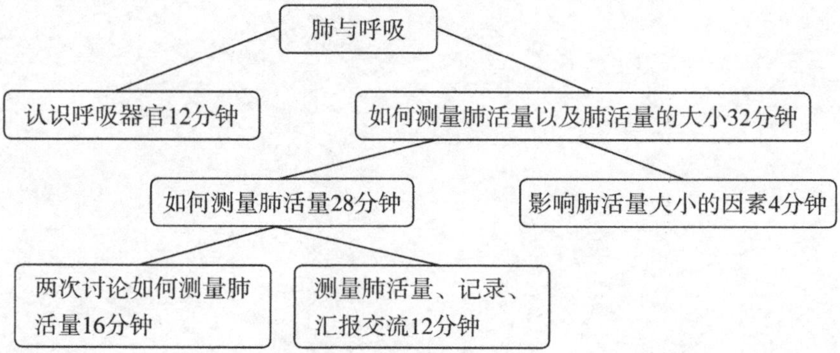

图1　教学时间的划分

正是因为有了大量的时间去思考、去交流，去不断地完善教具，才使得后来的测量顺利进行。所以我认为这个大面积上的时间的“舍”是值得的。同时值得一说的是张老师在这段交流中细腻的引导：如何防止漏气？怎么测量？强调深深吸一口气和呼出一口气。卷起，朝哪卷？卷到什么程度？并找学生示范，利用找错误来巩固其测量方法，有利于推进下一步的活动，这是值得我们学习和借鉴的。

精妙的设计遗憾于实施

“玩镜子”一课的教学视频，我反复看了好多遍，这节课给我留下的印象很深刻。无论是教学设计、教学水平还是教师自身的科学素养都给我了一些启示。

一、精妙的教学设计中的遗憾

用精妙二字并不是说本节课的教学设计精妙绝伦，而是源于本节课中第三个活动的设计，“有心、用心”！其实刚刚看这节课时，课上至一半都没有新奇之处，我有些厌了，正想要终止视频的时候，第三个实验开始了。教师让学生把两个平面镜摆成不同的角度，观察镜中像的多少。听到这一问题，我的想法是应该把重点放在控制镜子的夹角，记录镜子中像的多少，通过分析数据得出结论。如何控制镜子的夹角成了我思考的问题，也成了我观察这位教师的一个点。我以为这位教师会引导学生想办法来试着解决如何控制夹角的问题，并可以告知学生一种方法，同时确定应该如何记录获得的数据，可是这位教师只是简单地说：“请大家打开第三个材料袋，开始研究吧！”学生们就开始做实验了。什么准备都没有，怎么做？！我有些纳闷，盯着屏幕认真地看，在学生们的桌子上摆着用泡沫板做成的两个三角板，这应该是用来控制镜子夹角的材料。可是学生们并不知道怎么用它，拿起来看了看又把它放在了桌子上。

时间过去了4分钟，摄像机跟前的小组终于拿起镜子准备做实验，可是翻过来，掉过去，始终没能想出好办法。此时，教师正巧走到这个小组附近，可是教师并没有发现这一问题，只是走马观花地看了看学生们正在做的实验，至于怎么做，做得怎么样，仿佛完全与她无关。用时将近8分钟的实验就这样结束了。我没有看到其他小组的活动情况，就摄像机面前这个小组来看，他们的实验记录应该是如何填写的呢？

到了汇报交流阶段了，学生们拿上去的实验记录单让我大吃一惊，实验记录单正如我所想的，用固定的角度：180°、120°……然后分别记录此角度时，镜子中物体的成像多少，连三角板的使用都没有掌握，那这记录就可想而知了。结果不出意料，第一个小组就出现了错误，180° 2个，面对这个数据，教师后来做了处理，但是处理并没有触及问题根源——学生实验时的不严密操作。只是很粗略地直接过渡到发现的现象上去了。

本来是很好的设计，能够让学生在定量观察的过程中，记录真实的数据，通过分析数据，自行得出结论，可是这位教师的仓促处理，致使优势大减，真是一大憾事。

我们常说要让学生像科学家那样真正亲历科学探究，可是学生们在实验过程中并没有真正做到这一点，学生的实验记录单上明明写着镜子在120°、60°时成像的多少，可是却忽视了这一问题，胡乱写上了一个数据，而教师却视而不见。长此以往，我们的学生会是怎样的科学素养呢？改变教学的视角，把重点放在过程上，不要太急于得出结论。过程准确了，翔实了，就必然会得出正确的结论。

二、或许可以这样

课堂的最后，这位教师是这样设计的：谈镜子在生活中的应用，然后想象未来的镜子会是什么样。最后谈本节课的收获。这个部分占了将近5分钟，这5分钟之内，学生所能谈到的寥寥无几，有些冗长而乏味。我认为课堂的结尾应该是简短的、有趣味的，所以我认为这里若是换作观察其他的镜子，用其他的镜子照照自己，比如汤匙、勺子、哈哈镜等，让学生谈发现，激发学生进一步探究的兴趣，进而提出问题，接着带着问题下课，等待下一节课的到来，这样的课堂才是趣味盎然的，才是值得期待的。

别样的科学课堂

看李俊老师执教“相貌各异的我们”一课时，一连串的词语涌进脑海：思路新颖、设计巧妙、才艺双全，课程的推进巧妙、有趣、自然……

一、寻找好心人的情境引导学生找出定量观察的点

李老师创设了“寻找好心人”的情境，让学生过足了“福尔摩斯”瘾。学生通过几个目击者的描述，利用拼图的方法逐步确定了几个相貌特征，进而了解相貌特征。引导学生了解人体中有很多种相貌特征，并将观察的点定为“直发”“卷发”；“V字发际”“平发际”；“有耳垂”“无耳垂”；“下颌中央有沟”“下颌中央无沟”；“有双眼皮”“无双眼皮”。

二、定量观察引导学生逐步认识相貌特征

在确定了观察的相貌特征后，教师引导学生开展组内观察活动，描绘组内同学的相貌特征。之后，李老师请学生在组内开展调查，进行“小组相貌特征调查统计”，并利用电脑得到了柱状统计图，通过柱状统计图，学生清楚、直观地看到了这次调查。学生了解到班上同学五个相貌特征的分布状况，接下来根据刚才的调查，以一名学生为模特，寻找与她的相貌特征相似的同学，结果发现有好多同学在这五个相貌特征上与之相似。于是教师借此机会向学生们讲解如果观察更多的相貌特征，那么与你相貌相似的人就越来越少，并用形象直观的课件展示：如果只考虑耳垂，那就把人分成两类，有耳垂和无耳垂；如果再考虑前额发际，就可以分成4类；如果考虑6个相貌特征就是64类。7个呢？8个呢？9个呢？10个呢？20个呢？40个呢？1099511627776，这一长串数字的出现，让学生有些诧异，通过这些数字的叠加出现，学生的头脑中清晰地认识到世界上不可能会有完全相同的两个人。

这节课中定量观察点的选择、定量观察的推进都有序、自然并且效果明显，达到了预期的效果，让学生认识到不同个体之间存在着差异，我们是世界上独一无二的个体，我们有不同的相貌特征，这些特征的不同组合造就了多种多样的生命个体。

但是，就这节课教学内容的确定上，我认为对于六年级的学生来说，刚刚的知识点的确有些简单了，利用40分钟去学习这个知识点有些大费周章，所以我认为本节课的目标可以再提高一点。

第四章

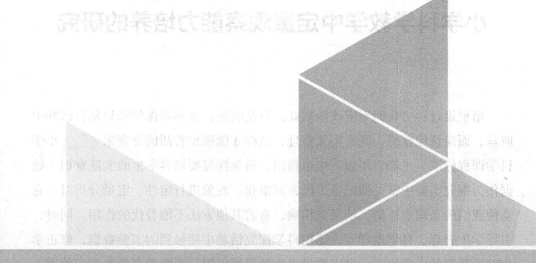

课题研究与课程评价

小学科学教学中定量观察能力培养的研究

培根说过："我们不应该像蚂蚁，只是收集；也不要像蜘蛛只从自己肚中取丝；而应该像蜜蜂，既收集又整理，这样才能酿出香甜的蜂蜜来。"《小学科学课程标准》（2017年版）中也指出，科学探究要培养学生的实证意识。数据作为探究实验中常见的记录手段，对事物、现象进行定性、定量分析时，它能使我们的条理更清楚，结果更精确，有着其他方法不能替代的作用。同时，引导学生合理、科学地理解、运用科学探究活动中接触到的实验数据，修正学生对待数据的心理倾向，可以推进学生的思维发展，不断提高学生学习效率。因此，培养学生敏感的数据意识，对严谨细致、实事求是的科学态度的形成，对科学知识的掌握、探究能力的提高，都有着非常积极的作用。

收集实验数据是学生实验中的一个重要环节。通过问卷调查、访谈和随堂听课，发现目前的课堂教学中部分学生在观察、实验时收集的数据失真，主要表现为：有的学生实验数据不完整、不全面；有的学生实验数据误差偏大；还有的学生只顾操作忘记记录数据，为了完成学习任务就伪造数据或者涂改实验数据……这些现象的存在，直接影响学生对数据的整理与分析、运用数据进行解释预测的实效性。

一、存在的问题

结合教育学、心理学知识对所收集到的教学案例进行分析后，总结出小学生在实验中数据做假的原因主要有以下几点。

（一）数据不真实

学生都很喜欢上科学课，有一大部分就是奔着"做实验"来的。记得一次听四年级下册的"导体与绝缘体"一课，当时教师给每一小组发下20种材料，让学生检测哪些物体是导体，哪些物体是绝缘体。我正好坐得离学生比较近，就观察起了一个小组。这一小组做得很开心，也做得很快，可是我却发现他们的记录表格还是空的。过了一会儿，教师要求来汇报了，他们才想起来刚才忙着检测忘了做记录了，但是再做一次时间又来不及了，他们只好凭着记忆与原先的猜测把表格填满。像这种忙于做实验却忘了做记录而导致数据不真实的情况，在低年级的科学课堂中经常发生。

另外，由于教师为了顺利地完成既定的教学任务，在让学生交流实验中的现象时，常常选择有利于教学的学生发言。一听到正确的结论，交流就戛然而止，不再展开。时间长了学生为了能得到教师的肯定，就会揣摩教师的需要，根据他们认为的正确结论去填写实验数据，从而放弃自己真实的实验数据。

还有一些情况也容易导致数据的不真实：当学生收集到的数据出现异常，和大多数人的不一样时，他们不敢相信自己，最后选择了和大家差不多的数据写下来。

（二）数据不准确

在小学科学探究活动中，对比实验占据着非常重要的作用，新版的科学教材更是对对比实验提出更高的要求。如从三年级开始，就让学生学会用对比实验的方法研究材料的特征，认知对比实验中的变量。可是，在探究活动的过程中，小学生往往意识不到控制变量的重要性。而实验中要控制的变量是否做得到位，则直接影响着实验数据的精确与否。

在一些需要通过仪器来测量得出数据的时候，如果没有掌握正确的操作仪器的方法也会使数据有出入。如在“物体的温度”一课中，当学生拿着温度计读数时，如果拿高了往上看就会使得出的数据偏高，如果拿低了往下看就会使得出的数据偏低，只有拿到让红色液柱与眼睛一样平的高度时读出的数据才是准确的。

（三）数据不全面

学生实验探究完毕后，教师只挑选部分数据，导致数据片面化。教师的错误行为也会导致实验结论不具有科学性。如教师在收集数据过程中，各小组虽然都做了同一个实验，但教师只挑选1～2个小组的实验数据进行展示汇报，而其他组的实验数据一概不论，就草草做结论，这样的实验过程和结果很难说服所有人，也很容易出错。

二、存在原因分析

出现这些现象究其缘由，有教师认识偏差的缘故，也有属于学生年龄特点的本质表现，因此我们可以从以下几个方面来理解。

1. 从意识层面分析

（1）教师方面。

① 忽视对学生进行必要的数据培养。

② 数据指导方式欠妥。

③ 特殊数据漠视或处理欠妥。

（2）学生方面。

① 学生实证意识淡薄，任务观念严重。

② 为使教师满意获得肯定，猜测教师的意图。

③ 缺少处理异常数据的能力，从众心理促使学生做假。

④ 没有充分的实验时间，推测后面的实验数据。

2. 从操作层面分析

（1）不精良的测量工具。在科学课中，应用合适的器材进行探究实验，是探究活动成功的基础之一，而运用不恰当的实验器材则会给探究活动带来障碍。如三年级下册“连续测量一杯水的温度”学生在用温度计测水温时，每支温度计在同一温度的水中所呈现的值都各不相同，温度差在0～4摄氏度之间。学生用正确的方法测出了完全不同的数据。这应该是仪器的误差，是温度计的问题。

（2）不正确的操作方法。不正确的操作方法导致数据不准确。操作的准确性在实验过程中也起着重要作用。如学生往往测完水温之后把温度计从水中拿出来读数，像这样的操作方法会在一定程度上影响数据的真实性。所以，正确指导学生进行科学实验是科学探究活动成功的基础，也是教师指导技能的重要体现。

（3）未重复检验。有的实验中，我们让学生对同一个实验至少做3次，以此来提高实验数据的真实性。例如在“摆”一课中，让学生对于10秒之内摆摆动的次数进行记录，实验次数为3次。但是在实验过程中有的小组没有重复实验。

3. 从整理和分析数据分析

（1）漠视或未充分发挥数据的价值。

① 只收集展示个别小组的数据。

② 把数据罗列之后直接引出实验结论。

（2）呈现方式简单化。

① 逐一呈现小组原始记录单。

② 呈现所有的数据。

③ 按小组顺序呈现数据。

三、研究策略

面对实验数据采集和分析方面存在的问题，分析了产生这些现象的原因。在平时的教学中，我们应采取相应的教学策略，引导学生在整理实验数据时，实事求是地面对真实数据。

（一）充分做好课前准备

1. 把握原有不足，为生成数据精心预设

科学结论的推导有赖于数据支撑。数据的生成，需要我们精心预设：改变教学设计的单一直线式程序，走向灵活的分支式、板块式程序，为教学留下生成的空间；身体力行经历科学探究活动，体验学生可能遇到的困难和困惑，寻求有效策略；精心设计有启迪作用的教具，利于学生活动的开展与思维的卷入。

同样重要的是，我们要把握学生在获取数据方面的缺陷，进行针对性的设计，以获取客观、准确、足够的数据。培养他们安静地研究、细致地观察，分清经验与观察事实，准确记录每一个信息和数据，不随意修改；培养他们不在观察测量数据中挑选符合自己想法的内容，不随意丢失资料，建立“每一个数据都很重要”的认识；培养他们重视测量（实验）工具的准确性和使用工具的正确性，以确保数据来源的可靠；培养他们明确数据越充分，样本越大，与越多的事实相一致，越令人信服；培养他们采用多种方式，多人或多次重复实验，以寻求尽可能多的支撑自己假说的证据。

2. 创设平等宽松的“心理安全氛围”，让学生能畅所欲言

关注每一个学生，创设有利于交流的课堂氛围。在探究活动中，教师要亲身介入学生的探究活动，了解每一小组的探究情况，特别是那些数据和现象有异常的小组，教师要了解好。在交流时，教师要让学生充分地发表不同的现象和看法，要弯下腰来倾听学生的声音。如果那些数据和现象有异常的小组不敢发言，没有拿出自己的真实数据。教师应耐心地启发他们，使他们放下胆怯和顾虑，愉快地展示自己的真实数据，说说自己的想法。同时，也要让其他的学生认真倾听，尊重这些学生的探究结果，引导学生们思考这些不同的声音，一起想一想为什么，使每一位学生在探究交流中既关注别人，又反思自己，不简单地否认自己或别人。只有营造了这种民主、和谐的课堂环境，学生们才有安全感，他们才会愿意把自己在探究过程中发现的“不一样”告诉同学们，告诉老师，让大家来讨论。

在交流讨论过程中，教师也不要过早地出示结论。要肯花时间让学生对每一个感兴趣的现象，进行深入的探讨。引导学生明白科学探究的答案有时不是唯一的，要允许学生存有已见。

培养学生尊重事实，准确记录每一组的实验数据，不随意修改，培养他们不在数据中挑选符合自己想法的内容……

3. 精心设计记录表，赋予数据更多价值

表格设计得便于记录，便于规律的寻找。如马铃薯在水中的沉浮（表1、表2）。

表1　马铃薯在80毫升水中的沉浮情况记录表　　第（　　）小组

（　　）的量（单位：克）	马铃薯沉浮情况（沉用“↓”表示，浮用“↑”表示）	（　　）的量（单位：克）	马铃薯沉浮情况（沉用“↓”表示，浮用“↑”表示）
通过实验我们发现：			

备注：马铃薯如果浮起来，请记下浮起的状态。

表2　实验记录表　　　第（　　）小组

我们的发现	1号杯中的液体	2号杯中的液体
能使马铃薯浮起的2号杯液体有什么特点？		

4. 下水实验，积累经验，做到成竹在胸

教师在指导学生实验之前，先问自己一个问题："我做过这个实验了吗？"课前自己做一做，不是一遍，而是多遍，发现实验中较难控制的无关变量，然后，分析难以控制的原因所在，一一寻求对策。比如，在教"磁铁的磁性"时每个点的第一个回形针不是"听话"地停留在我们选定的位置，而是往磁极方向偏移，我们可以用绕在磁铁上的橡皮筋协助；一个接着一个挂回形针时，会因为回形针间接触面的大小而影响结果，我们可以在动手操作前引领学生多考虑实验细节，操作时每组设置实验监督员以保证实验按方案进行；我们也可以更改实验形式，改为在与磁铁A、B、C、D、E点等距的地方放置铁类物体，平移磁铁，根据磁铁能吸引铁的相距距离长短来判断磁性的强弱；AB两点的磁性强弱相差较少，吸的回形针数一样多，我们可以为学生提供有结构的学具——准备一些比回形针更轻的整根大头针、1/2根大头针、1/4根大头针……

所以，在实验之前，教师必须先对实验进行仔细研究，了解实验操作中需要注意的事项，这样才能正确地指导学生进行实验。教师可以把科学教材中每一个实验都亲自做一边，以便更到位地了解实验操作方法。

（二）巧设置，抓契机，逐推进

1. 培养检测工具可靠性的习惯

学生拿到工具后没有自测或重复检测的习惯。比如在教"导体和绝缘体"时，教师可以设置一个情境：用坏了的电路检测器检测铁片，结果灯泡没亮（实验不成功）。然后引发学生思考可能是检测器坏了。这时教师强调应该先把电路检测器的两个检测头接触一下，就是为了检查检测工具的准确性，若检测工具出了问题，所有的活动都将失去意义。通过这样的教学，在之后的实验中学生便有了检测工具的习惯。

2. 培养学生的正确操作技能

对学生操作技能的指导可以采用教师示范指导、讨论法等。而讨论法对于真正掌握实验技巧，培养学生科学素养具有较大作用。

例如“把固体放进水里”一课：

师：你能设计一个实验来研究这个问题吗？

师：需要哪些材料？

生：烧杯、水、盐、勺子、玻璃棒。

师：怎么用这些器材来做实验呢？

生：把盐倒在水里，看看它能不能溶解就行了。

师：现在有盐和水了吗？

生：盐有了，水还没有，先要一杯水来。

师：那么你打算要多少水？

生：我们打算要100毫升水。

师：为了集中研究这个实验，我们今天统一取一定量的水，可以吗？

生：100毫升。

师：再怎么做呢？

生：再用勺子一勺一勺地加。

师：那么每一勺的盐都一样多吗？

生：我们可以用尺子在勺子上刮一下，这样每一勺就一样多了。再用玻璃棒搅拌一下，让盐完全溶解掉，然后再加一勺，再搅拌。

师：一直这样重复吗？

生：不是，到溶解不掉的时候就不要加了。

师：很好，现在请你们把实验过程写下来。

教师采用和学生共同讨论的方法，学生自然就明白了实验的全过程，并通过讨论，了解了每次加盐量都应该一样，而且每次要等充分溶解后再加的道理。这样的讨论方式，不但能够促进学生的思考，培养学生思维的严密性，而且能使学生的科学素养得到很大的提高。

3. 培养学生及时记录数据的习惯

科学是用证据说话的，记录是对科学探究效果的检测。有的学生懒于记录实验数据，如果没有具体的要求，实验后，很多学生的记录本是空白的，这势必影响学生的后续研究。因此，教师要培养学生勤于动手的记录习惯，使学生学会记录实验数据。当然，这并不排斥教师的指导。教师可以用表格引导学生记录，把每次测得的数据填在相应的表格中，使原本无序、杂乱的数据变得有序，便于学生发现其中的规律。

学生可以采用表格、画图等方式及时、准确地记录实验数据。实验中的每一个数据，都是测量结果；重复测量时，即使数据完全相同，也应记录下来。实验数据应按要求记在实验记录本或实验报告本上，要养成实事求是、认真负责的科学态度，切忌夹杂主观因素，决不能随意拼凑和伪造数据。

如教科版五年级下册“用水测量时间”一课，在学习了时间和流水都有会流逝共同点的基础上，为了让学生更好地理解水流速的不均匀，教师设计了一组实验：在底部有孔的杯中盛满100毫升的水，让学生分别记录每流20毫升所需的时间，整理后依次将各段的时间排列如下（表3）。

表3　水流速度记录表

实验	所需时间（秒）
滴完第一个20毫升	9
滴完第二个20毫升	9
滴完第三个20毫升	10
滴完第四个20毫升	11
滴完第五个20毫升	12

通过观察比较，可以很容易发现：滴完相同水量所需时间是不同的，第一个20毫升水流速最快，第二个20毫升次之……分析后，学生知道了杯中水的流逝是先快后慢，不均匀的……如果我们只看其中一组数据，或者学生的记录是无序的而又不引导学生整理分析，就难以窥见其中的奥秘。因此，教学中教师不要只是为了记录数据而记录，要及时引导学生把数据整理成证据，支撑自己的结论。

4. 巧妙应用实验材料

（1）选择有结构的材料。在探究活动中，教师为学生提供合适的、有结构的材料是学生进行探究的基础。学生通过对材料的操作，才能形成完整形象，从中感悟科学知识，培养科学的思维方法，提升学生的科学素养。所谓“有结构的材料”就是教师经过精心设计的，存在内在关系的典型教学材料的组合。只有这些“有结构的材料”才能承载客观的数据，在被使用时才能从源头保证数据的客观性。如在五年级上册的“吸热和散热”一课中，当研究物体的颜色与吸热的本领的关系时，教师为学生提供了纸和温度计。用哪些纸教师是经过精心考虑的。用哪支温度计教师是经过精心筛选的。下面是某小组的实验数据（表4）。

表4　不同颜色的物体吸热能力的研究记录

纸的种类	刚开始的温度	2分钟	4分钟	6分钟	8分钟	10分钟	变化趋势
黑色	20度	30度	32度	34度	34.5度	35度	
粉色	20度	25度	27度	27度	28度	27度	
铝箔纸	20度	24度	24度	25度	25度	25度	
黑色蜡光纸	20度	28度	30度	30度	30度	30度	
白纸	20度	25度	27度	25度	25.5度	26度	

首先，这些纸是存在内在关系的：纸的大小是相同的，颜色有黑色、粉色、黑色蜡光的、白色的，还有铝箔纸。它们的颜色是有深浅的，表面还有光滑与不光滑的。其次，每一支温度计教师在课前都测量过，误差在1摄氏度之内。这些有结构的材料，在实验的一开始就已经做好了收集到客观数据的准备。

（2）制作精良的实验器材。教师还应该根据教学环节的需要，制作合适的教学器材，以帮助教学。例如“磁铁的磁性”一课中，学生在探究磁铁的磁性强弱时，除了想到用回形针的方法外，还想到用磁铁的各个部分隔一定距离慢慢靠近小钢珠，看看它们在距离小钢珠多远的地方时，使小钢珠开始移动，从而判断磁性的强弱。而在实际的实验过程中，学生发现小钢珠非常容易在桌面上滚动，很难用尺子测量。于是教师在教学前设计了一把“特殊的尺子”，解决了学生测量难的问题。

自制教具需要教师在漫长的教学过程中，不断发现教学中存在的困难和漏洞，并通过自身思考努力制作出合适的、有助于学生学习的教具。

（三）关注特殊，关注可疑，智慧处理

1. 有效汇总数据

（1）用列表排序法整理数据，凸显数据特征。对于实验数据中应变量随自变量有规律变化的情况，需要对各组数据进行排序整理，这样更有助于学生观察数据，从数据的顺序中发现规律。

在青岛版教材中“哪杯水热”一课的研究相同多的热水加入不同多的冷水的环节中，整个班级内所有小组的冷水量取值会呈现一定的顺序性（表5）。如果按照小组顺序排列数据，就会妨碍学生对数据的观察。

表5 混合后水温的研究

组别	热水温度	热水水量	冷水温度	冷水水量	混合温度
第5组	50度	100毫升	24.5度	25毫升	44度
第1组	50度	100毫升	24度	50毫升	41度
第4组	51度	100毫升	25度	75毫升	39度
第2组	49度	100毫升	24.5度	75毫升	38.5度
第3组	51度	100毫升	24度	175毫升	33度
第6组	51度	100毫升	24度	175毫升	32度

经过思考，热水温度和冷水温度虽然不是完全一样，但是都在正常的误差范围内，所以可以对数据顺序做如下调整：这样的表格展示方式学生一看就找到了规律，得出了冷水水量增多时，混合温度随之降低的结论。

通过一定的方法整理数据，帮助学生思考问题，这样能够更好地培养学生观察数据、分析数据的能力，等到学生熟悉排序法之后，可以让学生自己排一排顺序，提高学生独立分析数据的能力。

（2）用作图法整理数据，体现数据规律。应用在“搭纸桥”一课中，以研究拱足旁螺帽数和拱形承受垫圈个数之间关系的这个环节为例。

统计图让学生充分认识到：在纸本身的承重能力范围内，螺帽越多，垫圈也越多。通过这种整理数据的方法，让学生更形象、更容易地找到了事物变化的规律，对学生发现事物规律起到了很大的帮助。在教学中应当更多地采用这样的整理方法，提高教学质量。

2. 指导分析数据

（1）对前期数据的取舍。对“多次重复实验”的数据进行判断与取舍。有的实验中，我们让学生对同一个实验至少做3次，以此来提高实验数据的真实性。但是在实验过程中存在着一定的难度，学生不知道对于几次实验中的数据到底应该取哪一个。对于这样的多次重复实验，教师应该在长期的教学过程中，教会学生判断与取舍的方法。

例如在“摆”一课中，让学生对于10秒之内摆摆动的次数进行记录，实验次数为3次。学生完成实验后填表（表6）。

表6 “摆”摆动次数记录表

摆动时间	第一次	第二次	第三次
10秒摆动的次数	8	9	8

对于这组数据，到底应该取9还是取8，还是其他值?

在有限的时间内，我们只能通过一定的计算方法来确定最终数据值，如用平均值计算法、众数取值法等。

在各种原始数据的前期处理中，需采用各种不同的取值方法。

（2）对偏差数据的指导。在有的情况下，学生收集实验数据会出现错误或偏差，或者误差程度比较大的情况。还是以“摆”为例，有一个小组3次实验的数据见表7所列。

表7 “摆”摆动次数记录表

摆动时间	第一次	第二次	第三次
10秒摆动的次数	6.5	6	8.5

其中8.5次这个数据明显区别于其他两个数据。这时，教师应提倡学生对数据质疑，引导学生思考操作是否规范。在时间允许的情况下，提倡学生再规范地做1～2次实验。经过引导，学生又做了两次实验，数据表补充见表8。

表8 “摆”摆动次数记录表

摆动时间	第一次	第二次	第三次	第四次	第五次
10秒摆动的次数	6.5	6	8.5	6.5	6

实验做完后，学生怀疑第三次实验的准确性，并把第三次实验的数据排除，这样学生判断数据的能力就得到了相当大的提高。

实验过程比较长的活动，有时数据出现偏差不可避免。在这样的情况下，教师应在巡视指导学生实验的过程中，及时指导和纠正错误的实验方法。如在巡视过程没能及时发现，应倡导学生对之前实验过程的规范性提出质疑，并与其他组的实验操作进行对比，思考可能是由于哪些因素影响了实验数据的准确性。

（3）对可疑数据的关注。在实际教学中，可疑数据时有出现。而能够从容面对可疑数据的教师比较少。教师经常关注的是那些“正常”的数据，从“正常”的数据中总结出我们所需要的规律。这样的处理方法是不对的，我们要给每个数据一个“说话”的权利。如果是由于操作不当而导致数据偏差的，那么我们应该仔细分析数据出错的原因。在全班范围内展开讨论，找一找原因。而有的情况下，个别可疑数据却能反映一个新的规律。

如“磁铁的磁性”一课中探究磁铁磁性强弱的环节：

师：请同学们观察这张数据表（表9）。

磁铁实验记录表：

A点能吸（　　）个回形针。

B点能吸（　　）个回形针。

C点能吸（　　）个回形针。

D点能吸（　　）个回形针。

E点能吸（　　）个回形针。

表9　磁铁实验记录表

组别	A点	B点	C点	D点	E点
第一组	14	9	0	11	14
第二组	15	10	0	11	14
第三组	13	10	0	9	13
第四组	14	10	0	11	13
第五组	15	8	0	12	16

续表

组别	A点	B点	C点	D点	E点
第六组	14	9	1	10	14
第七组	14	9	0	10	13

从数据表中发现最中间一列数据只有第六小组挂了一个，其他都挂了0个，全班学生（除第六小组以外）都认为磁铁的中间没有磁性，总结规律为：磁铁的磁性两边强，中间无。

第六小组反驳全班意见，把磁铁拿到了讲台上，亲自做了一遍实验给其他同学看，确实，这一个组的磁铁中间能挂1个大头针。正是这个小组的实验现象揭示了这个实验的真实规律，磁铁的磁性两边强，中间弱，而不是两边强，中间无。

数据是学生在观察和实验中最重要的实证之一，是做出解释最重要的依据，是学生形成正确科学认识的有力武器。小学科学教学中，教师要充分利用数据，用数据说话，用事实说话，用证据说话，从而推进学生科学探究活动，建立正确的科学认识，培养学生尊重事实、实事求是的科学态度。

参考文献

［1］加里·D. 鲍里奇. 有效教学方法［M］. 易东平，译.南京：江苏教育出版社，2014.

［2］中华人民共和国教育部基础教育司. 科学（3—6年级）课程标准［M］. 武汉：湖北教育出版社，2002.

［3］徐敬标. 有效教学：小学科学教学中的问题与对策［M］. 长春：东北师范大学出版社，2010.

［4］裴新宁，郑泰年. 在探究中体验科学：科学主题的研究性学习［M］. 广州：广东教育出版社，2006.

［5］黎奇. 新课程背景下的有效课堂教学策略［M］. 北京：首都师范大学出版社，2010.

［6］张红霞. 科学究竟是什么［M］. 北京：科学教育出版社，2003.

［7］李晓文，王莹. 教学策略［M］. 北京：高等教育出版社，2011.

附：

黄豆的生长过程

生长过程	种皮裂开	长出胚根	长出胚芽	胚根生长	胚芽生长	子叶出土	长出真叶	子叶萎缩
时间								

实验方法：准备一个透明的玻璃杯、黄豆种子、土壤、吸水纸等，然后，把吸水纸贴在杯子的内壁，向杯子里装进土壤，倒上水，使吸水纸湿透，然后把种子放在杯子的内壁和吸水纸之间。

植物叶子比例调查

植物名称	叶子长度	叶柄长度	叶子与叶柄的比例

原始树林中植物的生存比例

植物名称							
一平方米土壤中的植物数							

实验方法：在一片原始树林或者其他环境中，划定一平方米的地域，仔细观察其中有几种植物。

溶解度的研究

材料	盐	糖	洗衣粉
冷水			
温水			
热水			

实验方法：取100毫升水，然后分别往烧杯中放入盐、糖、洗衣粉，每次增加5克，直到不能溶解为止，再换成热水，用同样的步骤，再做一次。

降雨量与地面湿度的对比

日期							
降雨量							
地面湿度							

实验方法：下雨后，选空旷的地面，将土挖开，用尺子测量土壤湿了多少，并与雨量器中的数据进行对比，找出两者之间的联系。

气温与气压的关系

日期							
气温							
气压							

气温与空气湿度的关系

日期							
气温							
空气湿度							

声音的传播研究

被研究物体	铁板	木板	水	
距桌面的距离				

实验方法：将闹钟分别放在铁板、木板、水盆中，一位同学将闹钟打开，另一位同学站在远处听闹钟的声音判断哪种物质传播声音更好。

不同颜色物体吸热能力的研究

颜色	红	橙	黄	绿	黑	蓝	紫
温度							

实验方法：在纸杯上分别涂上七种颜色，用同颜色的卡纸制作一个圆形的盖，中间扎一个孔，将温度计插入孔中，将制作好的装置放置在阳光下，10分

钟后，观察七个纸杯中温度计的数据。

向阳面和背阴面温差的研究

时间	第一次			第二次			第三次		
	8：00	12：00	5：00	8：00	12：00	5：00	8：00	12：00	5：00
向阳面									
背阴面									

实验方法：每天选取三个时间段，对比向阳面和背阴面的温度，同时分析一年四季的不同。

太阳能热水器的温度变化

时间	5分钟	10分钟	15分钟	20分钟	25分钟	30分钟	35分钟	40分钟	45分钟
水温									

被嚼后的馒头中淀粉含量的研究

实验方法：将馒头放入口中分别嚼1分钟、2分钟、3分钟、4分钟、5分钟后，将馒头吐在盘子中，再往馒头上滴碘酒，观察颜色的变化。

小学科学课堂教学改革工作报告

一、本学科课堂教学操作规范

关注课堂，培养自主合作探究的学习方式是我们的目标，为此，我们经过反复研讨，努力创建了和谐高效的“科学智趣”课堂。智趣课堂就是为了实现知识的汇聚、思维的碰撞、思想的交锋、趣味的培养、情感的融合，追求充满趣味、争辩、疑问、探究的课堂，达到思维共振、情感共鸣。

下面简单介绍一下三步六环“智趣”科学课堂教学模式。具体介绍如下。

第一步：智趣引入

主要环节：创设情境，激发兴趣。

科学源于生活并且超越生活，因为我们的课堂呈现给学生的课程资源都是最经典的，为此，我们的智趣引入是在学生生活中寻找一个科学探究的结点来引出每课探究的主题，如实验导入、问题导入、谈话导入、材料导入，无论怎样的导入方式，都是为了激发学生的探究兴趣，都是为了创设的情境最接近生活事实，让学生被科学的神奇吸引，进而产生浓厚的研究兴趣。总之，通过情境创设、对话交流、游戏、图片、视频等媒体资源，创设自由、宽松、民主、和谐的课堂氛围，唤醒学生的求知兴趣。

第二步：智趣研学

主要环节有四个：自主预习、组内小展示、全班大展示、智趣测评。

探究前置，自主预习：适当将教材中呈现的探究内容前置到课前，丰富学生的前概念，分析学生已有的知识经验水平，为课上交流创造条件。自主预习主要是以交流问题的形式来调取学生的生活经验，更好地引领学生高效地进行自主预习，体现方法的指引，让每位学生在科学课上的点滴表现都有思维的含量，都得到思维碰撞的机会。

组内小展示，梳理问题：创设生活情境，或是截取生活中的一个经典科学现象片段，围绕富有价值的研究问题，引领学生以小组为单位交流感兴趣的问题，目标要明确。此环节可以由师生提出富有挑战性的问题，适当给学生创造一定的难度。在小组交流中，教师通过巡查，发现和梳理核心问题，积极发挥学生的学习主动性，引导多维互动。

全班大展示，解决问题：汇报交流本节课的收获，可以提出下一步研究的问题。本环节侧重于探究方法与合作技能的指导。需要特别说明的是，科学教师应在此环节引领学生用科学的语言来表述自己的研究发现，学会倾听他人发言，学会反思自己的观点，学会质疑他人的观点并完善已有的研究成果。

智趣测评：主要任务就是通过师生问答、小组内汇报研究发现等方法进行当堂测评。这里的测评与语文、数学等练习题式的测评截然不同，而是侧重于利用科学知识、能力来解决现实问题，从而落实“科学从生活中来，到生活中去，借助科学来提高我们的生活质量”的科学教育理念。有时候测评可以在第一、二步实现，科学教师可以将测评内容与教学内容、板书内容结合起来。

第三步：智趣拓展

完成基于教材的探究内容之后，及时引领学生对照思维导图找到本节课研究的重要概念或是技能训练点在思维导图中的位置，帮助学生实现真正意义上的科学思维建构，同时将本节课所涉及的探究问题进行趣味化拓展，指导学生利用课下时间进一步进行科学方面的研究。

在科学课堂教学过程中，渗透学生科学探究脚手架，教会学生学会思考、学会提问、学会质疑、学会探究、学会交流……

二、取得的成绩

（一）结合科学课特点，开展有科学课特色的研讨活动

1. 开展了青年教师达标课的听课活动

在了解课堂教学模式的基础上，我校组织了听评课活动，骨干教师上示范课，青年教师上达标课，并利用听评课活动，对青年教师课堂模式探索进行集体指导，使大家能更快地融入改革中，稳步推进课堂改革。我在全市第一次课堂改革推进会上了一节展示课“使沉在水里的物体浮起来”，给全市科学教师提供了一节很有研究意义的课；我校范明刚老师在市直小学课堂教学改革巡视活动中，向大家展示了“能量”一课，将两节课的内容融入40分钟完成，凸显

了大容量、高效率，受到了各位专家的好评；我校张村老师在第三届课堂教学大比武中，向大家展示了一节优秀的课。以上这些课例，充分体现了我校课堂教学改革的成功。

2. 针对科学课的特点，以思维导图形式展示

我校科学教师针对科学课的特点，设计出一套有效的学生科学探究脚手架；并将科学课本和课程标准再次研读，将小学阶段的科学知识、能力等知识、能力体系以思维导图的形式展示出来，科学教师对于每个知识点的上连下接有了深入的了解，有利于对于教材的把握。

（二）教师教学行为变了

教师们从台上走到了台下，由主演变成了主导，真正把课堂还给了学生。由传授者向促进者转变；由管理者向引导者转变。由以往的单兵作战向紧密合作过渡；由“画地为牢”向资源共享过渡；由源于教材向开发课程资源过渡。

（三）学生学习方式变了

学生学习方式多了，活动空间大了，思维变得活跃了……学生的学习行为开始由“被动”转向“主动”，学生的学习情感开始由“厌学”转向“乐学”。我们的学生已经开始学会在小组合作中分享学习的快乐，在展示交流中展现与众不同的想象与创造。

三、存在的问题

课堂教学改革实验推行以来，通过全体教师的努力，给我校教育教学注入了新的活力，教师、学生和课堂都发生了很多可喜的变化。虽然课改工作取得了一定的成绩，但在实践中依然面临诸多困惑和问题。

（1）对学生的评价操作困难。

（2）课堂中对学生探究脚手架的使用还不到位。

（3）思维导图的设计和使用过于单一。

（4）“兵交兵”小组合作学习的作用没有充分发挥出来。有些小组的优生帮助学困生学习时为了得到老师的表扬，只讲其然，不讲其所以然，学生仍旧一头雾水。

四、整改措施

科学课堂教学改革中形式很重要，但是内涵更重要。万变不离其宗，科学课应该具有科学课的特点，只要我们抓住科学课的特点对课堂进行适当的调整，一定会取得可喜的成绩。

1. 突出学科特点，增强评价的针对性

充分利用各种评价方法对小组进行评价，调控课堂，激发学生对科学课的兴趣。评价的内容要围绕科学课的特点，设置不同的评价内容。比如，观察与发现问题的能力，可以针对以下几点对观察能力进行评价：

（1）是否能对所观察的对象保持较为持久的、专心的关注。

（2）在观察过程中所发现的问题是否与观察对象或因其引起的外延有关。

（3）对发现的问题能否用条理清晰、形式简便的语言、文字、图画、示范等方法表达出来。

（4）在观察过程中，能否不畏强势，实事求是地把自己的观点表达出来。

2. 利用思维导图，发挥知识网络的定位功能

制作、使用思维导图是市教研室主要抓的一项内容，从平时的教学看，教师们都能将思维导图应用于课堂上，有的是在课始，先出示本节课要学的内容，然后沿着这一知识点，向前找到连接点，向后介绍要学习的内容，让学生从总体上了解本节课在这一阶段或者在整个小学阶段的位置，了解了重要性，学生们才有的放矢。有的教师将思维导图放在课末，以结课的形式，由本节课的知识点发散开来贯穿前后的知识点。

课堂教学改革任重道远，但这是一条教育必由之路，我们要坚定信念、充满信心、明确方向，坚持不懈地加强理论研究和实践探索，行走在愉悦的追寻中，成长在课改的诗篇里。总之，我们会积极创新工作举措，继续齐心协力扎实推进课改！

山东省教育科学“十二五”规划课题

“小学科学课堂延伸活动的研究”课题研究报告

小学科学课堂延伸活动的研究课题组

目前科学课堂延伸活动出现两种截然不同的现象：

其一，能够成为激发学生求知欲的有效途径。作为科学课程学习主体的小学生，面对纷繁复杂的科学世界时，他们会产生无比的激情和盎然的兴趣。课堂生成了一系列的问题，教师引导学生课下积极探究，并给予一定的指导。虽然下课的铃声已响起，但同时铃声也是课堂教学延伸活动的开始。

其二，课外延伸活动流于形式。许多教师把课外实践活动作为课堂探究之余的调料，布置一些使一节公开课看起来好看一些的课外任务，至于课后的研究活动，由于活动需要教师与学生投入更多的时间精力，就很少有人真正在做。这使原本应该有助于学生成长的课后延伸活动，在科学教师的随意对待下，变成了不断麻痹学生积极性的无效延伸活动。

分析这些现象的背后，我们认为有几方面因素：教师对科学课外探究的误解导致教师忽视了对学生课外活动的指导，而学生的自行探究能力又很弱。走过场的教学设计。教师的随意性导致学生行为的无目的性，使课外探究成了一句空话，让所谓的课后延伸成了教学设计的一个固定的格式。科学课堂延伸活动的有效开展将是今后我们开展研究的主攻方向。

一、课题的提出及研究意义

小学科学课程是一门以培养学生科学素质为宗旨的义务教育阶段的核心课程，重在培养学生的科学素质，并为他们继续学习和终身发展奠定良好的基础。通过科学课程的学习，保持对自然的好奇心和探究热情；理解与其认知水平相适应的科学概念，并能应用于日常生活；体验科学探究的基本过程和方法；形成尊重事实、乐于探究的科学态度；发展以科学语言与他人交流和沟通的能力；初步了解科学技术与社会的关系，初步形成对科学的认识。

科学课的教学应具有开放性和活动性，使教学不局限于校内、课堂和书本，应是开放教育空间、拓宽教育渠道，进行开放式的教育活动；使教学活动由课堂教学延伸到课外，引导学生自主参与实践活动，灵活地选取探索途径和方法，为学生提供发展创造性思维和实践的机会。所以科学课的教学内容除了课堂教学以外，课外作业和科技活动也应是一个重要的组成部分。坚持课堂教学是科学课的主阵地，同时课外活动和科技活动则是科学课的延伸，课外延伸和课内教育同样重要。

科学探究是科学学习的主要方式，同时又是一个连续的过程，很多科学实验活动不可能在一节课内得以解决。课堂、教室只是一个很小的空间，教室外才是学生学科学、用科学的广阔天地，所以科学教师不要把上下课铃声当作教学的起点和终点。课后探究对于学生能力的培养往往比课堂上获得的能力更多。但在实际教学中，由于受到课堂是学习主阵地的传统意识的影响，学生总是把学习活动印刻在课堂上，因此离开课堂主动开展实验的习惯很难养成。

二、课题研究目标及研究假设

把科学课教学与课外延伸活动融为一体，把科学课的内涵延伸到课外延伸活动之中，为学生创造更广阔的空间，培养学生的科学素养和创新意识。注重营造“爱科学、学科学、用科学”的良好氛围，深入持久地开展科学探究活动，从而调动学生学习的积极性和参与活动的主动性。

（一）立足科学课堂，激发学生兴趣，将学生的兴趣由课内引向课外

“兴趣是学生最好的老师”，让学生喜欢上科学课，激发他们的兴趣，他们才会主动学习并富有创造性。有了课上浓厚的兴趣，教师加以引导，让学生参加一些科技活动，学生会将这种兴趣持续延伸到课外，会乐此不疲，进而增强主动意识。

（二）立足科学课堂，拓展教学内容，将科学课的内容由课内延伸到课外

科学课的内容丰富多彩，包罗万象，涉及生命世界、物质世界、地球与宇宙的知识，与人类的生活密切相关。依托《科学》教材，通过科学课的教学，

有了基础的铺垫，在课后开展科技活动，学生容易上路，降低了科技活动中学生知识层面上的难度，既为科技活动的开展提供了素材，又扩展了学生的知识面，增强了学生的研究兴趣。

（三）以小课题研究的形式丰富科学探究活动

学生对于身边的世界有着数不清的问题，引导学生将这些问题提出来，建立问题库，每周选择问题库中的问题，以小组合作或者自行研究的方式展开研究，让研究成为一种习惯。

1. 研究假设

课堂延伸活动是培养小学生科学素养的有效途径。

2. 拟创新点

将科学教材与课外延伸活动有机融合，以小课题的形式展开，学生个人或者以小组合作进行，教师给予指导，并及时开展科学研究展示会。

3. 核心概念

《小学科学课程标准》（2017年版）特别强调了“课程的开放性”，指出科学教育的形式应该是丰富多样的，除了课堂教学外还必须有各种各样的课外活动，要让学生的科学教室延伸得更远。课外探究，在时间上可以有很大的跨越性和延续性；在空间上可以有很大的拓展性和开放性；在形式上可以有很大的灵活性和机动性；在内容上可以有很大的选择性和重组性。这也是刘默耕老师一直倡导的“一箭多雕”的教学境界。

过去，我们考虑一堂课，往往只是在40分钟内打转，许多教师对课外延伸并没有引起足够的重视，即使有课外的活动，也只是课堂的“边角余料”，只是给学生一个参与课外探究的提醒，也正是教师的随意性导致学生行为的无目的性，使课外探究流于形式。因此，在教学中，我们应充分注意上述现象。

很显然，课外延伸打破了时间、空间的限制，这样的探究对于学生而言既是一种开放的教学模式，更是一种开放的学习方式，多数内容具有寓教于乐的性质。学生们在不断思考、不断尝试的过程中，动手能力、创新能力得到锻炼，科学探究的本质得到了充分体验，促进了科学素养的进一步形成。科学教学就应该以课堂探究为前奏，以课外探究为后续，开展跨时空、全方位、多角度的延伸活动，把课内课外当作一个完整的课来通盘考虑，重视课内外的协调发展、有机整合，把“课外”的内容有力地融入科学课程中来。只有这样，我们才能保证教学目标的顺利完成。

由此可见，课外探究活动对学生科学素养、创新能力的发展有着重要意义。进行“课外延伸”的实践与研究不是可有可无的，而是解决科学课改中实际问题的迫切需要。

三、课题研究理论基础

（1）《科学究竟是什么》张红霞著。

（2）《小学科学课程标准》（2017年版）。

（3）《兰本达的“探究—研讨”教学法及其在中国》。

（4）《教育的智慧——写给中小学教师》。

（5）《动手做——法国小学科学教学实验计划》。

（6）《科学究竟是什么》。

（7）《面向全体人的科学》。

（8）《小学科学教育案例精选》（法国科学院“动手做”组）。

（9）《科学种子》（做中学系列）。

（10）《愉快的科学课教学》（日本综合学习资料）。

（11）《每个孩子都是科学家》。

（12）《教作为探究的科学》。

四、课题研究成果

课堂延伸活动课题研究从课题的开题到研究，时间虽然不长，但是因为根基的深厚，所以能够茁壮成长，逐步实现了“生活化、有效化”的实施。这一过程中，实践活动的方式方法不断创新，资源建设全面发展，教师们的专业水平不断提升，新的课程观逐步建立，教学资源开发能力显著增强，在课题的实施中获得了巨大发展和成长，学生的学习方式得到有效转变，学生的思维方式变得更加完善，批判性思维、创造性思维等思维品质正逐步形成并获得有效提升。

（一）总结出了一条科学课堂与课堂延伸活动有机融合的新路子

1.“一点因由，点石成金”，精心开发各种科学课堂延伸活动

精心开发课程资源。“有米下锅”是将课堂延伸活动开展好的基础和前

提，基于学生的兴趣点、成长点和教师的引导推荐确定活动主题是我们始终坚持的有效策略。

从三年级到六年级，学生学习了不少的科学知识，也掌握了很多的科学本领，将这些科学知识运用于生活中，了解、分析更多的科学现象对于学生们来说是很有必要的。所以我们引导学生提出自己喜欢研究的科学问题，针对这些问题进行甄选，将有研究价值的问题汇集起来，形成班级问题库，并初步设计问题研究的方法和途径，之后学生就可以在问题库中自选问题进行研究，而且有了方法的预设和引导，也避免了学生在研究时走过多的弯路。课题研究以来，班里的每个学生都参与了课题的研究。比如学生们对腊八蒜在什么条件下会变绿产生了浓厚的兴趣，所以大家设计对比试验进行研究，学生们想到了很多的对比条件：有糖、无糖；有醋、无醋；有酒、无酒；温暖、寒冷；有的学生竟然使用了16个杯子来进行对比试验，而且每天进行观察、记录，连续记录将近一个月的时间，最后对现象进行分析，对记录的结果进行对比，写出了翔实的研究报告，研究过程记录翔实、图文并茂，并且文采飞扬，颇有科学家的风范。

在研究领域上，我们也进行了有针对性的拓展。比如六年级学生将《我是实验王》一书作为科学探究活动的蓝本，学生读故事书，提炼书中的实验，然后动手做，利用课余时间每周可以做两到三个实验，实验的过程有趣，实验的发现令学生们兴奋。“鉴别血型”“提取自己的DNA”……孩子们几乎变身医生、法医；“消失的硬币”……让孩子们也有了魔术师的体验；“月相、星座”的观察、记录，孩子俨然一个个天文学家……

2.“平开多选，各尽其才”，全员参与课题研究

我们在组织科学延伸活动开展时，采用同时开展多个课题的方法，这些课题平行发展，研究能力较强的学生在完成一个课题之后，可以进入其他的课题组进行研究。几乎每个学生都同时参与两项以上的观察、研究，这样让每一个学生都能既“吃得好”，又“吃得饱”。

更为欣喜的是，在学生自主研究的过程中，做到了小组间、小课题间的相互交流，共享研究成果。

3.“师生互学，教学相长”，适应学生发展要求

由于师生都长期沉浸在某一个或几个学科的狭小范围内，所以这些新异的研究内容对于开阔他们的视野，拓展他们的研究领域，改善他们的思维方式有着较好的促进作用，所以师生双方都必须要加强学习，学习相关专业知识和研究方法等，这样在活动中才能较好地进行互动交流，共同提高。同时，学生的一些奇思妙想也能有效地激发和调动教师的学习欲望，唤起他们对于童年的美好回忆。指导教师和学生都在同一起点共同学习，教师的读图能力可能强于学生，而学生在动手制作方面的进展则比教师快很多，于是师生之间就这样互相交流、学习、进步，最终师生均学有所成，感受到学习的喜悦！

课题组的每一位教师都有两个装帧精美的记事本，一本是业务学习笔记，记录平时自己的所学、所思、所想；一本是小课题研究工作日志，课题研究如何安排，如何开展，每天都进行哪些内容，这些都细致地记录在他们的工作日志上，确保了课题研究的有序开展。这些笔记也便于他们今后总结自身工作、记录成长轨迹、沉淀教育思想。

（二）通过研究活动的开展，丰富了教师的知识储备，扩大了知识量

开展课题研究的过程同时也是一个教学相长的过程。在活动开展过程中，教师自身、教师与学生都获得了不同程度的发展。问题解决贯穿研究过程始终，这一过程中会遇到多方面的困难，而有些知识并不是教师本身具有的。这就需要教师坚持不断地学习，以使自身能够很好地参与到问题解决的过程中。在知识方面，教师们也获得了相应的发展。在解决问题的过程中拓宽了自己的知识面，丰富了自己的知识积累。比如学生研究如何提取人体的DNA，教师和学生一起共同完成，在这个过程中，教师和学生都有着收获和体验。

五、课题研究的过程设计和研究方法

本课题以行动研究法为主，辅之以调查法、文献法、经验总结法、个案研究法等。研究过程中“巧取他山之石”充实提高自己，及时聘请有关专家对课题进行专业引领，鼓励教师及时总结、反思、提高，本着边总结，边提高，边推广的原则不断壮大研究队伍，形成集团优势，全面推进科学课堂延伸活动的有效开展。

回顾我们的研究历程，经历了这样三个阶段。

1. 资源建设阶段

实现课堂延伸活动的有效实施，有充足的资源是重要的物质基础。资源的建设共包括以下三种思路：第一，以科学教材为蓝本，从科学教材中延伸出的相关活动作为活动的可选项之一；第二，引导学生提出喜欢研究的科学问题，形成问题库，并初步设计研究思路，这是我们资源包中的第二个可选项；第三，从不同的科学书籍中选取有趣的科学实验、科学游戏，作为第三个可选项。在此基础上，参与课题的教师也可以根据班级内的具体情况自己选择研究内容。

2. 常态运行阶段

以班级为单位，教师指导学生利用课余时间进行研究，在科学课中利用5~10分钟的时间进行交流，共享研究成果。每个月指导教师利用网络交流的方式进行交流、讨论，汇报本阶段的研究内容、成果，并反思这一阶段中的遗憾，以指导下一步的研究。

3. 总结提升阶段

鼓励立足实际，精致研究：研究目标体系，实施分层指导；细化研究专题，分解研究内容；注重方法指导，追求指导有效；构建评价体系，探索高效运行。

六、课题研究的结论以及存在的问题和今后的设想

课题研究结论：科学课堂延伸活动的开展是提高小学生科学素养的有效途径，在这一过程中，教师、学生均获得了较为理想的成长，有效地推进了课程改革，较好地落实了科学课程目标。

课题研究存在的问题和今后的设想：我们虽然进行了很多项内容的研究，但在课题研究指导上还有待加强，以评价促进学生继续研究的方面做得还不够好。鉴于这些问题的存在，我们今后主要围绕以下两个方面进行研究与实践：

（1）将教师专业发展、学生全面成长更加紧密地结合。

（2）继续健全完善课程实施中的评价体系，实现对课程的科学评价，以评价促发展。

参考文献

[1] A. F. 查尔默斯.科学究竟是什么［M］. 北京：商务印书馆，2018.

［2］中华人民共和国教育部. 小学科学课程标准（2017年版）［M］. 北京：北京师范大学出版社，2017.

［3］陈德清. 兰本达的“探究—研讨”教学法及其在中国［J］. 湖北教育年鉴，1996.

［4］林崇德. 教育的智慧——写给中小学教师［M］. 杭州：浙江教育出版社，2019.

［5］夏尔帕. 动手做——法国小学科学教学实验计划［M］. 北京：人民教育出版社，2003.

［6］美国科学促进协会. 面向全体美国人的科学［M］. 中国科学技术协会，译.北京：科学普及出版社，2001.

［7］法国青年. 小学科学教育案例精选［M］. 南京：江苏教育出版社，2003.

［8］角屋重树. 愉快的科学课教学——日本综合学习资料［M］. 李大伟，译. 长春：长春出版社，2002.

［9］美国国家研究理事会. 每个孩子都是科学家［M］. 中国科学技术协会信息中心，译. 北京：科学普及出版社，2005.

［10］阿瑟·A. 卡琳. 教作为探究的科学［M］. 北京：人民教育出版社，2008.

肥城市白云山学校科学实验考查方案

为了进一步促进我校科学实验教学的开展，培养学生初步的观察能力、实验能力和动手能力，发展学生的想象力和创新精神，提高学生整体素质，根据肥城市教研室的文件精神，我校决定每学期对年级学生进行科学实验操作考核。

一、评价目的

全面考查学生的科学学习状况，激励学生的学习热情，促进学生的全面发展，不断提高科学教学水平，提高学生的科学素养。本着学习评价，既要关注学生技能的理解和掌握，更要关注他们情感与态度的形成与发展；既要关注学生学习的结果，更要关注他们在探究过程中的文化发展，还要关注学生的个性差异，保护学生的自尊心和自信心的原则，对学生进行科学课程学习考查。

二、评价措施

每个学期对学生进行一次科学实验考查，考查分两个环节：一是教师对本班学生的考核，做到全员考核。教师需要向学校提供每个学生的科学实验抽测成绩。二是学校对学生进行抽测，按照每个教师的任教班级随机抽取一个班，按照科学教师提供的自行考核时的等级，从A、B、C三个类别中分别抽取1个组（3个组）进行考查，所抽学生的实验考查成绩计入该组的实验考查成绩。

（一）全面考查

考核分为三个部分：课堂表现、实验抽测、期末测试。

1. 建立学生课堂表现观察制度

课堂表现记录是教师在教学过程中对学生知识与技能、科学思考、解决问题、情感与态度四个角度的发展目标进行观察记录和评定。通过课堂表现记录，采用教师定期定量评价的方式，分为好、较好、一般三个等级，促进学生发展。

2. 建立小组合作评价制度

合作评价是指在学生的合作学习小组中组评。每个学生在合作学习中都有不同的表现。例如，谁的解决问题思路广泛，谁的方法最精妙，谁在本次合作中的进步最大，谁的贡献最多等。

3. 终结性评价

终结性评价是在学期结束时对学生进行的全面评价，包括对学业成绩、学习态度、学习方法、探究与实践能力、合作与交流能力等方面进行评价，主要目标是给学生的学业和其他发展评定成绩，提供及时的建设性的成绩反馈。

4. 具体评价方面

（1）课题表现（教师评）10%：课堂表现、书面作业、其他学习态度等。

（2）期末考查50%：书面考试。

（3）实验抽测（教师评）40%。

具体评价要求：

（1）课堂表现（教师评）10%：教师根据课堂学习表现、完成思维导图、科学活动记录、教师布置的实验材料的准备情况、科学课上的积极性、作业的订正情况等给予一定的分数。

（2）期末考查50%：根据市教研室命制的试卷所得成绩纳入学生最后成绩。

（3）实验抽测（教师评）40%：本班学生的实验抽测由教师进行，以小组为单位，在本学期所学实验中，抽取1～2个实验进行测评，根据实验完成情况、小组合作情况，以及实验记录单的填写情况进行评价。

（4）最终结果的呈现：把学生三个方面所得的百分数按以下标准转换成等级。例如，85～100分为“优”，75～84分为“良”，60～74分为“及格”，60分及以下为“不及格”。

（二）学校抽测

1. 抽测对象

3～6年级学生，从每位科学教师所教班级中抽一个班，班内抽一个组（4人）。

2. 被抽测学生的确定

先抽签确定班级，评委根据本班教师提供的分组抽取一个组（4人）。

3. 评委的确定

每单位2名科学评委，级部主任和科学教师担任评委。

4. 评委分工

（1）2人一组分别负责一个年级的考查，操作时间控制在30分钟内。

（2）同时检查科学实验器材的准备和实验记录的填写情况。

5. 抽测内容

（1）学生现场实验操作测评占50分：在相应年级的实验一览表中精选3个实验（见附一）。

（2）每小组完成一份实验记录单（见附二）。

附一：实验考查命题

各年级精选实验名称

三年级			
四年级			
五年级			
六年级			

抽测实验名称在抽测前一周内公布。

附二：实验报告单

肥城市白云山学校科学实验报告单

班级		科学教师	
学生姓名			
实验器材			
实验名称			
实验记录	（可以用文字或画图描述）		
实验结论			

附三：评分标准

肥城市小学科学实验考查操作部分考查标准（50分）

评分项目	评分内容	评分标准	得分
1. 准备（10分）	实验器材检查	器材不全，缺一件减1分	
2. 操作（30分）	爱护器材	损坏器材减2分	
	步骤规范	无序凌乱减5分	
	实验现象明显	现象不明显减10分	
	小组合作	分工不明确减5分	
3. 整理（10分）	实验器材整理	未整理减5分	